W9-DCA-700

SPARKNOTES

WORKOUT in ITALIAN

SPARK PUBLISHING

© 2007 by Spark Publishing

All rights reserved. No part of this publication may be reproduced, stored in a retrieval system, or transmitted, in any form or by any means, electronic, mechanical, photocopying, recording, or otherwise, without prior written permission from the publisher.

Contributing writer: Chiara Marchelli
Illustrations by Christina Berg Renzi.

SPARKNOTES is a registered trademark of SparkNotes LLC.

Spark Publishing
A Division of Barnes & Noble
120 Fifth Avenue
New York, NY 10011
www.sparknotes.com

ISBN-13: 978-1-4114-9679-8
ISBN-10: 1-4114-9679-5

Library of Congress Cataloging-in-Publication Data

Workout in Italian: practice for the tricky rules of Italian grammar.
        p. cm.—(Workout in)
    ISBN-13: 978-1-4114-9679-8 (pbk.)
    ISBN-10: 1-4114-9679-5 (pbk.)
     1. Italian language—Textbooks for foreign speakers—English. 2. Italian language—Grammar.
    3. Italian language—Problems, exercises, etc. 4. Italian language—Self instruction. I. Spark Publishing.

PC1129.E5W67 2007
458.2'421—dc22

                                                                                           2007028608

Please submit changes or report errors to www.sparknotes.com/errors.

Printed and bound in Canada

10 9 8 7 6 5 4 3 2 1

A Note from SparkNotes

There's a saying that goes, *If you can speak three languages, you're trilingual; if you can speak two languages, you're bilingual; and if you speak only one language, you're American.* If you're a student who dreams of bilingual fluency—or who just dreams of passing that Italian final exam—you've come to the right place.

We've designed the Workout In series to be the hammer that helps you nail down your studies. The 100 workouts you're holding in your hands cover all of the trickiest grammar rules. Whether you're taking your first course in a language, moving from a beginner to an intermediate level, or coming back for a little refresher course, these bite-size lessons and power-packed exercises will give you the help you need.

This book is organized by subject, some of which include Nouns, Verbs, Adjectives, and Adverbs. Sample sentences show you how to apply these rules, and English translations and bolded text help you zero in on the words being discussed.

The following additional features make it easy to navigate around trouble spots that are likely to cost you points on a test:

→ *Attenzione!* **boxes** provide tips and strategies to solidify your learning and alert you to potential pitfalls.

→ *La Eccezione* **boxes** call out exceptions to the rules.

→ *Parole Quotidiane* **boxes** explain some of the quirkier rules or point out where a rule may differ from colloquial usage.

This format makes it easy for you to get the information you need most. But reading a bunch of rules on grammar will only get you so far. The key to learning any language is practice—and you'll get lots of practice with this book. To go with all the rules and fancy features, each workout includes several sets of exercises in a variety of formats, from fill-ins, translations, and matching questions to crossword puzzles, writing prompts, and personal profiles.

We've also included a glossary of irregular and special usage words, as well as a handy reference for general grammar terms (just in case you don't know your preterite from your past participle). So dig in. Whether you thumb through it and find help in the areas you need it most or read it cover to cover, this book will give you what you need to get to the next level.

Contents

An Introduction to Italian 1

Articles
1. The Definite Article 2
2. The Indefinite Article 4

Nouns
3. Differentiating Gender 6
4. Homonyms 8
5. Plurals 10
6. Plural of Nouns and Adjectives in -ca, -ga, -cia, -gia, -co, -go 12
7. Irregular Plurals 14
8. Words for Time 16
9. Conjunctions 18
10. Interjections 20
11. Fractions and Rough Quantities 22

Adjectives
12. Gender Agreement 24
13. Placement 26
14. *Buono* and *Bello* 28
15. Possessive Adjectives and Pronouns 30
16. Indefinite Adjectives 32
17. Interrogative Adjectives 34

Pronouns
18. Subject Pronouns 36
19. Disjunctive Personal Pronouns 38
20. Direct Object Pronouns 40
21. Direct Object Pronouns with an Infinitive 42
22. Direct Object Pronouns in the Past Tense 44
23. Indirect Object Pronouns 46
24. Indirect Object Pronouns with an Infinitive 48
25. The Pronoun *Ne* and the Adverb *Ci* 50
26. Combined Object Pronouns 52
27. Combined Object Pronouns in the Imperative 54
28. Using Relative Pronouns to Combine Sentences 56
29. Indefinite Pronouns 58
30. Interrogative Pronouns 60

Adverbs
31. Using *-mente* 62
32. Special Forms 64
33. Interrogative Adverbs 66

Comparatives & Superlatives
34. Comparisons 68
35. Superlatives 70
36. Irregulars 72

Negatives
37. Forming Negative Expressions 74

Prepositions
38. *A* and *In* 76
39. *Da* and *Di* 78
40. *Per* 80
41. Compound Prepositions 82
42. The Partitive Article 84
43. Using Prepositions in Questions 86

Verbs
44. Present Tense of Regular Verbs 88
45. Irregular Verbs *Andare, Venire, Dare, Stare* 90
46. Verbs Ending in *-care, -gare, -iare* 92
47. Double-Verb Constructions 94
48. Progressive Tenses with the Gerund 96
49. Reflexive Verbs 98
50. Reciprocal Verbs 100
51. Impersonal Expressions Using *Si* 102
52. Expressing Past Actions Using *Da* and *Per* 104
53. Expressions of Time in the Past 106
54. Auxiliary Verbs 108
55. The Past Participle 110
56. Irregular Past Participles 112
57. Present Perfect 114
58. The Pluperfect Tense 116
59. The Preterite Tense 118
60. The Preterite of Common Irregular Verbs 120
61. Informal Imperative 122
62. Irregular Informal Imperatives 124
63. Formal Imperative 126
64. Modal Verbs 128
65. Imperfect Tense 130
66. Deciding on Imperfect or Present Perfect 132
67. Future Tense 134
68. Irregular Verbs in the Future Tense 136
69. Conditional Tense 138
70. Conditional Perfect Tense 140
71. Passive Voice 142

72. Present Subjunctive.. 144
73. Irregular Verbs in the Present Subjunctive............... 146
74. Subjunctive with Impersonal Expressions................ 148
75. Subjunctives After Conjunctions 150
76. Common Uses of the Subjunctive............................ 152
77. Past Subjunctive... 154
78. Imperfect Subjunctive 156
79. Pluperfect Subjunctive 158
80. Other Uses of the Subjunctive 160
81. Sequence of Subjunctive Tenses After *Che*............. 162
82. Subjunctive vs. Indicative... 164
83. *Se* Clauses 166
84. Verbs Requiring a Preposition................................. 168

Special Verbs

85. *Essere* and *Stare* 170
86. *C'è*, *Ci Sono*, and *Com'è* 172
87. *Sapere* and *Conoscere* 174
88. *Volerci* and *Metterci*...................................176
89. *Piacere*... 178
90. *To Leave* 180
91. *To Look* 182
92. *To Miss* 184
93. *To Return* 186
94. Exprssing *Can* or *May*........................... 188
95. Idiomatic Expressions with *Fare*.............. 190
96. Idiomatic Expressions with *Avere* 192

Sentence Structure

97. Word Order... 194
98. Demonstratives... 196

Other

99. Spelling Rules.. 198
100. Cognates and False Friends 200

Irregular & Special Usage Italian Words 202

Glossary of Grammar Terms 206

Answer Key 210

An Introduction to Italian

Italian is spoken by nearly 70 million people worldwide. It is the official language of Italy and is the principle language of San Marino, southern Switzerland, Vatican City, the Region of Istria in Croatia, and part of Slovenia. Italian originates from the popular form of Latin, called Vulgar ("of the common people") Latin, as opposed to the proper literary form of Latin spoken by the intellectuals of ancient Rome. Of the Romance languages, which are derived from the variations of Latin spoken inside the boundaries of the Roman Empire, Italian is generally considered to be the closest to Latin. But while the literary form of Latin remained fossilized in strictly defined grammatical rules, the spoken language transformed over the centuries, adapting to local accents and becoming more and more similar to the several Italian dialects, and to other dialects in Europe.

Though the Italian language did not emerge at a precise time, documents dating from the eighth century testify to the growing popularity of the dialect among the public. But modern Italian is not merely a popular dialect that was able to spread beyond its regional borders. Italian is a linguistic fusion of several languages. Based on the Tuscan dialect spoken in Florence, it was fostered inside the united medieval Italian courts and deeply influenced by other languages in the area, such as French and Sicilian. The first works written in Vulgar (popular) Italian date from the writings of Roman Catholic monk Francesco D'Assisi and the Sicilian poetic school of the thirteenth century. From the fourteenth century on, great poets and writers contributed to the diffusion of Italian. Thanks to Dante Alighieri, Francesco Petrarca, and Giovanni Boccaccio, the new Italian language was disseminated among the elite.

While the use of the vulgar Italian spread over the centuries, the intelligentsia of the country still primarily used the Italian codified by scholars and literary figures. Since the advent of television in the mid-1950s, however, Italian has finally become the language of the people, slowly spreading across Italy and other Italian-speaking countries.

Italian has many fundamental differences from English, which has Germanic origins. Like other Romance languages derived from Latin, Italian nouns have gender (masculine or feminine) and number (singular or plural) and undergo unique form changes to agree with their subjects. In fact, Italian words are often similar to their Romance language counterparts. The Italian word *espulsione,* for example, is similar to the Spanish *expulsión,* the Portuguese *expulsão,* the French *expulsion,* the Romanian *expulsare,* and the Catalan *expulsió.* All of these translate as "expulsion," an English word also derived from Latin.

The conjugation and use of verbs is another area where Italian and English fundamentally differ. While English has only regular and irregular verbs, Italian (like other Romance languages) has regular and irregular verbs *and* three conjugations grouped according to verb endings: *-are, -ere,* and *-ire.* The use of tense in Italian can also vary from the use of tense in English. In both languages, the present tense expresses an event occurring in present time. However, in Italian, the present tense form is also used to express an ongoing event—an event that would take the present progressive form in English (I **am driving** a car.) The present progressive does exist in Italian, though it is used for emphasis (***Sto parlando*** con te/***Parlo*** con te. → I **am talking** to you). Most of the Italian verb tenses correspond to those in English, though some are used more or less frequently. The future tense is used in Italian only to speak about an indefinite time or a moment very far in the future, whereas English employs this tense to describe any event taking place in the future. Other tense forms, such as the subjunctive, are much more common in Italian than in English.

All of these differences are part of what makes Italian so rich and complex. For a non-native speaker, its fundamental differences from English can be hard to negotiate. However, once the basics of grammar are mastered, the language can fall into place. And there is great beauty in these differences, which can reveal a new way of thinking. As Italian director Federico Fellini put it, "A different language is a different vision of life."

1 Articles *The Definite Article*

Like the word *the* in English, the definite article in Italian is used when discussing specific nouns—people, places, or things—as in *the girl, the university,* or *the bicycle.*

The definite article takes different forms according to the gender and number of the noun it modifies.

Singular	
Masculine	**Feminine**
il before most consonants: *il dottore*	*la* before consonants: *la bicicletta*
lo before s + consonant, z, ps, gn, x, y: *lo studente*	*l'* before vowels: *l'università*
l' before vowels: *l'amico*	

Plural	
Masculine	**Feminine**
i before most consonants: *i cani*	*le* before all feminine nouns: *le sedie, le amiche*
gli before s + consonant, z, ps, gn, x, y: *gli spaghetti*	
gli before vowels: *gli appartamenti*	

Parole Quotidiane

In colloquial Italian, *gli* may become *gl'* before a noun that begins with a vowel. Although this change is very common in spoken Italian, it is grammatically incorrect and should never be used in the written form.

Nouns used in a general sense always take the article.

Amo l'architettura e la letteratura.
I love architecture and literature.

In a series of items, the definite article is used before each noun.

Sto cercando la rivista, il libro, e il giornale che ho comprato ieri.
I am looking for **the** magazine, **the** book, and **the** newspaper I bought yesterday.

The article is used before the names of languages, except immediately after *parlare* (to speak) and *studiare* (to study).

Studio spagnolo e parlo portoghese. Parlo molto bene il portoghese.
I study Spanish and speak Portuguese. I speak Portuguese very well.

Il or *la* precedes courtesy and professional titles when used as an indirect object in a sentence.

Il signor Renzi e il dottor Liotta sono qui.
Mr. Renzi and Dr. Liotta are here.

Buongiorno, signor Renzi! (no article)
Good morning, Mr. Renzi!

Exercise 1

The writer below is discussing her first year of university studies. Fill in the blanks with the definite article, when necessary.

(**1.**) Quest'anno ho iniziato __l'__ università. (**2.**) Mi piace molto, perché dopo __il__ liceo __lo__ studente è visto come un adulto e non più come un ragazzino. (**3.**) Ho scelto di studiare __la__ biologia perché mi piacciono molto tutti ~~__i__~~ tipi di scienza. (**4.**) Sebbene __la__ matematica sia una materia difficile, studio con passione anche quella, e questo semestre spero di passare tutti __gli__ esami con dei bei voti.

(**5.**) Ho conosciuto molte persone qui, ma __l'__ amico che frequento di più è Paolo, che conosco dai tempi del liceo.

(**6.**) Lui studia ~~__X__~~ lettere classiche e dice che gli piacciono molto __la__ poesia, __la__ filologia e, __il__ greco. (**7.**) Ha una professoressa molto brava che, oltre a essere considerata __il__ migliore insegnante del suo corso, ~~__l'__~~ anno scorso ha anche vinto __il__ Premio Strega per la narrativa.

Exercise 2

Translate these nouns and their appropriate article.

1. the eyes ___*gli occhi*___

2. the psychologist ___*lo psicologo*___

3. the dawn ___*l'alba*___

4. the cellular phones ___*i cellulari*___

5. the Arctic ___*l'artico*___

Exercise 3

Some of these nouns are paired with the wrong definite article. Can you correct them?

1. lo spazio ___*il*___

2. lo tavolo ___*il*___

3. il zaino ___*lo*___

4. i yogurt ___*gli*___

5. le problemi ___*i*___

Exercise 4

Match column A to column B by choosing the appropriate definite article to complete each sentence.

A	B
d **1.** Mi piace lo ...	a. figli del mio collega.
e **2.** Non sempre la ...	b. amica di Raffaella: c'è?
a **3.** Quelli sono i ...	c. gnocchi per stasera!
c **4.** Compriamo gli ...	d. zaino blu diquella ragazza.
b **5.** Non vedo l' ...	e. fortuna ti sorride.

Exercise 5

Identify the indefinite articles and partitive adjectives in the sentences below and change them to definite articles.

1. Mi sono comprato uno scooter nuovo.

___*lo scooter*___

2. Alla festa voglio indossare dei jeans nuovi.

___*i jeans*___

3. Questa è un'acqua italiana.

___*l'acqua*___

4. Ti presento Giacomo, un amico di Tiziano.

___*l'amico*___

5. Quelle non sono mie amiche, sono amiche di Sara.

___*le amiche*___

Like *a/an* in English, the indefinite article is used when discussing non-specific, or generic, nouns—*a book* rather than *the book*.

The indefinite article is always singular, but takes different forms according to the gender and first letter of the noun it modifies.

Masculine	Feminine
un before vowels and most consonants: *un libro, un orologio*	**una** before consonants: *una libreria*
uno before s + consonant, z, ps, gn, x, y: *uno zaino*	**un'** before vowels: *un'amaca*

Parole Quotidiane

In English, articles aren't used to discuss general, non-specific items. In Italian, however, the definite article, rather than the indefinite article, is used to refer to general items.

*Adoro **il** pane.*
I love bread.

The indefinite article can also translate as *one*.

*Ho comprato **un** quaderno, **una** gomma, e due penne.*
I bought **one** notebook, **one** eraser, and two pens.

Attenzione!

The indefinite article doesn't have a corresponding plural form. The generic plural may be translated with different expressions, such as numbers (*dieci quaderni*, ten notebooks), rough quantities (*una decina di quaderni*, about ten notebooks), and partitive articles (*dei quaderni*, some notebooks).

Attenzione!

The indefinite article is used less often in Italian than its equivalent is used in English. The indefinite article is not used:

- with the verb *essere* (to be) and *diventare* (to become) when describing a role, position, religion, or nationality.

Daria ha sempre voluto diventare mèdico.
Daria has always wanted to become **a** doctor.

- in expressions of exclamation starting with *che* + an adjective.

Che bella giornata!
What **a** nice day!

- in numeric phrases before *cento, mille,* and *mezzo/a*.

In questa scuola ci sono più di mille studenti.
In this school there are more than **a** thousand students.

- in phrases where the indefinite article means *every* or *per* in English.

Vado a trovare mia madre due volte al mese.
I visit my mother twice **a** month.

Exercise 1

How's your Italian geography? Answer the following questions, as shown in the example.

Esempio: Che cos'è il Tevere? <u>È un fiume.</u>

1. Che cos'è il Cervino?

È un monte,

2. Che cos'è il Garda?

È un lago.

3. Che cos'è la Basilicata?

È una regione

4. Che cos'è Palermo?

È una città

5. Che cos'è la Sardegna?

È un isola.

Exercise 2

Luca and Monica are having a conversation. Complete their dialogue with the correct indefinite articles.

Luca: — Ieri sono andato al canile comunale e ho adottato

_un_ cucciolo.

Monica: — Davvero? È _un_ bastardino?

Luca: — Se mai _una_ bastardina. È _una_

fémmina. Ho sempre desiderato _un_ amico a

Quattro zampre. O meglio … _un'_ amica! Sai che

credo che sia di razza?

Monica: — Ah, sì? _____ che conosci?

Luca: — Mah, io non ci capisco molto … forse _un_ fox

terrier?

Monica: — Accidenti! Ma è _un_ cane bellissimo!

Come l'hai chiamata?

Luca: — Aiuto.

Monica: — Aiuto?

Luca: — Sì. E devi vedere che ridere quando la chiamo per la

strada … non c'è _un_ passante che non si volti …!

Monica: — Tu hai sempre _una_ voglia matta di

scherzare, eh? E se prima o poi avessi bisogno di aiuto davvero?

Luca: — In quel caso griderei "Aiutatemi" …

Exercise 3

Indovina indovinello … **Can you solve these Italian riddles? Remember to use the correct indefinite article in your answer.**

1. Vivaci occhietti, radi baffetti, musino acuto, capo orecchiuto, denti voraci, piedi fugaci, coda sottile, forma gentile. Dirlo m'è d'uopo, io sono …

   _____

2. Si spoglia quando incomincia a far freddo. Sai dire che cos'è?

   _____

3. Una torre dritta e storta senza chiave e senza porta, e se viene il vento scuote cento stanze tutte vuote.

   _____

Exercise 4

Look around you. Identify three objects using the correct indefinite article. For an extra challenge, describe where the objects are in relation to you.

Esempio: _Vicino a me c'è un letto._

1. _____

2. _____

3. _____

Exercise 5

Give the singular form of each noun using the indefinite article.

Esempio: le montagne → _una montagna_

1. gli aereoplani → _____

2. le amiche → _____

3. gli psicologi → _____

4. le streghe → _____

2

All Italian nouns have a gender: masculine or feminine. There is no set rule for determining noun gender; each word must be learned separately. However, there are some indicators that will help you identify whether a noun is masculine or feminine.

The ending of a noun will usually indicate that noun's gender.

Masculine	Feminine
-o (l'uom**o**)	**-a** (la donn**a**)
-amma (il progr**amma**)	**-tà** (l'universi**tà**)
-ore (il sign**ore**)	**-zione** (la defini**zione**)
-tore (il pit**tore**)	**-trice** (la pit**trice**)
-ere (il cameri**ere**)	
-ame (lo sci**ame**)	
-ale (l'anim**ale**)	
-ile (il porc**ile**)	

Attenzione!

In most cases, nouns ending in -o (*uomo*) are masculine, and nouns ending in -a (*donna*) are feminine.

Eccezione

Nouns ending in -e may be either masculine or feminine.

Masculine	Feminine
studente	regione
registratore	frase
giornale	notte
pane	classe
nome	canzone

Some Italian nouns can be either masculine or feminine, depending on the sex of the person to whom the noun refers. Most of these nouns end in -ista. Here are some common examples.

apprendista, apprentice	*artista*, artist
autista, driver	*barista*, barman
camionista, truck driver	*comunista*, communist
dentista, dentist	*economista*, economist
elettricista, electrician	*giornalista*, journalist
macchinista, machinist	*paracadutista*, parachutist
terrorista, terrorist	*violinista*, violinist

Attenzione!

Foreign nouns are considered masculine (*un computer*).

Exercise 1

Giacomo has found his true self. Fill in the blanks by choosing from the nouns given. Use gender clues to match the noun to the correct article.

futuro, lezione, casa, padre, madre, pittore, passione, giorno, città, mondo, gondolière, cuoca, arte

(1.) Giacomo è figlio di un _____ molto famoso,

che espone i suoi quadri in tutto il _____.

(2.) Ma Giacomo non vuole dìpingere come suo

_____: lui ha un sogno molto diverso.

(3.) Da quando è stato a Venezia, pensa che questa sia

la _____ più bella del mondo e vuole andare

a vivere lì per fare il _____.

(4.) Un _____, durante una

_____ di _____ che proprio

non gli piaceva, ha capito la sua vera _____

e ha deciso che questo sarebbe stato il suo

_____. **(5.)** Quel pomeriggio è tornato

a _____ e ne ha parlato alla

_____, che tutta entusiasta ha risposto; "Che

bello! Vengo a Venezia con te a farti da_____

e lasciamo qui tuo papà e tutti i suoi quadri polverosi!"

Exercise 2

Can you guess the gender of the nouns below? Check the proper column.

	Masculine	Feminine
1. cane	_____	_____
2. università	_____	_____
3. bar	_____	_____
4. stereo	_____	_____
5. posizione	_____	_____
6. dramma	_____	_____
7. direttrice	_____	_____

Exercise 3

Translate the following nouns and indicate whether they are masculine or feminine.

Esempio: boy → <u>ragazzo, masculine</u>

1. school → _____

2. book → _____

3. television → _____

4. aunt → _____

5. tradition → _____

6. night → _____

7. bread → _____

8. dentist → _____

Exercise 4

Identify five nouns for each of the following endings. Use the correct definite article in your answer.

-o _____

_____

-e _____

_____

-a _____

_____

-ale _____

_____

-zione _____

_____

3

4 Nouns *Homonyms*

The masculine and feminine forms of some singular nouns are identical in spelling and pronunciation. These homonyms have different meanings according to their gender.

	Masculine	Feminine
asse	axis	board
boa	boa	buoy
caccia	fighter	hunt
calce	foot, bottom	lime
camerata	comrade	dormitory
capitale	assets	capital
fine	aim, purpose	end
fronte	front	forehead
governante	governor	housekeeper
grana	type of cheese	grain, trouble, money
lama	llama	blade
metro	meter	subway
morale	mood	morals
moto	movement	motorcycle
prima	before	opening
rosa	type of color	type of flower

The meaning of numbers also changes in accordance with gender. When masculine, the number can refer to a day of the month; when feminine, it can refer to the time of day.

il due (masculine)   the second day of the month
le due (feminine)   2 P.M./A.M.

Exercise 1

Do you know these nouns? Give the definition of the nouns listed here below.

1. il gala

_____

2. la gala

_____

3. il presente

_____

4. la presente

_____

5. il radio

_____

6. la radio

_____

7. il viola

_____

8. la viola

_____

Exercise 2

Choose the correct gender (M or F) for the homonyms underlined in each sentence.

1. Quest'<u>asse</u> di legno misura un metro e mezzo. ____

2. Non ho abbastanza <u>grana</u> per comprarmi ____
due <u>moto</u>. ____

3. Molti politici hanno una totale assenza di <u>morale</u>. ____

4. La sua lingua è tagliente come <u>lama</u> di rasoio! ____

5. "<u>Caccia</u> al ladro" è un bellissimo film di Hitchcock. ____

Exercise 3

Write two sentences for each homonym using the masculine and feminine meanings.

1. fine _____

_____

_____

_____

2. fronte _____

_____

_____

_____

3. boa _____

_____

_____

_____

4. rosa _____

_____

_____

_____

Exercise 4

Translate these Italian proverbs by identifying the correct meaning of the noun in use.

1. Il fine giustifica i mezzi. _____

_____

2. Non c'è rosa senza spine. _____

_____

3. Anche un sorriso vale a tirar su il morale. _____

_____

4. Chi va a caccia senza cani, torna a casa senza lepri.

_____

_____

Exercise 5

Do you know these nouns? Write two possible meanings for each.

1. alma_____

_____

2. balilla_____

_____

3. bamba_____

_____

4. capoccia _____

_____

5. cappa _____

_____

6. mitra _____

_____

7. tema _____

_____

Nouns *Plurals*

In English, the plural is generally formed by adding an *-s* to the end of a noun. Italian nouns follow different rules according to their endings.

	Singular Ending	Plural Ending	Example
Masculine	*-o*	*-i*	*tàvolo → tàvoli*
	-io	*-i*	*figlio → figli*
Feminine	*-a*	*-e*	*penna → penne*
Masc. and Fem.	*-e*	*-i*	*cane → cani* *lezione → lezioni*

Eccezione

Nouns ending with a consonant don't change their form in the plural. These nouns are generally of a foreign origin.

*Ho comprato due **computer** nuovi.*
I bought two new **computers.**

Eccezione

Nouns that are abbreviated don't change in the plural. Some examples of these nouns are *radio* (radio), *bici* (bike), *foto* (photo).

*In questo negozio ci sono molte **radio** carissime.*
In this store there are many very expensive **radios.**

Attenzione!

Feminine nouns ending in *-ea* change to *-ee* in the plural.

*d**ea**/d**ee***　　　　　goddess/goddesses

Exercise 1

Give the plural from of the following nouns.

1. giornale_____

2. orologio_____

3. idea_____

4. appartamento_____

5. sedia_____

6. informazione_____

Exercise 2

Give the singular form of the following plural nouns.

1. zii_____

2. zie_____

3. orchidee_____

4. bar_____

5. sconti_____

6. elefanti_____

Exercise 3

Indicate the gender of each word below and whether it is in singular or plural form.

Esempio: carne → <u>feminine, singular</u>

1. emozione → _____

2. giovane → _____

3. genere → _____

4. carte → _____

5. mille → _____

6. bambine → _____

7. paese → _____

8. milione → _____

Exercise 4

Form a sentence using the plural form of each singular noun below.

1. orologio _____

_____

2. pub irlandese _____

_____

3. dottoressa canadese _____

_____

4. monte italiano _____

_____

5. radio _____

_____

Exercise 5

Complete the following passage using the correct singular or plural form of the nouns listed below.

penna, dollaro, calcolatrice, quaderno, calendario, università, articolo, cosa, computer

(**1.**) Ieri sono andato al negozio dell'_____ e mi

sono comprato due_____ : da quando studio

matematica non mi bastano mai. (**2.**) Visto che ero lì, ho dato

un'occhiata in giro e ho trovato molte_____

che mi servirebbero:_____ ,

_____ ,_____ , e persino un

bel_____ nuovo. (**3.**) Ho calcolato che dovrei

spendere 800_____ per comprarmi tutto ...

forse è meglio comprare un_____ alla volta?

Nouns and adjectives with the singular endings *-ca*, *-ga*, *-cia*, *-gia*, *-co*, and *-go* follow special rules the plural.

Feminine nouns and adjectives ending in *-ca* and *-ga* form their plural by dropping those endings and adding *-che* and *-ghe*.

*la giac**ca** lar**ga*** → *le giac**che** lar**ghe***
the large jacket → the large jackets

Masculine nouns and adjectives ending in *-go* generally form their plural by dropping the ending and adding *-ghi*.

*il diàlo**go** lun**go*** → *i diàlo**ghi** lun**ghi***
the long dialogue → the long dialogues

> ## Attenzione!
>
> Nouns ending in *-ologo*, which always refer to professions, become *-ologi* in the plural.
>
> *lo psic**ologo*** → *gli psic**ologi***
> the psychologist → the psychologists

Feminine nouns ending in *-cia* and *-gia* follow different rules depending on where the stress falls. When the stress falls on the last syllable, the plural is formed by adding *-cie* and *-gie*.

*una farma**cia*** → *due farma**cie***
a pharmacy → two pharmacies

For feminine nouns ending in *-cia* and *-gia* whose accent falls on any syllable other than the last one, the plural ending is *-ce* and *-ge*.

*una cilie**gia*** → *delle cilie**ge***
one cherry → some cherries

> ## Eccezione
>
> The word *camicia* (shirt, stress on the first *i*) becomes *camicie* (shirts) in the plural.

Masculine nouns and adjectives ending in *-co* follow different rules depending on where the stress falls. When the stress is on the next-to-last syllable, the plural ending is *-chi*.

*il par**co** tedes**co*** → *i par**chi** tedes**chi***
the German park → the German parks

For masculine nouns and adjectives ending in *-co* whose accent falls on the third-to-last syllable, the plural ending is *-ci*.

*il medi**co** simpati**co*** → *i medi**ci** simpati**ci***
the nice doctor → the nice doctors

> ## Eccezione
>
> Some masculine nouns that do not follow this rule are
>
> *amico* (friend, accent on the *i*) → *amici* (friends)
> *greco* (Greek, accent on the *e*) → *greci* (Greeks)
> *nemico* (enemy, accent on the *i*) → *nemici* (enemies)
> *porco* (pig, accent on the first *o*) → *porci* (pigs)

Exercise 1

Complete the chart with the correct singular or plural form of each noun or adjective.

Singular	Plural
greco	
	spiagge
	figli
psicòlogo	
amica	

Exercise 2

Complete these sentences by choosing the most appropriate noun from the list below and putting it in the correct plural form.

amico, psicologo, biblioteca, greco, nostalgia, bugia, magnifica, medico, albergo, spiaggia, tedesco, lungo

1. I miei _____ lavorano in quei begli

   _____.

2. Questa città ha molte grandi _____

   dove si può studiare tranquillamente.

3. Da quando mio cugino si è trasferito in Canada, soffre di

   incredibili _____.

4. Non dire _____!

5. Le _____ della Sardegna sono

   _____ e _____,

molto più belle dei lidi _____.

6. La signora e il signor Todi sono entrambi

   _____ e _____,

Exercise 3

Correct the mistakes in the sentences below.

1. I radiologhi di questo ospedale sono tutti greci.

   _____

   _____

2. Vorrei dei pantaloni bianchi per camminare sulle spiaggie brasiliane.

   _____

   _____

3. Le conversazioni telefoniche di mia suocera sono sempre troppo lunge.

   _____

   _____

4. Le parole "classe" e "fine" sono falsi amichi.

   _____

   _____

5. Suo figlio fa continuamente domande illogice.

   _____

   _____

6

7 Nouns *Irregular Plurals*

Several nouns in Italian have an irregular plural form. In most cases the gender of such nouns changes in the plural.

Singular	Plural
il dito, m. (finger)	*le dita*, f. (fingers)
il ginocchio, m. (knee)	*le ginocchia*, f. (knees)
il lenzuolo, m. (sheet)	*le lenzuola*, f. (sheets)
la mano, f. (hand)	*le mani*, f. (hands)
l'orecchio, m. (ear)	*le orecchie*, f. (ears)
l'uomo, m. (man)	*gli uomini*, m. (men)
l'uovo, m. (egg)	*le uova*, f. (eggs)
il paio, m. (pair)	*le paia*, f. (pairs)

Many words of measurement have an irregular plural form in which they also change their gender.

miglio, m. (mile) → *miglia*, f. (miles)
centinaio, m. (hundred) → *centinaia*, f. (hundreds)
migliaio, m. (thousand) → *migliaia*, f. (thousands)

Some nouns have both a masculine and feminine plural form. Many of these are related to parts of the body and have different meanings depending on which form is used.

Singular	Masculine Plural	Feminine Plural
il braccio (arm)	*i bracci* (arms of a lamp or cross)	*le braccia* (arms)
il budello (intestine)	*i budelli* (streets, alleyways)	*le budella* (intestines)
il ciglio (eyelash)	*i cigli* (edge, rim)	*le ciglia* (eyelashes)
il labbro (lip)	*i labbri* (border, brim)	*le labbra* (lips)
l'osso (bone)	*gli ossi* (bones for dogs to eat)	*le ossa* (bones)

Several types of nouns do not change their form in the plural.

Type of Noun	Example
Nouns with accented vowel-endings	*città* (city), *università* (university), *caffè* (coffee)
Nouns ending in *-i*	*alibi* (alibi), *ipotesi* (hypothesis), *crisi* (crisis)
Nouns formed with only one syllable	*re* (king), *tè* (tea)
Nouns ending with a consonant (these are usually nouns of foreign origin)	*computer* (computer), *bar* (bar), *show* (show)
Nouns that are abbreviated	*radio* (radio), *bici* (bicycle), *foto* (photograph)
Feminine nouns ending in *-ie*	*specie* (species), *calvizie* (baldness), *superficie* (surface)

Eccezione

Though the feminine noun *moglie* (wife) ends in *-ie*, it does have a plural form: *mogli* (wives).

Attenzione!

Though most nouns that end in *-a* are feminine, there are a few masculine nouns that end in *-a*. They form their plural with *-i*.

*Questo è un **programma** molto bello* → *Questi sono dei **programmi** molto belli.*
This is a very nice **program** → These are very nice **programs.**

Exercise 1

Write the correct plural for each English noun below.

1. lips _____

2. bones _____

3. alleyways _____

4. eggs _____

5. hands _____

Across

2. The edge of a glass.
3. They can be flipped, curled, colored, faked …
4. Central part of the leg.
7. It can be made of linen, cotton, or silk.
9. They come from monkeys.

Down

1. You can hurt them by jogging on concrete.
4. One of ten.
6. Man has two, not too far from the eyes.
8. Dogs love them.

Exercise 2

Use the clues below to fill in the crossword puzzle with the correct Italian nouns. Note: Not all answers will be plural.

Exercise 3

Read the following definitions and complete the words with the missing letters. Then give the translation of each.

1. They are important ingredients for baking cakes:

U O __ __   *Translation:* _____

2. You use them to kiss:

L __ B __ R A   *Translation:* _____

3. They cover the mattress:

L __ __ Z __ __ L A   *Translation:* _____

4. Milk strengthens them:

__ S __ A   *Translation:* _____

In Italian, there are several ways to translate the word *time*.

The word *tempo* is used when describing time as a broad concept, both as an abstraction and an unspecified length.

*Il **tempo** vola.*
Time flies.

*Non ho **tempo** di parlare con te.*
I don't have **time** to talk to you.

*È da molto **tempo** che non ci vediamo.*
We haven't seen each other in a long **time**.

Attenzione!

Don't be confused: *Tempo* also translates as *weather*. Use context to identify the meaning.

*Che **tempo** fa? Fa bel/cattivo **tempo**.*
What's the **weather** like? It's nice/bad **weather**.

Tempo* is used in several common expressions.

Un po' alla volta	Little by little
Di quando in quando	From time to time
È ora di …	It's time for/to …
C'era una volta	Once upon a time (in fairy tales)
Bei tempi	Good times
Poco tempo fa	A little time ago
Di quando in quando/ di tanto in tanto	From time to time
Un tempo	Once upon a time
I tempi cambiano	Times change
Tempo fa/addietro	(Some) time ago

Volta* is used when describing the number of times something takes place.

*Sono stato in Africa tre **volte**.*
I've been in Africa three **times**.

Ora* refers to a scheduled time or hour.

*A che **ora** parte il treno per Firenze?*
What **time** does the train to Florence leave?

Durata* refers to duration, or the time it takes to do something.

*La **durata** del viaggio da New York a Milano è di otto ore.*
The traveling **time** from New York to Milan is eight hours.

Periodo* is used to express a period of time in one's life.

*È un **periodo** difficile.*
It's a difficult **time**.

When referring to a historical period, the word *periodo* is used in a general sense, while *età* and *evo* are used to identify specific times.

*Il Medio **Evo** e l'**età** moderna sono due **periodi** storici molto interessanti.*
The Middle **Age** and the modern **times** are two very interesting historical **times**.

Exercise 1

Choose the correct word to express time in each case.

1. Sono così occupato che non ho nemmeno il

   _____ di mangiare.

2. Che _____ è? Sono le cinque e mezza.

3. In questo _____ faccio molto sport.

4. Il film "La meglio gioventù" ha una _____ di sei ore.

5. Bisognerebbe mangiare frutta e verdura almeno due

   _____ al giorno.

Exercise 2

Translate the following sentences using the correct expression of time.

1. It's time to go.

   _____

   _____

2. This historical time covers two centuries.

   _____

   _____

3. I don't have time for this!

_____

_____

Exercise 3

Is *tempo* always the right choice? Find the wrong word and replace it with the correct one.

1. Marta è stata all'Opera tre tempi, ma non le è mai piaciuta.

_____

_____

2. Questo film ha un tempo troppo lungo!

_____

_____

3. C'era un tempo in cui avevo molto tempo a disposizione.

_____

_____

4. A che tempo fai colazione di solito?

_____

_____

5. Questo è un tempo nella vita di Sandro in cui succedono molte cose straordinarie.

_____

_____

Exercise 4

How many times a day, a week, a month do you perform the activities shown below? At what time of the day, the month, the year might you do them? How long would you spend doing each one?

1. _____

_____

2. _____

_____

3. _____

_____

8

Conjunctions are unmodified nouns that connect two elements of a sentence, either two nouns or two phrases. They can also be used to join two sentences, in the case of a compound sentence.

> *Ti chiamo **perché** ho bisogno di un favore.*
> I'm calling you **because** I need a favor.

Conjunctions usually introduce a subordinate clause, and their function is to broaden, develop, or explain the concept expressed in the main clause.

> *Arriva presto, **così** partiamo per le 9.*
> Come early, **so** we can leave by 9.

Conjunctions such as *ancora* (still), *già* (already), *nemmeno/neanche/neppure* (not even), and *più* (more) usually follow the verb.

> *Devi **già** andare? Non hai preso **nemmeno** il caffè.*
> Do you have to go **already**? You haven't **even** had coffee.

In compound sentences, conjunctions are placed between the first and second part of the verbal construction.

> *Non **sono ancora andato** a Pisa.*
> I **haven't yet gone** to Pisa.

The conjunction *e* (and) becomes *ed* before a vowel.

> *Tu **ed** Elena sedetevi là.*
> You **and** Elena sit there.

O and *oppure* both mean *either/or* and are interchangeable.

> *Preferisci il burro **o/oppure** la margarina?*
> Do you prefer butter **or** margarine?

In an affirmative sentence, *ancora* means *still/more*. When negative, *ancora* means *yet*.

> *Sono **ancora** qui, ma tu non sei **ancora** arrivato.*
> I'm **still** here, but you haven't arrived **yet**.

No/anymore is translated with *più*.

> *Non ti chiamerò **più**.*
> I won't call you **anymore**.

Attenzione!

To ask a question such as *Would you like some more?*, *ancora* is used instead of *più*.

> *Vuoi **ancora** zucchero?*
> Do you want **more** sugar?

Other common conjunctions include:

cioè	that is
perciò	so, therefore
quando	when
finché	until, as long as
se, se non	if, if not
benché	although
malgrado che	in spite of
così	so, therefore
però, ma	but
mentre	while
infatti	in fact, actually
anzi	rather, on the contrary
dunque, quindi	therefore, so, well
sebbene	though
anche, pure	also, too, yet
a meno che	unless
perfino, persino	even
né ... né	neither ... nor

Exercise 1

Sara is complaining about some of her brother's habits. In the following paragraph, circle the appropriate conjunctions in parentheses.

(**1.**) Io non capisco (quando/se/perché) mi chiami sempre al

telefono (quando/finché/ma) esci con una nuova ragazza.

(**2.**) Mi dici il nome del ristorante dove l'hai invitata

(e/però/anzi) pretendi che io prenoti il tavolo

accanto. Di cosa hai paura? (**3.**) Temi che sia noiosa

(cioè/oppure/ancora) hai bisogno di incoraggiamento?

(**4.**) Io sono tua sorella e (quantunque/cosicché/così) non

ti dico mai di no, (però/anzi/ebbene) ti devi rendere conto

che non è normale. (**5.**) (Dunque/Inoltre/Come) mangiare

sola mi piace (purché/sebbene/quasi) sia una mia scelta,

(malgrado/anzi/perciò) d'ora in avanti smetti di chiedermi

aiuto e vedi di sbrigartela da solo.

Exercise 2

Connect column A to column B by matching the correct conjunction.

A	B
_____ **1.** Sonia mangia tutto …	a. quando hai suonato alla porta.
_____ **2.** Ti stavo chiamando …	b. ma dicono che farà brutto.
_____ **3.** Domenica dovrei andare al mare …	c. come tu faccia a vivere in questo appartamento.
_____ **4.** Miei genitori non capiscono …	d. benché sia un film che non mi interessa.
_____ **5.** Verrò al cinema con te …	e. fuorché la carne.

Exercise 3

Aunt Mariella enjoys spending the holidays with her family. Read the following passage and complete it by filling in the missing conjunctions. Note: More than one conjuction may be possible for some sentences.

(**1.**) Zia Mariella era arrivata due giorni prima

_____, diceva, non voleva perdersi i

preparativi. (**2.**) Prese il treno e percorse tutto il Nord Italia

da est a ovest _____ ormai avesse ottant'anni.

(**3.**) "Non mi perderei questo momento _____

se mi ammazzassero!" esclamò scendendo dal treno

_____ il controllore ci passava la sua valigia.

(**4.**) "Avete una zia fenomenale" ci disse sorridendo,

_____ il suo sguardo sollevato ci fece capire

che era molto contento che il viaggio fosse finito.

(**5.**) Zia Mariella doveva avergli raccontato tutta la sua vita

_____ fa ogni volta che conosce una persona

nuova. (**6.**) Il fatto è che, _____ lo zio era vivo,

zia Mariella non si muoveva mai, _____ è

una donna che detesta stare da sola, _____,

appena lo zio è morto, lei ha cominciato a venirci a trovare

a ogni festività. (**7.**) _____ il primo maggio. "Il

primo maggio è la festa del lavoro" dice, "e io ai ferrovieri

non li voglio far sgobbare". (**8.**) _____ eccola

là, tutta eccitata e stanca, pronta a preparare anche

quell'anno un magnifico pranzo di Natale.

Interjections are noun phrases that express a sudden emotion. They are invariable and are the only linguistic expressions that convey the meaning of an entire sentence with just one word or phrase.

Interjections can either stand alone or be added anywhere in a sentence for emphasis. As in English, interjections are usually followed by a comma when they start a sentence.

> *Santo cielo!*
> **Dear Lord!**

> *Accidenti a te,* *quando la smetterai di spaventarmi?*
> **Darn you,** when will you stop scaring me?

Parole Quotidiane

Interjections are predominantly used in the spoken language, where context and intonation clarify their meaning. In the written form, they may appear in colloquial contexts such as screenplays, fictional stories, letters, and e-mails.

Ah! *Dimenticavo ... mia sorella si è sposata.*
Ah! I forgot ... my sister got married.

Ah! *Che dispiacere! Avrei voluto sposarla io ...*
Ah! How disappointing! I wish I had married her ...

Some common Italian interjections include:

Toh!	I am surprised!
Ehi!	Listen! Pay attention to me!
Magari!	I wish that would happen!
Beh?	Well? (Explain why you did this.)

Exercise 1

What do these interjections express? Find a translation for each of them.

1. Dio mio! _____

2. Ahimé … _____

3. Evviva! _____

4. Salute! _____

5. Perbacco! _____

Exercise 2

Write the appropriate interjection to express these emotions.

1. Pay attention! Look out!

_____

2. What a relief …

_____

3. You are welcome.

_____

4. I don't care!

_____

5. You don't say!

_____

Exercise 3

Connect the interjection in column A to the sentiment it expresses in column B.

	A		B
_____	**1.** Accidenti!	a.	Anche questa passerà.
_____	**2.** Davvero?	b.	Piuttosto faccio da sola …
_____	**3.** Coraggio!	c.	Sono sicuro che passerai l'esame a pieni voti.
_____	**4.** Neanche per sogno!	d.	Non posso venire al mare con te …
_____	**5.** In bocca al lupo!	e.	Non ci posso credere …

Exercise 4

Look at the images below and choose a proper interjection for each scene pictured.

1. _____

2. _____

3. _____

Exercise 5

Paola and Marco are having an argument about the next summer holidays: seaside or mountains? Fill in the blanks with the appropriate interjection by choosing among the ones provided.

eh, beh, santo cielo, ah, basta, uffa, dai

Paola: —_____! Ti ho già detto che in montagna quest'anno non torno!

Marco: —_____, che noia! E perché no?

Paola: —Ma _____! Ogni estate?

Marco: —_____, non vedo perché no …

Paola: —E con i tuoi genitori, poi …

Marco: —Che c'entrano loro, scusa? Tantopiù che mia madre cucina sempre e tu non fai mai niente.

Paola: —_____ … si tratta di questo? Farti servire dalla mamma?

Marco: —Piantala! Non cercare di cambiare argomento, sai benissimo …

Paola: —Eh, no, _____! Tutto, ma la mamma no!

_____! Quest'anno si va al mare! E da soli!

Marco: —Ma Paola …

10

Fractions in Italian work exactly as those in English do: The first number is expressed as a cardinal number, the second as an ordinal. Here are some basic rules governing fractions.

The number *one* always takes the masculine form *un*.

$\frac{1}{4}$ → *un quarto*
one/a quarter

When the denominator of a fraction is two, it is read as *mezzo* (half) or *mezzi* (halves).

$\frac{3}{2}$ → *tre mezzi*
three halves

Attenzione!

With *mezzo*, the *un* is implied, not written.

$\frac{1}{2}$ → *mezzo*
one half; half

When the ordinal number is plural, the masculine plural form is used.

$\frac{2}{7}$ → *due settimi*
two sevenths

When a fraction is used in direct reference to a noun, the preposition *di* (of) is included between the fraction and the noun.

$\frac{2}{5}$ *di* liquido
two fifths **of** liquid

Rough quantities are considered nouns and require an article. They are followed by the preposition *di*.

una dozzina di uova
about twelve eggs

There are several common noun expressions that indicate rough quantities.

una decina → about ten
una quindicina → about fifteen
un centinaio, un migliaio (masculine) → about one hundred, about one thousand
centinaia, migliaia (feminine and plural) → hundreds, thousands

An exact number can be turned into a rough quantity by using *circa* and *all'incirca*, both meaning about/approximately/some.

cento scatole → *circa cento* scatole/*circa un centinaio* di scatole
one hundred boxes → **about one hundred** boxes

The masculine noun *paio* (pair) is commonly used to express *slightly more than one/a couple of/a few/a little/two or three*. It is irregular and becomes feminine in the plural, *paia*.

un paio di giorni
a couple of days/**a few** days

Exercise 1

Write the following fractions in full.

Esempio: $\frac{1}{3}$ → <u>un terzo</u>

1. $\frac{6}{6}$ → _____

2. $\frac{2}{3}$ → _____

3. $\frac{1}{20}$ → _____

4. $\frac{7}{100}$ → _____

5. $\frac{3}{2}$ → _____

Exercise 2

You are baking a cake for your best friend's birthday. Translate the following ingredients.

1. a dozen eggs

_____

2. $2\frac{1}{2}$ tablespoons margarine

_____

3. 5 cups sugar

_____

4. $\frac{1}{2}$ teaspoon cinnamon

_____

5. $\frac{1}{3}$ teaspoon grated nutmeg

_____

6. $1\frac{1}{2}$ cups flour

_____

7. $\frac{1}{2}$ cup butter

_____

8. $\frac{1}{3}$ cup milk

_____

9. $2\frac{1}{2}$ tablespoons rum

_____

10. $4\frac{1}{2}$ teaspoons vanilla extract

_____

11. $1\frac{1}{2}$ teaspoons baking powder

_____

12. $\frac{1}{2}$ teaspoon salt

_____

Exercise 3

Express the amounts below as rough quantities.

Esempio: 20 pagine → <u>una ventina di pagine</u>

1. 10 bambini →

_____

2. 100 libri →

_____

3. 1,000 parole →

_____

4. 15 auto →

_____

5. 2 settimane →

_____

11

Adjectives agree in gender and number with the nouns they modify and may change their endings based on this agreement.

Adjectives whose masculine singular form ends with *-o* have four forms.

	Singular	Plural
Masculine	*-o, alto* (tall)	*-i, alti*
Feminine	*-a, alta*	*-e, alte*

Attenzione!

Adjectives ending in *-io* drop the *-i-* in the masculine plural.

un libro vecchio → *due libri vecchi*
an old book → two old books

Adjectives whose masculine singular form ends with *–e* have two forms.

Singular M/F	Plural M/F
-e, elegante (elegant)	*-i, eleganti*

When one adjective modifies two or more nouns of different gender, the masculine plural form is used.

*Questo ragazzo e questa ragazza sono **italiani**.*
This boy and this girl are **Italian**.

Exercise 1

Complete the following sentences by choosing among the adjectives provided.

intelligenti, famosi, antipatiche, difficile, tranquillo

1. L'arabo è una lingua _____ ma molto

   affascinante.

2. Sandro Veronesi e Andrea Camilleri sono due scrittori

   italiani molto _____.

3. Simona ha due bambini _____ e vivaci.

4. Le amiche di Luca mi stanno _____.

5. Il mio è un lavoro _____.

Exercise 2

How would you describe these famous Italian people? Choose among the adjectives provided. Remember that the adjectives and nouns must agree in gender and number.

colto, rumoroso, bello, raffinato, bravo

1. Sophia Loren _____

2. Giuseppe Tornatore _____

3. Monica Bellucci _____

4. Roberto Benigni _____

5. Umberto Eco _____

Exercise 3

I don't think so! Disagree with the statements below by replacing the adjective with its opposite.

1. Milano è una città povera.

_____

_____

2. L'estate in Italia è una stagione fredda.

_____

_____

3. Andrea Bocelli e Luciano Pavarotti sono cantanti francesi.

_____

_____

4. I film di Roberto Benigni sono noiosi.

_____

_____

5. Danny De Vito è alto e magro.

_____

_____

Exercise 4

_E tu?_ Write a personal description of yourself for MySpace, including your physical qualities, things that you like, hobbies and job, and all the adjectives that might help let people know who you are.

_____

_____

_____

_____

_____

_____

_____

_____

_____

_____

_____

_____

_____

_____

_____

_____

_____

_____

_____

_____

_____

12

Most descriptive adjectives follow the nouns they modify.

*Voglio comprarmi una giacca **pesante**.*
I want to buy a **warm** jacket.

Some adjectives, such as *bello* (beautiful, handsome), *buono* (good), *nuovo* (new), and *piccolo* (small, little), precede the noun.

*Paolo è un **bel** ragazzo.*
Paolo is a **handsome** guy.

Attenzione!

Bello, buono, nuovo, and *piccolo* may be placed after the noun for emphasis, or to contrast with a preceding adjective of opposite meaning. Placing an adjective after the noun doesn't change the adjective's meaning; it just accentuates it.

*Paolo è un ragazzo **bello,** non **brutto**.*
Paolo is a **handsome** guy, not an **ugly** guy.

Some other common adjectives that normally precede the noun include:

bravo	good/capable
brutto	ugly
cattivo	bad/nasty
giovane	young
grande	big
lungo	long
stesso	same
vero	real/true
vecchio	old

Attenzione!

The adjectives above will follow a noun when preceded by *molto* (very).

*Sandra è una ragazza **molto bella**.*
Sandra is a **very beautiful** girl.

Attenzione!

The adjective *grande* (great) can be shortened to *gran* before a noun that begins with a consonant. Another shortened form, *grand',* is often used before the noun *uomo* (man), but not with other nouns starting with a vowel. Both long and short forms are correct in all situations, and the meaning of *grande* doesn't change in either case.

*Italo Calvino era un **gran/grande** letterato e un **grand'**uomo/**grande** uomo.*
Italo Calvino was a **great** man of letters and a **great** man.

Ordinal numbers and the adjectives *prossimo* (next) and *ultimo* (last) always precede the noun.

*Il **prossimo** anno voglio passare il **primo** giorno di gennaio a Cortina.*
Next year I want to spend the **first** day of January in Cortina.

When two adjectives describe something or somebody, both follow the noun and are connected by *e* (and).

*Questo romanzo **interessante e strano** mi è costato tre euro.*
This **strange, interesting** novel cost me three euros.

When any adjective in a series belongs to the list of noun-preceding adjectives, it can be placed either before or after the noun it modifies, depending on personal taste or the desire for emphasis. Adjectives in a series also use the conjunction *e*.

*Quel volume **vecchio e noioso**, numero trenta.*
That **old, boring** volume, number thirty.

Attenzione!

When the second adjective is a superlative, the conjunction *e* may be dropped and replaced by a comma.

*Quel vecchio, **noiosissimo** volume mi è costato trenta euro.*
That old, **most boring** volume cost me thirty euros.

Exercise 1

Before or after the noun? What is the correct position and ending for these adjectives?

1. francese, 2. piccolo, 3. vecchio, 4. confortevole, 5. bello, 6. grande, 7. persiano, 8. unico, 9. polveroso, 10. malandato, 11. prezioso, 12. favoloso, 13. privato

Jean è un (**1.**) _____ ragazzo _____ che

abita in un (**2.**) _____ appartamento _____

in un (**3.**) _____ palazzo _____ del centro

storico. Gli piace molto casa sua, dice che è un (**4.**)

_____ nido _____ pieno di

(**5.**) _____ cose _____: un

(**6.**) _____ divano _____ di pelle, dei

(**7.**) _____ tappeti _____ di tutti i colori e

una (**8.**) _____ collezione _____ di dischi

in vinile. Io gli dico sempre che pare di essere in un

(**9.**) _____ museo _____ di altri tempi,

ma lui risponde offeso: "Un (**10.**) _____ museo

_____?! Tu non sai che (**11.**) _____

tesori _____ sono nascosti qui dentro!" Così mi

ha invitato da lui a stasera, a scoprire i (**12.**) _____

segreti _____ del suo (**13.**) _____

nascondiglio _____.

Exercise 2

Emphasis and contrast. Change the following sentences, according to the example.

Esempio: Milano è una brutta città.
No, <u>Milano non è una città brutta, è una bella città!</u>

1. Quest'olio è di cattiva qualità.

No, _____

2. Aretha Franklin è una vecchia cantante.

No, _____

3. Da Torino a Milano c'è un lungo tragitto.

No, _____

4. Lui è il nuovo fidanzato di Sara.

No, _____

5. Tu vivi in un grande appartamento a Manhattan.

No, _____

Exercise 3

According to the general rule, where do these adjectives go? Before or after the noun? Place them in the correct position.

1. (bella) una _____ ragazza _____

2. (famoso) un _____ attore _____

3. (comune) una _____ domanda _____

4. (vecchio) un _____ amico _____

5. (strano) un _____ tipo _____

The adjectives *buono* (good) and *bello* (beautiful, handsome) are very common in Italian and can apply to many different situations. Both follow specific rules for usage.

When *buono* and *bello* directly precede a singular noun, their form changes according to the noun they qualify. *Bello* follows the gender/number agreement rules applied to the definite article.

Singular	
Masculine	**Feminine**
bel before most consonants: *un bel quadro* (a nice painting)	*bella* before consonants: *una bella storia* (a beautiful story)
bello before s + consonants z, ps, gn, x, y: *un bello stadio* (a nice stadium)	*bell'* before vowels: *una bell'isola* (a beautiful island)
bell' before vowels *un bell'uomo* (a handsome man)	

Plural	
Masculine	**Feminine**
bei before most consonants: *dei bei mobili* (some nice furniture)	*belle* before all feminine nouns: *delle belle scarpe, delle belle idee* (some nice shoes, some good ideas)
begli before s + consonants z, ps, gn, x, y: *dei begli zaini* (some nice backpacks)	
begli before vowels: *dei begli articoli* (some nice articles)	

Attenzione!

When *buono* and *bello* follow the noun, their forms are not shortened.

*Questa è una cosa **buona** e **giusta**.*
This is a **good** and **right** thing.

Buono follows the gender/number agreement rules applied to the indefinite article.

Masculine	**Feminine**
buon before vowels and most consonants: *un buon piatto, un buon amico* (a good plate, a good friend)	*buona* before consonants: *una buona persona* (a good person)
buono before s + consonant, z, ps, gn, x, y: *un buono studente* (a good student)	*buon'* before vowels: *una buon'amica* (a good [girl]friend)

The plural forms of *buono* and *bello* are regular and follow the general agreement rules for adjectives.

*Quelle **belle** ragazze sono **buone** amiche.*
Those **beautiful** girls are **good** friends.

Bello* not only describes something that is esthetically pleasing, but it is also used in a few situations where English speakers would use *good*. There is not a precise rule for usage in this case: The correct use of *bello* to mean *good* comes with practice.

*È davvero un **bel** film.*
It's a really **good** movie.

*Hai passato una **bell'**estate?*
Did you have a **good** summer?

*Che **bella** cosa!*
What a **good** thing!

Attenzione!

When emphasizing quantity, especially in reference to food, *bello* means *big*.

*un **bel** piatto di formaggio*
a **big** plate of cheese

Excluding the situations listed above, the use of *buono* is similar to the use of *good* in English.

*Questi biscotti sono davvero **buoni**.*
These cookies are really **good**.

Exercise 1

Bello or buono? Choose the correct adjective for each of the following sentences.

1. Marco va a trovare sua nonna ogni giorno: è davvero un

   _____ ragazzo.

2. Ho voglia di una _____ pizza.

3. Sto leggendo proprio un _____ libro.

4. Tanti _____ propositi non servono a niente.

5. La vostra amicizia è una _____ cosa.

Exercise 2

How does the meaning change if you replace buono with bello and vice versa? Fill in the blank with the correct adjective and give the English translation for both sentences.

1. Il signor Riccardi è un buon uomo: _____

   _____

   Il signor Riccardi è un _____ uomo: _____

   _____

2. Ecco delle belle cose!: _____

   _____

   Ecco delle _____ cose!: _____

   _____

3. Luigi è un buono studente: _____

   _____

   Luigi è un _____ studente: _____

   _____

Exercise 3

Do you like these things? Form complete sentences, as shown in the example.

Esempio: New York (città)
New York è una bella città.

1. Spaghetti al pomodoro (piatto)

   _____

   _____

2. Meryl Streep (attrice)

   _____

   _____

3. *New York Times* (giornale)

   _____

   _____

4. "La 25a ora" e "21 grammi" (film)

   _____

   _____

5. Waldorf Astoria e Hilton (alberghi)

   _____

   _____

14

Possessive adjectives indicate possession, ownership, or relationship, corresponding to the English *my, your, his, her, its, our,* and *their.*

Possessive adjectives are preceded by a definite article. Both adjective and article agree in gender and number with the noun possessed, not with the possessor.

	Masculine		Feminine	
	Singular	**Plural**	**Singular**	**Plural**
my	*il mio*	*i miei*	*la mia*	*le mie*
your	*il tuo*	*i tuoi*	*la tua*	*le tue*
his/her/its/ your (f.)	*il suo*	*i suoi*	*la sua*	*le sue*
our	*il nostro*	*i nostri*	*la nostra*	*le nostre*
your	*il vostro*	*i vostri*	*la vostra*	*le vostre*
their	*il loro*	*i loro*	*la loro*	*le loro*

Il mio specchio è rotto.
My mirror is broken.

Eccezione

Several idiomatic phrases in Italian do not take the definite article with the possessive adjective:

casa mia (my house)
è colpa mia/tua, etc. (it's my/your, etc. fault)
è merito mio/tuo, etc. (it's my/your, etc. merit)
piacere mio (my pleasure)

Never use possessive adjectives when referring to personal belongings or parts of the body or when using reflexive verbs, unless it is necessary to specify the possessor of a certain thing.

*Mi lavo **le** mani e provo **il** vestito nuovo.*
I will wash **my** hands and try **my** new dress on.

*Ho male **alla** pancia.*
My stomach hurts.

The definite article is not used when referring to a singular, unmodified relative.

Suo padre si chiama Antonio.
His father's name is Antonio.

When referring to more than one relative, or when using the possessive adjective *il/la loro* (their), always use the definite article.

I vostri cugini abitano in Svizzera.
Your cousins live in Switzerland.

Il loro fratello fa il cuoco.
Their brother is a cook.

The article is also used to refer to a singular relative being modified by an adjective and before *mamma* (mom), *babbo* (dad), *fratellastro* (stepbrother), *sorellastra* (stepsister), *patrigno* (stepfather), and *matrigna* (stepmother).

Il mio caro fratello fa il medico.
My dear brother is a physician.

Il mio babbo e la mia matrigna si sono sposati dieci anni fa.
My dad and **my** stepmother got married ten years ago.

Like possessive adjectives, possessive pronouns express ownership. They are preceded by the definite article and take the place of the noun. Their form is identical to the possessive adjective, and they also agree in gender and number with the noun possessed, not the possessor.

	Masculine		Feminine	
	Singular	**Plural**	**Singular**	**Plural**
mine	*il mio*	*i miei*	*la mia*	*le mie*
yours	*il tuo*	*i tuoi*	*la tua*	*le tue*
his/hers/ its/yours (f.)	*il suo*	*i suoi*	*la sua*	*le sue*
ours	*il nostro*	*i nostri*	*la nostra*	*le nostre*
yours	*il vostro*	*i vostri*	*la vostra*	*le vostre*
yours	*il loro*	*i loro*	*la loro*	*le loro*

*La casa di Lorena è piccola; la **vostra** è più grande.*
Lorena's house is small; **yours** is bigger.

Eccezione

Possessive pronouns, with the exception of *loro,* are not preceded by the definite article when the verb *essere* (to be) is used.

—*Di chi sono queste scarpe?*
—Whose shoes are these?

—*Sono **(le) mie.***
—They are **mine.**

—*Sono vostri quei motorini?*
—Are those your motorbikes?

—*No, sono **i loro.***
—No, they're **theirs.**

Exercise 1

To whom do these things belong? Choose the correct possessive adjective, following the example.

Esempio: (io) <u>Il mio</u> telefono è rotto.

1. (noi)_____ vicini sono rumorosi.

2. (loro)_____ avvocato è molto bravo.

3. (tu)_____ sorella parte domani.

4. (voi)_____ cugini abitano in Sardegna.

5. (lei)_____ sogno è fare la trapezista.

Exercise 2

Translate the following sentences using the correct possessive adjectives.

1. Every Saturday my brother goes out with his friends.

_____

_____

2. Their child can already speak.

_____

_____

3. Your cousin Fausto is nice, but your older brother Massimo is nicer.

_____

_____

4. Our colleagues wrote us a beautiful card.

_____

_____

Exercise 3

Match column A and column B by choosing the correct possessive adjective.

A	B
_____ **1.** La mia moto è bella,	a. è mia.
_____ **2.** I loro amici arrivano domani,	b. le vostre il venerdì.
_____ **3.** Di chi è l'auto blu?	c. i nostri sono già qui.
_____ **4.** Le nostre lezioni finiscono il giovedì,	d. il loro tra due ore.
_____ **5.** Il nostro treno parte adesso,	e. ma la tua è più veloce.

Exercise 4

Answer the following questions, using the correct possessive pronoun.

Esempio: Di chi è questo cane? (Gianni) È <u>suo</u>.

1. È tua questa cartellina? (Sara) No, è_____ .

2. Di chi è il libro di storia? (Paola e Sofia) È_____ .

3. Questo articolo è di Martina, vero? (Noi) No, è_____ .

4. Comprano sempre i pomodori di Rosetta, e voi? (Tu) Noi compriamo_____ .

5. Quale casa preferite? (Voi) Preferiamo_____ .

15

Indefinite adjectives are used to express vague quantities of people or things.

Some common indefinite adjectives include:

alcuni/alcune	some
altro/altra/altri/altre	other
ogni	each
molto/molta/molti/molte	much, many, a lot of
poco/poca/pochi/poche	little, few
qualche	some (with a singular noun)
troppo/troppa/ troppi/troppe	too much, too many
tutto/tutta/tutti/tutte	all, the whole

Indefinite adjectives always precede the nouns they modify and agree with them in gender and number.

*Abbiamo comprato **molta/poca/troppa** pasta.*
We bought **a lot of/a little/too much** pasta.

*Ci sono **molte/poche/troppe** persone qui.*
There are **many/a few/too many** people here.

Eccezione

Ogni (every) and *qualche* (some) are used before a singular noun only, and their form never changes.

***Ogni** volta che ti vedo sei con **qualche** nuovo amico.*
Every time I see you, you're with **some** new friends.

Attenzione!

Alcuni/alcune also mean *some*, and they may be used as an alternative to *qualche*. Unlike *qualche*, *alcuni* and *alcune* are always followed by a plural noun.

***Alcuni** studenti preferiscono questa biblioteca.*
Some students prefer this library.

***Qualche** studente preferisce questa biblioteca.*
Some student prefers this library.

Attenzione!

The singular *tutto* means *the whole*; the plural *tutti/e* means *all the*. Both forms are followed by the definite article.

*Ogni domenica leggo **tutto il** giornale.*
Every Sunday I read **the whole** newspaper.

*Ho letto **tutte le** riviste della settimana.*
I read **all the** magazines of the week.

Exercise 1

Circle the correct indefinite adjective in parentheses.

1. C'è (molto/alcuni) traffico oggi.

2. Facciamo colazione in questo bar (ogni/tutti i) giorni.

3. Tu hai sempre (troppa/troppo) fretta … rilassati!

4. (Qualche/Alcune) volta sei insopportabile.

5. (Tutti/Tutte) le persone che conosco amano il cioccolato.

Exercise 2

Form sentences using the correct indefinite adjective and noun suggested below.

1. too much noise

_____

_____

2. every time

_____

_____

3. little money

_____

_____

4. some bars

_____

_____

Exercise 3

Translate the following sentences into Italian.

1. I don't understand how you can manage all your activities.

_____

_____

2. Every Wednesday we go the gym.

_____

_____

3. I put some teaspoons of sugar in my coffee.

_____

_____

4. I like all tropical fruits.

_____

_____

5. There are a few people tonight.

_____

_____

Exercise 4

Answer the following questions about yourself using the indefinite adjectives.

1. Quando vai al mare?

_____

_____

2. Di cosa hai bisogno per preparare una torta di mele?

_____

_____

3. Cosa fanno i tuoi amici il fine settimana?

_____

_____

4. Sei in un centro commerciale e hai molti soldi da spendere. Cosa compri?

_____

_____

5. Quanti amici hai?

_____

_____

16

Interrogative adjectives are used to ask questions about the nouns they modify.

Some common interrogative adjectives include:

Che?	What?
Quale/i?	Which?/What?
Quanto/a/i/e?	How much? How many?

Che *lavoro fai?*
What's your job?

Quale *auto preferisci?*
Which car do you prefer?

Quanti *figli hai?*
How many children do you have?

Like most adjectives, interrogative adjectives are placed before the nouns they modify and agree with them in gender and number.

Quanti *fratelli e* **quante** *sorelle hai?*
How many brothers and sisters do you have?

Parole Quotidiane

The agreement rules are not always applied when the same interrogative adjective is used before multiple nouns. For speed and ease, the repeated adjective is often implied.

Quanti *fratelli e sorelle hai?*
How many brothers and sisters do you have?

Eccezione

Che (what) is an invariable adjective and does not agree with the noun in either gender or number.

Attenzione!

Che is commonly used in exclamations, followed by an adjective or a noun.

Che *peccato!*
What a pity!

Che *bello!*
How nice!

Attenzione!

Quale becomes *qual* before *è/era/erano* (it is/it was/they were).

Qual *è il tuo film preferito?*
What is your favorite movie?

Attenzione!

Although it is said that *che* and *quale/i* are interchangeable, *quale/i* is used to distinguish among a specific group of people, things, or concepts. *Che* is used in a general sense.

When prepositions such as *a, di, con,* and *per* are used in the interrogative, they always precede the interrogative adjective.

A che *film ti riferisci?*
To what movie are you referring?

Attenzione!

In Italian, a question never ends with a preposition.

Exercise 1

Complete the following questions with the appropriate interrogative adjective, then answer them.

1. _____ fratelli o sorelle hai?_____

_____

2. _____ preferisci mangiare?_____

_____

3. _____ ristoranti conosci a New York?_____

_____

4. _____ è la tua materia preferita?_____

_____

5. _____ fai stasera?_____

_____

Exercise 2

Devise an appropriate corresponding question to each sentence below.

1. Ieri sono andata al cinema con mia sorella._____

_____

2. Mi piacciono molto le fragole._____

_____

3. Salinger. _____

_____

4. Costa centoventi dollari._____

_____

5. Ho due figli._____

_____

Exercise 3

You and your friends are throwing the party of the year to celebrate a special occasion. You have invited more than fifty people and will need to organize everything. What will you serve? Create a dialogue between you, Martina, and Guido by using interrogative adjectives.

_____

_____

_____

_____

_____

_____

_____

_____

_____

_____

_____

_____

_____

_____

_____

_____

_____

_____

_____

_____

_____

_____

17

The subject pronoun identifies the subject of the verb that it directly precedes.

Singular		Plural	
io	I	noi	we
tu	you	voi	you
lui	he	loro	they and you (formal)
lei	she and you (formal)		

Attenzione!

The formal *loro,* although correct, is rarely used in today's Italian. The more informal subject pronoun *voi* is used instead, even in formal situations.

*Cosa desidera, sig. Certosini? E **voi,** signori?*
What would you like, Mr. Certosini? And **you,** gentlemen?

Since the endings of conjugated verb forms already indicate gender and number, subject pronouns may occassionally be omitted. They must be included when necessary for clarity or when modified by *anche* (also). They may also be used for emphasis or contrast.

Stasera vado al concerto di Vasco Rossi.
Tonight **I** am going to Vasco Rossi's concert.

*Anch'**io**!*
Me too!

*Non sono **io** quello che ha bisogno di calmarsi, sei **tu**!*
It's not **me** who needs to calm down, it's **you**!

*Io vado al supermercato, **tu** vai in libreria e **voi** passate alle poste.*
I'll go to the supermarket, **you**'ll go to the library, and **you**'ll stop by the post office.

Subject pronouns are used when distinguishing between the actions, opinions, emotions, etc., of different people.

*È **lui** che preferisce andare a piedi; **io** voglio prendere un taxi.*
He likes walking; **I**'d rather take a cab.

Attenzione!

When the formal *lei* is used, the subject pronoun is often repeated as a form of courtesy.

*Di dov'è, **lei**?*
Where are **you** from?

Parole Quotidiane

Egli, ella, esso/a/i/e (he, she, it) are also subject pronouns. Although technically correct, they are no longer used in either written or spoken Italian. They have been replaced by *lui* and *lei,* even when objects and animals are the subjects in question.

Exercise 1

Complete the following sentences with the correct subject pronoun.

1. _____ è molto bello.

2. Venite anche _____ stasera?

3. Non sono _____ che ho sbagliato, sei _____!

4. _____ sono sempre in ritardo e non si scusano mai.

5. Amate viaggiare? _____ lo adoriamo!

Exercise 2

Which subject pronoun would you use when addressing these people?

1. your professor _____

2. your cousins _____

3. two policemen _____

4. you and your friend _____

5. us _____

Exercise 3

Cross out the unnecessary pronouns in the dialogue below.

Beatrice: —Io sono un'amante della musica italiana.

Sara: —Io di più.

Beatrice: —Chi ti piace?

Sara: —Eros Ramazzotti, Laura Pausini, Giorgia …

Beatrice: —Ma loro sono tremendi!

Sara: —Perché? Io e il mio ragazzo li adoriamo.

Beatrice: —Voi non capite niente di musica!

Sara: —Ah, sì? E sentiamo, chi ascolti tu?

Beatrice: —I Subsonica, gli Avion Travel. Voi preferite la

musica più popolare.

Sara: —A noi non piace per niente la musica popolare! Eros è

bravissimo!

Beatrice: —Mah … Io penso che sia una pizza infinità, ma se

a voi piace …

Exercise 4

Describe the people in your life identified below. Use the subject pronouns when necessary.

1. il tuo migliore amico/la tua migliore amica

_____

_____

_____

2. il tuo capo

_____

_____

_____

3. i tuoi vicini di casa

_____

_____

_____

4. il tuo professore preferito al liceo

_____

_____

_____

5. te stesso

_____

_____

Disjunctive pronouns, also called stressed pronouns, are used in two situations: after a preposition, which they always follow directly, or in place of a direct object pronoun for emphasis or clarity.

Singular	
*(per)***me**	(for) me
(per) **te**	(for) you
(per) **lui**	(for) him
(per) **lei**	(for) her,
	(for) you (formal)

Plural	
(per) **noi**	(for) us
(per) **voi**	(for) you
(per) **loro**	(for) them,
	(for) you (formal)

Vuoi venire al cinema **con me** *stasera?*
Would you like to go the movies **with me** tonight?

Sì, grazie. È da molto che non passo una serata **con te.**
Yes, thank you. I haven't spent an evening **with you** in a long time.

Allora, ti piacciono i tuoi nuovi studenti?
So, do you like your new students?

Non sono male, ma preferivo **voi.**
They are not bad, but I preferred **you.**

Attenzione!

Because they are similar, subject pronouns and disjunctive personal pronouns are often confused for each other. Context should indicate which pronoun is being used.

The preposition *da* (by) + personal pronoun translates as *on one's own,* or *by oneself.*

Vuoi una mano?
Can I help you?

No, grazie. Faccio **da me.**
No, thanks. I'll do it **by myself.**

Eccezione

The *da* + personal pronoun construction works for all disjunctive pronouns, except for *lui, lei,* and *loro.* In these cases the disjunctive pronoun *sé* (himself, herself, themselves) is used.

Mario è un bambino precoce che vuol fare tutto da **sé.**
Mario is a precocious child who wants to do everything by **himself.**

Sé can be replaced by *solo/a* (alone, for *lui* and *lei*) and *soli* (alone, for *loro*). This construction is interchangeable with *sé.*

Mario è un bambino precoce che vuol fare tutto da **solo.**
Mario is a precocious child who wants to do everything by **himself/alone.**

Mario e Filippo sono due bambini precoci che vogliono fare tutto da **soli.**
Mario and Filippo are two precocious children who want to do everything by **themselves.**

Exercise 1

Is it true? Answer these questions using the correct disjunctive personal pronouns.

Esempio: È vero che Anna vive a casa tua?
<u>Sì, vive con me.</u>

1. È vero che hai un appuntamento con il Prof. Tardelli?

_____

_____

2. È vero che questo regalo è per mia madre?

_____

_____

3. È vero che volevi parlare con me?

_____

_____

4. È vero che i tuoi abitano sotto di te?

_____

_____

5. È vero che passerai il Natale con Lara e Massimo?

_____

_____

6. È vero che verrai in Brasile con noi?

_____

_____

7. È vero che fanno sempre tutto senza aiuto?

_____

_____

Exercise 2

Connect column A to column B by matching the correct disjunctive personal pronoun.

A	B
_____**1.** Parli così tanto di Marta …	a. puoi fidarti di me.
_____**2.** Non mi piacciono …	b. è molto importante per noi.
_____**3.** Sono tuo amico,	c. Ho sentito parlare benissimo di te.
_____**4.** Che piacere conoscerti!	d. e non voglio uscire con loro.
_____**5.** Venite al nostro matrimonio,	e. che ormai so tutto di lei.

Exercise 3

Complete the following sentences with the appropriate disjunctive personal pronoun.

1. Non posso vivere senza di _____(you, s.)!

2. Siamo stati invitati da _____(them).

3. Questo regalo è per _____(me)?

4. Inviterò _____(her), ma non _____(you, pl.)!

5. Sento che tra _____(us) c'è qualcosa di speciale.

6. Non voglio avere niente a che fare con _____(him)!

19

Direct object pronouns identify the noun (person or thing) that is acted upon.

Direct object pronouns replace the direct object in order to avoid repetition. They precede the verb and agree with the gender and number of the noun they replace.

Singular		Plural	
mi	me	*ci*	us
ti	you	*vi*	you
lo	him, it (m)	*li*	them (m)
la	her, it (f)	*le*	them (f)

Vedi i tuoi amici sabato?
Will you see your friends on Saturday?

*Sì, **li** vedo sabato.*
Yes, I'll see **them** on Saturday.

***Ti** porto al mare.*
I'll take **you** to the seaside.

*Mi piacciono le mele. **Le** mangio ogni giorno.*
I like apples. I eat **them** every day.

In a negative sentence, direct object pronouns come between the negative *non* and the verb.

*Non chiamo mai mia madre e non **la** vedo spesso.*
I never call my mother and I don't see **her** often.

When used informally, the direct object pronoun is attached to the end of the imperative (command form) verb.

Finisci il tuo panino. → *Finisci**lo**.*
Finish your sandwich. → Finish **it.**

Attenzione!

The singular informal imperative *(tu)* becomes *non* + infinitive in the negative form. The final *-e* of the infinitive is dropped in this construction.

Non finire il tuo panino. → *Non finir**lo**.*
Don't finish your sandwich. → Don't finish **it.**

With a plural subject, the infinitive does not drop the *-e.*

Non finite tutti i panini. → *Non finit**eli** tutti.*
Don't (you, pl.) finish all the sandwiches. → Don't finish **them** all.

When used formally, the pronoun precedes the imperative.

Finisca il suo panino. → ***Lo** finisca.* (Negative: *Non **lo** finisca!*)
Finish your sandwich. → Finish it. (Negative: Don't finish it!)

Attenzione!

Direct object pronouns can also be attached to *ecco* (here) to form an interjection.

*Ecco**ti**! Ecco**ci**!*
There you are! Here we are!

In the case of multiple direct objects, only one pronoun is used.

Compro il pane e la pasta. → ***Li** compro.*
I buy bread and pasta. → I buy **them.**

Exercise 1

Rewrite the following sentences using the appropriate direct object pronoun for the underlined noun.

Esempio: Mangio le cozze. → Le mangio.

1. Non leggo mai <u>i giornali</u>.

_____

2. Non vedo spesso <u>te</u>.

_____

3. Lei non legge <u>le riviste di moda</u>.

_____

4. Faccio <u>sport</u>.

_____

5. Non vedi <u>noi</u>? Siamo qui!

_____

Exercise 2

Choose the correct answer for each question from the choices given.

1. Bevi il tè?
   a. Sì, lo bevo ogni mattina.
   b. Sì, li bevo ogni mattina.
   c. Sì, le bevo ogni mattina.

2. La giornalista parla velocemente ...
   a. e io vi capisco.
   b. e io ti capisco.
   c. e io la capisco.

3. Conosci Sara?
   a. No, non conosco la.
   b. No, non le conosco.
   c. No, non la conosco.

4. Compra gli zucchini al mercato!
   a. No, comprali tu!
   b. No, tu li compra!
   c. No, non lo compro.

5. La dottoressa ti visita?
   a. Sì, ti visita.
   b. Sì, visitami.
   c. Sì, mi visita.

Exercise 3

Connect column A to column B by matching the correct pronoun.

	A	B
_____	**1.** Non mi piacciono le verdure ...	a. ma non la compro.
_____	**2.** Amo la Ferrari ...	b. lo conosci?
_____	**3.** Cerco le mie sorelle,	c. e non le mangio mai.
_____	**4.** Mi hanno parlato bene di questo ristorante,	d. ma mi terrorizza.
_____	**5.** Il deltaplano mi attira molto,	e. le hai viste?

Exercise 4

You are browsing at the mall. A shop assistant keeps asking if you want certain items. Answer her using the direct object pronoun.

Desidera ...

1. Una collana di pietre preziose?

   Risposta: _____

   _____

   _____

2. Un serpente?

   Risposta: _____

   _____

   _____

3. Due gattini?

   Risposta: _____

   _____

   _____

4. Una torta alle nocciole?

   Risposta: _____

   _____

   _____

5. Un paio di pattini a rotelle?

   Risposta: _____

   _____

   _____

20

When a direct object pronoun is used with a verb in the infinitive (to) form, the infinitive drops the final *-e,* and the pronoun is attached to the end.

Mi piace ascoltare la radio. → *Mi piace **ascoltar + la.*** →
*Mi piace **ascoltarla.***
I like listening to the radio. → I like **to listen to it.**

Attenzione!

When a sentence contains two verbs, the first verb is conjugated, and the second verb remains in the infinitive form.

Desidero chiamare** il professore di filosofia e **vederlo.
I'd **like to call** the professor of philosophy, and **to see him.**

When a direct object pronoun is used with the modal verbs ***dovere, volere,*** or ***potere*** followed by an infinitive, the pronoun can precede the conjugated verb, or it can be attached to the infinitive without *-e.* Both forms are correct and interchangeable.

***Ti** posso chiamare dopo le nove.*
I can call **you** after nine.

*Vogliono veder**mi.***
They want to see **me.**

Exercise 1

How are these direct object pronouns used in a sentence containing two verbs? Change the phrases by placing the direct object pronouns as shown in the example.

Esempio: Chiamo Giovanni (Desidero)
                <u>Desidero chiamarlo.</u>

1. Ordino spesso la pizza (mi piace)

   _____

2. Bevo il vino del Chianti (mi piace)

   _____

3. Conosco i tuoi fratelli (desidero)

   _____

4. Mi piace vedere le commedie francesi (mi piace)

   _____

5. Vedo te ogni settimana (desidero)

   _____

Exercise 2

Rewrite the sentences below in both possible forms using *dovere, volere,* and *potere,* as suggested, with the appropriate direct object pronoun. See the example.

Esempio: Chiamo Giovanni → <u>Lo devo chiamare/Devo chiamarlo.</u>

1. Ordino spesso la pizza → ____ voglio _____

   _____

2. Bevo il vino del Chianti → ____ posso _____

   _____

3. Conosco i tuoi fratelli → ____ devo _____

   _____

4. Mi piace vedere le commedie francesi → ____ voglio ____

   _____

5. Vedo te ogni settimana → ____ posso _____

   _____

Exercise 3

Choose the correct option among those given.

1. Oggi ho conosciuto una bella ragazza ...
   a. e voglio la rivedere.
   b. e la voglio rivedere.
   c. e la mi piace rivedere.

2. Non ho mai letto questo libro ...
   a. ma devo lo iniziare.
   b. ma devo iniziarla.
   c. ma devo iniziarlo.

3. Stasera lo chiamo per dirgli che ...
   a. posso vederlo.
   b. posso vederci.
   c. lo posso vederlo.

4. Ti piace vedere i tuoi parenti?
   a. Sì, mi piace vederli.
   b. Sì, mi piace li vedere.
   c. Sì, li mi piace vedere.

5. Desideri comprare delle uova?
   a. No, non desidero le comprare.
   b. No, non desidero comprarle.
   c. No, non desidero comprarla.

Exercise 4

Di cosa hai bisogno? Di cosa hai paura o voglia?
Complete the following sentences using the direct object pronouns with an infinitive.

Esempio: (vedere) Maria e io siamo amiche. Ho molta voglia di <u>vederla.</u>

1. (bere) Mi piace il caffè. Ogni mattina ho bisogno di

_____.

2. (visitare) Adoro viaggiare in Europa. Ho proprio bisogno di

_____.

3. (mangiare) Che buoni i cannoli! Non vedo l'ora di

_____.

4. (sopportare) Ho paura del buio, non posso

_____.

5. (trovare) I miei genitori cercano un albergo. Ho bisogno di

_____.

Exercise 5

Complete the sentences in the grid with the missing verbs and direct object pronouns.

Esempio:

(chiamare Marta)	È il suo compleanno.		Dobbiamo	chiamarla	oggi.
(bere il caffè)	Non		posso		
(mangiare la peperonata)	I tuoi genitori	non	vogliono		
(parcheggiare l'auto)	Siamo in ritardo.	Abbiamo bisogno di		subito.	
(guidare la Vespa)	Arriva l'estate!	Ho sempre voglia di		per le strade.	
(studiare le poesie)	Che noia!	Per domani	dobbiamo		

Exercise 6

It's your best friend's birthday, and you want to surprise him with a party and a beautiful gift. Call another friend to talk about your plans. Use the direct object pronoun in your infinitive and imperative statements.

_____

_____

_____

_____

_____

_____

_____

_____

21

The gender and number of the direct object pronoun can influence verbs conjugated in the past tense.

The past participle is conjugated according to the gender and number of the direct object pronouns *lo, la, li,* and *le.*

> *Ho **visto** le tue amiche → **Le** ho **viste**.*
> I **saw** your girlfriends → I **saw them**.

For direct object pronouns *mi, ti, ci,* and *vi*, the past participle can either conjugate to agree with the direct object pronoun or remain unchanged.

> *Avete visto noi. → **Ci** avete vist**i**.* or ***Ci** avete visto.*
> You saw **us**.

Because the direct object pronoun replaces the direct object of a transitive verb, the auxiliary verb in the past tense is always *avere* (to have).

> *Ho comprato una bella torta di mele e l'**ho** mangiata tutta.*
> I bought a nice apple pie and I ate it all.

Attenzione!

Before the verb *avere*, *lo* and *la* become *l'*. However, *li* and *le* never change.

Ho comprato l'insalata e ho cucinato le melanzane. →
***L'**ho comprata e **le** ho cucinate.*

I have bought salad and have cooked eggplants. →
I have bought **it** and have cooked **them**.

When using a modal verb + infinitive in the past tense, the direct object pronoun can either precede or follow the verb, depending on where the direct object pronoun is placed. If the pronoun precedes the verb, the (modal) past participle is conjugated according to the gender and number of the pronoun.

> ***L'**ho volut**a** comprare. (l'insalata)*
> I wanted to buy **it**. (the salad)

If the direct object pronoun follows the verb, the (modal) past participle does not change.

> *Ho voluto comprar**la**.*
> I wanted to buy **it**. (the salad)

Exercise 1

Change these sentences from the present to the past tense using the correct direct object pronoun.

1. La vedo ogni giorno. _____

_____

2. Li guardo spesso in televisione. _____

_____

3. Ci chiami domattina? _____

_____

4. Ti sogno spesso. _____

_____

5. Le compro al mercato. _____

_____

Exercise 2

You went to the market yesterday and bought a few things. Now you're telling a friend about your purchases. Complete each sentence using the direct object pronoun and the verb *comprare* in the past tense to say that you bought each item.

Esempio: Ho visto un bellissimo paio di scarpe e le ho comprate.

Ho visto …

1. delle favolose scatole di cioccolatini e _____

_____

2. un'auto sportiva e _____

_____

3. molti fazzoletti ricamati e _____

_____

4. un iPod e _____

_____

Exercise 3

Answer the following questions using direct object pronouns.

Esempio:
Hanno mangiato le banane?
Sì, le hanno mangiate.

1. Hai riordinato le foto delle vacanze?

Sì, _____

_____ .

2. Hai visto tua zia ieri?

No, _____

_____ .

3. Abbiamo invitato voi?

No, _____

_____ .

4. Hai potuto trovare i tuoi cugini?

Sì, _____

_____ .

5. Hai dovuto invitare tua suocera a Natale?

Sì, _____

_____ .

Exercise 4

Form complete sentences using the elements provided.

Esempio:
tu / dovere / leggere / quel libro
Hai dovuto leggerlo. *or* L'hai dovuto leggere.

1. loro / volere / studiare / filosofia antica

_____

_____

2. voi / potere / vedere / quei film?

_____

_____

3. io / dovere / aspettare / le amiche

_____

_____

4. noi / dovere / cercare / un buon albergo

_____

_____

5. lei / volere / vendere / l'auto

_____

_____

22

The indirect object of a verb is a person or thing on which the action indirectly falls. It answers the questions *to whom?* or *for whom?*

An indirect object can be replaced by the following indirect object pronouns.

Singular	
mi	to me
ti	to you
gli	to him/it (m)
le	to her/it (f)

Plural	
ci	to us
vi	to you
loro or *gli*	to them (m)

*Darò questi a **mio zio**.*
I will give this money to **my uncle**.

***Gli** darai tutto?*
Will you give it all **to him**?

Attenzione!

Many verbs of giving, doing, and communicating take indirect objects. Some of these verbs are *dare, offrire, mandare, portare, preparare, regalare, parlare, chiedere, dire, rispondere, telefonare, scrivere.*

***Gli** telefono stasera.*
I'll call **him** tonight.

Like direct object pronouns, indirect object pronouns precede a conjugated verb in the present tense.

***Gli** scrivo molte e-mail.*
I write **him** many e-mails.

Parole Quotidiane

The formal indirect object pronoun *loro* always follows the verb. However, this pronoun is used less and less, and it is increasingly being replaced by *gli* in the spoken and written form.

*Preparo **loro** una bella cenetta. = **Gli** preparo una bella cenetta.*
I'm making **them** a nice little dinner.

When used informally, the indirect object pronoun is attached to the end of the imperative (command form) verb.

*Dim**mi** la verità.*
Tell **me** the truth.

Attenzione!

The singular informal imperative (*tu*) becomes *non* + infinitive in the negative form. The final *-e* of the infinitive is dropped in this construction.

*Non dir**mi** nulla.*
Don't tell **me** anything.

With a plural subject, the inifinite does not drop the *-e*.

*Non dite**gli** nulla.*
Don't (you, pl.) tell **him** anything.

When used formally, the pronoun precedes the imperative verb.

***Gli** dica la verità.* (Negative: *Non **gli** dica la verità.*)
Tell **him** the truth. (Negative: Don't tell **him** the truth.)

In the past tense, the past participle does not agree with the indirect object pronoun (the past participle does agree with the direct object pronoun).

*Hai chiesto **a Luisa** come sta?*
Did you ask **Luisa** how she is doing?

*Sì, **le** ho chiesto come sta.*
Yes, I asked **her** how she is doing.

Exercise 1

You are on holiday with a group of friends. Everyone's baggage has been lost except for yours. While your friends are waiting for the missing bags to be delivered, you offer to lend them what they need. Use the direct and indirect object pronouns to construct sentences expressing your offers.

Esempio: Ho bisogno di fare una doccia (bagnoschiuma).
Ti presto il mio bagnoschiuma.

1. Silvana ha freddo (maglione).

_____

_____

2. Carlo ha bisogno di radersi (rasoio).

_____

_____

3. Voi volete ascoltare della musica (lettore CD).

_____

_____

4. Gigi e Antonella vogliono lavarsi i denti (dentifricio).

_____

_____

5. Voglio tagliarmi le unghie (forbicine).

_____

_____

Exercise 2

Answer the following questions according to the example below.

Esempio: Offri il tuo posto in autobus bus alle persone anziane?
Sì, gli offro/offro loro il mio posto in autobus.

1. Telefoni spesso a tua cugina?

_____

_____

2. Regali i tuoi vestiti vecchi ai poveri?

_____

_____

3. Ogni tanto compri le caramelle al tuo fratellino?

_____

_____

4. Ci rispondi entro stasera?

_____

_____

5. Scrivi ai tuoi amici quando vai in vacanza?

_____

_____

Exercise 3

Stefano and Carolina are talking about their friend Giulia, who suffered a peculiar accident. Complete the following dialogue by inserting the correct indirect object pronouns.

—Ciao, Stefano, come stai?

—Ciao, Carolina. Bene, e tu?

—Io bene, ma sto andando a trovare Giulia.

—Giulia? Cosa_____ è successo?

—Ha avuto un incidente.

—Cosa?

—Sì, stava camminando per strada e_____ è caduto in testa un vaso di fiori.

—Oh, signore! E ha denunciato i proprietari?

—Non solo._____ ha chiesto il rimborso di tutte le spese mediche e i danni morali.

—Accidenti …_____ offro un passaggio, se vuoi. Sto andando in quella direzione.

—Grazie, volentieri. Sicuro che non_____ dia problemi?

—Figurati, così chiacchieriamo ancora un po'. Anzi, sai che _____ dico? Quando Giulia sta meglio,_____ telefono e_____ porto in un bel ristortantino a festeggiare la guarigione, che ne dici?

—Che è un'ottima idea!_____ dirò che_____ hai invitate. Grazie!

23

In a sentence containing a verb in the infinitive (to) form, drop the *-e* from the infinitive and add the indirect object pronoun to the end.

*Ho una cosa importante da dir**le**.*
I've got something important to tell **her**.

When the indirect object pronouns are used with the modal verbs *dovere, volere,* or *potere* followed by an infinitive, the pronoun can precede the conjugated verb, or it can be attached to the infinitive without *-e.* Both forms are correct and interchangeable.

***Ti** posso parlare?*
Can I talk to **you**?

*Potete telefonar**mi**.*
You can call **me**.

Venerdì	Sabato	Domenica
		posso dormire fino a tardi

Exercise 1

Every day of your week is very busy. Following the examples provided, fill in this schedule using the verb constructions below to say what you must do, can do, and want to do. Remember to use the indirect object pronoun correctly.

andare in ufficio, fare un giro in bicicletta, fare la spesa, passare in biblioteca, pranzare con gli amici, pagare le bollette, svegliarsi presto, etc.

Lunedì	Martedì	Mercoledì	Giovedì
	devo andare in lavanderia		

Exercise 2

What do you do when you are on vacation? What don't you do? Form complete sentences using the indirect object pronoun and the elements provided.

Esempio: dovere/telefonare/il tuo capo
Quando sono in vacanza, non devo telefonargli/non gli devo telefonare.

1. potere/chiedere/la cameriera/molti aperitivi

_____

_____

2. volere/offrire/te stesso/una cena in riva al mare

_____

_____

3. dovere/spiegare/i tuoi figli/le lezioni che non capiscono

_____

_____

4. dovere/dedicare/io/più tempo

_____

_____

5. potere / concedere / noi / qualche piccolo lusso

_____

_____

Exercise 3

Match column A and column B by choosing the correct indirect object pronoun.

A	**B**
____ **1.** Desidero telefonare a Greta e …	a. scrivergli un biglietto di auguri.
____ **2.** È l'anniversario dei miei e devo …	b. spedirgli un mazzo di rose.
____ **3.** Chiamami e ricordati di …	c. posso risponderti.
____ **4.** Amo Luca e ho deciso di …	d. chiederle un favore.
____ **5.** Mi chiedi una cosa difficile, non so se …	e. mandarmi il tuo indirizzo.

1. il tuo fidanzato/la tua fidanzata
  Ho voglia di _____

  _____

2. tu
  Ho bisogno di _____

  _____

Exercise 4

Look at the pictures below. Use the indirect object pronoun to match them to the people listed.

Esempio:

Luisa
Desidero mandarle delle rose.

3. voi
  Devo proprio _____

  _____

4. noi
  Non ho nessuna voglia di _____

  _____

24

The pronoun *ne* is used in phrases that would call for a preposition and a pronoun in English: *of it, of them, about any, some, from it, from them, from there.*

> *Vorrei del pane.*
> I'd like some bread.

> *Certo, quanto **ne** vuole?*
> Sure, how much would you like **(of it)**?

Ne is generally used when referring back to a phrase introduced by the partitive or the preposition *di*.

> *Ho comprato della farina. **Ne** ho presa un chilo.*
> I bought some flour. I took a kilo **(of it).**

Ne is also used to replace a direct object introduced by a number or an expression of quantity.

> *Quanti fratelli hai?*
> How many siblings do you have?

> *Ho due fratelli → **Ne** ho due.*
> I have two siblings. → I have two **(of them).**

When a compound verb is used in the past, the past participle agrees in gender and number with the noun that is being replaced by *ne*.

> *Ieri sono andato a comprare dei CD. **Ne** ho **preso** uno.*
> Yesterday I went shopping for CDs. I **bought** one **(of them).**

> *Ieri sono andato a comprare dei CD. **Ne** ho **presi** quindici.*
> Yesterday I went shopping for CDs. I **bought** fifteen **(of them).**

The adverb *ci* means *here* or *there*. It is used to refer to a previously mentioned place, especially when preceded by the prepositions *a, da* or *in*. It takes the same position as the direct object pronoun.

> *Vai spesso al mare?*
> Do you often go to the seaside?

> *Sì, **ci** vado ogni estate.*
> Yes, I go **(there)** every summer.

Attenzione!

Ci is also used to replace the preposition *a* followed by a noun after the verbs *pensare* (to think), *credere* (to believe), and *riuscire* (to succeed).

> *Pensi mai alla tua famiglia?*
> Do you ever think about your family?

> *Sì, **ci** penso spesso.*
> Yes, I think **about them** often.

Parole Quotidiane

In colloquial Italian, *ci* also replaces *con* (with) + noun.

> *Hai parlato con tua suocera?*
> Did you speak with your mother-in-law?

> *Sì, **ci** ho parlato ieri sera.*
> Yes, I spoke **with her** last night.

Exercise 1

Do you ever go to the places pictured below? Use the adverb *ci* in your answers.

1._____

_____

_____

2._____

_____

_____

Exercise 2

Answer the following questions using the pronoun *ne*.

1. Quanti cugini hai?

_____

_____

2. Quanti libri hai comprato quest'anno?

_____

_____

3. Hai cani o gatti?

_____

_____

4. Hai appuntamenti importanti questa settimana?

_____

_____

Exercise 3

***Ne* or *ci*? Choose the correct usage from the answers given.**

1. Discuti spesso con i tuoi amici?
   a. No, non ne discuto mai.
   b. No, non ci discuto mai.

2. Discuti spesso con i tuoi amici di politica?
   a. No, non ne discuto mai.
   b. No, non ci discuto mai.

3. Mangi carne?
   a. Sì, ne mangio.
   b. Sì, ci mangio.

4. Mangi al ristorante?
   a. Sì, ne mangio.
   b. Sì, ci mangio.

5. Hai bisogno di una vacanza?
   a. Sì, ne ho bisogno.
   b. Sì, ci ho bisogno.

Exercise 4

Answer the following questions, choosing between *ne* and *ci*.

Esempio: Parli mai di moda?
               No, non ne parlo mai.

1. Volete dei cioccolatini?

   No,_____ .

   _____

2. Volete venire in discoteca con noi?

   No,_____ .

   _____

3. Credi ai miracoli?

   No,_____ .

   _____

25

26 Pronouns *Combined Object Pronouns*

In a sentence in which both direct and indirect object pronouns are used, the indirect object pronoun precedes the direct object pronoun.

Quando mi spedisci il pacco?
When can you send me the parcel?

Te lo *spedisco oggi.*
I'll send **it (to you)** today.

The indirect object pronouns *mi, ti, ci,* and *vi* become *me, te, ce,* and *ve* before the direct object pronouns *lo, la, li, le,* and *ne*.

Indirect Object Pronoun	Indirect Object Pronoun +				ne
	lo	*la*	*li*	*le*	
mi	*me lo*	*me la*	*me li*	*me le*	*me ne*
ti	*te lo*	*te la*	*te li*	*te le*	*te ne*
gli	*glielo*	*gliela*	*glieli*	*gliele*	*gliene*
le	*glielo*	*gliela*	*glieli*	*gliele*	*gliene*
ci	*ce lo*	*ce la*	*ce li*	*ce le*	*ce ne*
vi	*ve lo*	*ve la*	*ve li*	*ve le*	*ve ne*
loro	*lo … loro*	*la … loro*	*li … loro*	*le … loro*	*ne…loro*

Attenzione!

The indirect object pronoun *loro* always follows the verb and therefore does not follow the same placement rules as other indirect object pronouns. However, in colloquial Italian, and more recently in written Italian as well, *loro* is increasingly replaced by the indirect object pronoun *gli*.

Compro loro questi bei regali. → ***Li*** *compro* ***loro.*** → ***Glieli*** *compro.*

I'll buy them these nice presents. → I'll buy them **to/for them.**

Combined object pronouns generally precede a conjugated verb. In an infinitive construction, the *-e* ending is dropped from the infinitive, and the combined object pronoun is attached.

Penso di ***dare*** *questo libro a mia sorella.* → *Penso di* ***darglielo.***

I think I'll **give** this book to my sister. → I think I'll **give it to her.**

Eccezione

When used with the modal verbs *dovere, volere,* and *potere,* the combined object pronouns can either precede the conjugated verb or follow the infinitive.

Voglio ***dare*** *questo libro a mia sorella.* → *Voglio* ***darglielo.*** or ***Glielo*** *voglio dare.*

I want **to give** this book to my sister. → I want to give **it to her.**

Exercise 1

Create a sentence based on the elements below with the combined direct objects.

Esempio: Tu (subject)/Sandro (indirect object)/ telefono (direct object)/passare
Glielo passi.

1. tu (subject)/io (indirect object)/lasagne (direct object)/ preparare

_____

_____

2. Marta e Vittorio/noi/una barzelletta/raccontare

_____

_____

3. Io/Simona e Davide/i CD nuovi/prestare

_____

_____

4. noi/tu/amico/presentare

_____

_____

5. voi/i nonni/il piccolo Giosuè/portare

_____

_____

Exercise 2

Complete the following sentences using the correct combined object pronouns.

Esempio: Ho comprato i biglietti del concerto per Matteo. (tu/portare) Glieli porti?

1. Ecco le cartoline per i nostri amici. (spediamo) Oggi

_____

2. Il caffè è pronto. Vuoi che (portare) _____

di là?

3. Silvia, questo è il film di Giordana. (parlare)

_____una settimana fa.

4. Ho un'amica molto carina. Vuoi che (presentare)

_____?

5. Carla, ho saputo cosa è successo, ma non posso

(raccontare) _____

Exercise 3

Correct the mistakes in the sentences below.

1. Ho preso la patente. Quando vedo Andrea devo dirgliene!

_____

_____

2. Questa sciarpa è di Laura. Devo restituirlela.

_____

_____

3. A Monica piace questo anello. Mi piacerebbe tanto comprarlalo.

_____

_____

4. Non sono problemi tuoi, quindi non curarteli.

_____

_____

5. Mi piace questo regista. Tu che lo pensi?

_____

_____

26

Combined object pronouns have the same position in the imperative tense as direct object pronouns.

In the informal imperative tense, combined object pronouns are attached to the end of the verb.

> *Porta il latte alla nonna.* → *Porta**glielo.***
> Bring milk to grandma. → Bring **it to her.**

In the formal imperative tense, the combined object pronouns precede the verb.

> *Signor Chieti, mi mostri il suo lavoro.* → ***Me lo** mostri.*
> Mr. Chieti, show me your work. → Show **it to me.**

In a negative informal imperative tense, combined object pronouns can either precede the verb or follow it. The meaning is the same in either case.

> *Non dire questa cosa a Marco.* → *Non dir**gliela.***
> or *Non **gliela** dire.*
> Don't tell Marco this thing. → Don't tell **(it to) him.**

In a formal imperative tense, combined object pronouns always precede the verb.

> *Non racconti questa storia a Marco.* → *Non **gliela** racconti.*
> Don't tell Marco this story. → Don't tell **(it to) him.**

Exercise 1

The people pictured shouldn't be using the objects shown below. Create a statement expressing this. Use the verb *dare* (to give) with the combined object pronoun and the negative imperative form in your answer.

1._____

_____

_____ !

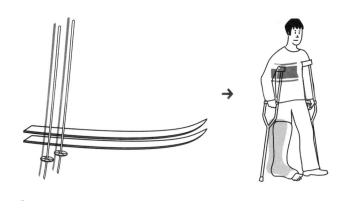

2._____

_____

_____ !

Exercise 2

Make the imperatives created in Exercise 1 affirmative using the formal imperative tense.

1. _____ !

2. _____ !

Exercise 3

Give the negative forms of the imperatives below.

1. Dimmelo!

   _____ !

2. Ce lo mandi!

   _____ !

3. Spiegategliela!

   _____ !

4. Controlliamoglielo!

   _____ !

5. Me lo assicuri!

   _____ !

Exercise 4

Choose the correct option among the ones given. Note: Sometimes more than one option is correct.

1. Questo libro non fa per lui.
   a. Non gli regalarlo!
   b. Non regalarlogli!
   c. Non regalarglielo!

2. Sua moglie deve sapere, sig. Rossi.
   a. Glielo dica!
   b. Diglielo!
   c. Dicaglielo!

3. Signora, il tiramisu è davvero troppo.
   a. Non ci lo prepari!
   b. Non ce lo prepari!
   c. Non preparicelo!

4. Quella giacca non è mia.
   a. Non restituirmela!
   b. Non me la restituire!
   c. Non me la restituisci!

5. È necessario che tu le scriva una lettera.
   a. Gliela scrivi ora!
   b. Gliela scriva ora!
   c. Scrivigliela ora!

27

The relative pronoun can connect a main clause and a dependent clause in a sentence.

A relative pronoun appears in the subordinate clause to refer to a specific noun in the main clause, similar to *that, whose, whom,* or *which* in English.

All Nouns	Masc. Singular Noun	Fem. Singular Noun	Masc. Plural Noun	Fem. Plural Noun
che/cui	il quale	la quale	i quali	le quali

Che is the most commonly used relative pronoun. Che is invariable and can refer to either the subject or the direct object in the main clause.

> *Questo è il quadro **che** mi piace, e quello è il pittore **che** l'ha dipinto.*
> This is the painting (**that**) I like, and that's the painter who painted it.

Attenzione!

Il quale, la quale, i quali, and *le quali* are used less often than *che*. They appear in more formal situations and are exclusively used in parenthetic clauses.

*Mario, **il quale** abita a Lodi, fa l'ingegnere.*
Mario, **who** lives in Lodi, is an engineer.

Attenzione!

In English, the relative pronoun is often omitted. In Italian, the relative pronoun is necessary.

*Le torte **che** faccio io sono speciali.*
The cakes (**that**) I make are special.

Cui is an invariable relative pronoun similar to che. Cui must be used when the dependent clause is introduced by a preposition.

*Valeria Parrella è la scrittrice **di cui** ti ho parlato.*
Valeria Parrella is the writer **about whom** I told you/ **whom** I told you **about.**

Parole Quotidiane

In conversational Italian, *dove* (where) is often used to refer to places, rather than *in cui* (in which).

*Questa è la casa **in cui** è vissuto Alberto Moravia.* →
*Questa è la casa **dove** è vissuto Alberto Moravia.*

This is the house **in which** Alberto Moravia lived. →
This is the house **where** Alberto Moravia lived.

Exercise 1

Anna met a very interesting person at the café. Complete the following passage by choosing the correct relative pronoun, *che* or *cui,* for each blank.

Ieri Anna ha conosciuto una persona molto interessante.

(1.) È andata al caffè_____ fa colazione ogni domenica e si è portata del lavoro_____ doveva assolutamente concentrarsi. **(2.)** Quindi ha scelto un tavolo _____ fosse lontano dalla porta e dal bancone, _____ è sempre affollato di gente. **(3.)** Ha sistemato le fotocopie sul tavolo e, prima che potesse cominciare a leggere, ha notato una signora_____ sedeva accanto a lei e_____, da lontano, si vedeva solo il cappello. **(4.)** Un magnifico copricapo_____ doveva essere molto vecchio,_____ erano cucite piume, fiori e perfino una veletta. **(5.)** La signora ha guardato Anna e le ha rivolto la parola: "Questo è un locale_____ vengo spesso, e lei?" **(6.)** Anna ha sorriso, quella signora aveva qualcosa_____ l'ha conquistata subito e, invece di ignorarla, ha iniziato a chiacchierare con lei, scoprendo cose _____, guardandola, non avrebbe mai immaginato …

Exercise 2

Use the context to choose the correct preposition for each relative pronoun, when necessary.

1. Ti presento l'amica_____ cui sono stata in vacanza.

2. Quella è la casa_____ che sogno di avere da sempre.

3. L'albergo_____ cui sono stati i miei si chiama "La vecchia locanda".

4. Non voglio più vedere film_____ cui bisogna fare una coda di ore.

5. Questa è la maga_____ cui vado a farmi leggere le carte.

Exercise 3

What do you like? Complete the following sentences using the relative pronouns *che* and *cui* as shown in the example below.

Esempio: Mi piacciono i libri … che sono stati scritti nell'Ottocento.

1. Mi piacciono le città …_____

2. Mi piacciono i film …_____

3. Mi piacciono le persone …_____

4. Mi piacciono i ristoranti …_____

5. Mi piacciono gli amici …_____

Exercise 4

Use the relative pronouns to create a descriptive sentence for each object pictured below.

Esempio:

Questo è il divano che mi ha regalato mia zia.

1._____

_____

2._____

_____

28

Indefinite pronouns are used to indicate somebody or something in an unspecified way.

qualcuno/a	someone, anyone
ognuno/a	everyone
nessuno/a	nobody
tutti/e	everybody
qualunque, qualsiasi	any
chiunque	anybody
qualcosa	something
tutto	everything
niente	nothing

*Conosci **qualcuno**, qui?*
Do you know **anybody** here?

*No, non conosco **nessuno**.*
No, I know **nobody**.

When followed by a verb in the infinitive or past participle form, a pronoun, or an adjective, *niente* and *qualcosa* take the prepositions *di* and *da.*

*Oggi non ho **niente da fare**.*
Today I have **nothing to do.**

Attenzione!

In Italian, you must use a second negative with *niente, nessuno,* and *nessuna.* The use of the double negative does not create a positive sentence.

***Non** voglio **niente**.*
I want **nothing.**

Attenzione!

The indefinite pronouns *niente, nessuno,* and *nessuna* may start a sentence. In this case, they don't require the double negative.

***Nessuno** mi capisce!*
Nobody understands me!

Exercise 1

Replace the indefinite adjectives in the sentences below with the corresponding indefinite pronouns.

Esempio: Conosco qualche ragazzo a questa festa
Conosco qualcuno a questa festa.

1. Mi piacciono tutte le cose in questo negozio.

_____

_____

2. Non voglio vedere nessun amico.

_____

_____

3. —Ti piacciono le nuove professoresse?
—Qualche professoressa sì, le altre no.

_____

_____

4. Ogni persona dica quel che deve dire!

_____

_____

5. Sono venuti tutti i tuoi amici, hai visto?

_____

_____

Exercise 2

Circle the appropriate indefinite pronoun in parentheses for each of the sentences below.

1. Problemi? In ufficio quest'anno ce n'è (qualcosa/qualcuno).

2. Quale gusto preferisci? (Qualcuno/Qualsiasi).

3. (Chiunque/Qualunque) può venire a casa nostra.

4. Tuo figlio è un bambino delizioso: gli piace (tutti/tutto).

5. C'è (chiunque/qualcuno) che sa come far funzionare questa stampante?

Exercise 3

Answer the questions based on the pictures below. Use the appropriate indefinite pronoun in your answers.

Riesci a vedere?

1. _____

_____

Conosci qualcuno qui?

2. _____

_____

Riconosci qualche ragazza in queste immagini?

3. _____

_____

Exercise 4

Change the sentences below to their negative form.

1. Preparo qualcosa da mangiare.

_____

_____

2. Questo weekend hai fatto qualcosa di bello.

_____

_____

3. Ho molto da fare oggi.

_____

_____

4. Qualcuno viene qui da mesi.

_____

_____

5. Voglio tutto!

_____

_____

29

Interrogative pronouns are used to ask a question about the noun they refer to. The question may refer to the quantity, quality, or identity of objects or people.

Quanto costa questo cappotto?
How much is this coat?

Che hai?
What's wrong?

Quale preferisci tra queste tre sciarpe?
Which one do you prefer among these three scarves?

Quanto asks **how much?** It agrees with the gender and number of a noun.

Hai moltissimi libri! Quanti sono esattamente?
You have so many books! **How many** are they exactly?

Quale asks **which one?** It agrees in number only.

Quali fra questi sono i tuoi bambini?
Which ones among these are your children?

Attenzione!

Quale becomes *qual* before the verbs *è* and *era*.

Che is invariable. It is used to ask **what?** when referring to objects.

Non so che vuole.
I don't know **what** he/she wants.

Chi is invariable. It is used to ask **what?** when referring to people, either masculine or feminine.

Ragazze, chi viene a teatro con me?
Girls, **who**'s coming to the theater with me?

Exercise 1

Sandro and Pino are catching up at a party. Complete their dialogue using the correct interrogative pronouns.

Sandro: —Ciao, Pino! Come stai? Con _____ sei venuto?

Pino: —Sandro, che sorpresa! Sono con la mia ragazza.

Sandro: —La tua ragazza? E da _____ sei fidanzato?

Pino: —Da due mesi.

Sandro: —È qui?

Pino: —Sì, è qui, da qualche parte, in mezzo a queste ragazze …

Sandro: —_____ è?

Pino: —Eccola!

Sandro: —È Tiziana?

Pino: —Sì. Beh … _____ ne pensi?

Sandro: —È una bravissima ragazza, sono molto contento per te.

Exercise 2

Compose an appropriate question for each of the answers below.

1. _____

   _____

   Ti ho detto che sto bene!

2. _____

   _____

   Quella blu.

3. _____

   _____

   Ci vogliono tre ore.

4. _____

   _____

   Ho detto che sono contento che tu sia qui!

5. _____

   _____

   Non ricordo esattamente … credo un centinaio di euro.

Exercise 3

Translate the following short dialogues using the correct interrogative pronouns.

1. —Good morning. I would like some stamps, please.
   —Sure, how many do you want?

   _____

   _____

   _____

2. —Yesterday my ex-boyfriend called.
   —Really? And what did he tell you?

   _____

   _____

   _____

3. —There are too many flavors … which one do you prefer?
   —Chocolate.

   _____

   _____

   _____

30

Adverbs are words that modify a verb, an adjective, or another adverb. In general, they express when, where, how, or how often something happens.

Many Italian adverbs can be formed by adding *-mente* to the feminine singular form of an adjective, similar to the way the *-ly* ending is used in English adverbs.

lenta (slow)
Come viaggia questo treno? **Lentamente.**
How is this train traveling? **Slowly.**

Adjectives ending with a vowel followed by *-le* or *-re* drop the final *-e* before adding *-mente*.

*È una persona **particolare**.*
She is a **particular** person.

*Sono **particolarmente** contento di conoscerla.*
I am **particularly** happy to meet her.

Adverbs generally follow the verb. In compound sentences involving multiple verbs, such as the past tense, most adverbs are placed after the past participle.

*Ti ho ascoltato **attentamente**.*
I listened to you **closely.**

Attenzione!

Some common adverbs like *già, ancora, sempre, mai,* and *più* are placed between the auxiliary verb and the past participle or infinitive of the compound form.

*Dorme **sempre** fino a tardi. Non si è **mai** alzato presto.*
He **always** sleeps late. He has **never** gotten up early.

*Non vuole **mai** studiare con me.*
He **never** wants to study with me.

Exercise 1

Change the following adjectives to adverbs and use each in a sentence.

1. disperato

_____

_____

2. finale

_____

_____

3. allegro

_____

_____

4. attento

_____

_____

5. facile

_____

_____

Exercise 2

Find an appropriate adverb to complete the sentence related to each picture below.

3. Corre _____ .

1. Dorme _____ .

2. Mangia _____ .

Exercise 3

Do these adverbs exist? Circle the incorrect adverbs in the sentences below. Note: If a sentence contains no error, write "correct" on the line.

1. Quando vado in vacanza vado in barca spessamente.

_____

2. Mi piace guidare spericolatamente.

_____

3. Il fine settimana andiamo a letto tardamente.

_____

4. Parla inglese cattivamente.

_____

5. Muovetevi silenziosamente, la nonna dorme.

_____

31

Not all Italian adverbs are derived from adjectives. The adverbs that don't come from adjectives are unique and used solely as adverbs.

Adverbs not derived from adjectives follow the same placement rules as adjectives: They may be used either before or after the subject of a sentence. The position depends on which part of the sentence is being emphasized.

*Vado **molto spesso** al mare.* (emphasis on *al mare*)
I go to the seaside **very often.**

*Vado al mare **molto spesso.*** (emphasis on *molto spesso*)
I **very often** go to the seaside.

Attenzione!

Several common adverbs, particularly those related to time, don't derive from adjectives.

adesso	now
ancora	still
attorno	around, about
bene	well
contro	against
dentro	in, inside
dietro	behind, at the back of
di rado	rarely
domani	tomorrow
dopo	then, afterwards
dopodomani	the day after tomorrow
durante	during
fuori	outside
già	already
ieri	yesterday
inoltre	moreover
insieme	together
l'altroieri	the day before yesterday
male	badly
mai	ever, never
più	no longer, not anymore
oggi	today
oltre	beyond
ora	now
presto	soon, before long

prima	before
sempre	always
sopra	above, on top
sotto	underneath, below
spesso	often
talvolta	sometimes
vicino	nearby, close by

Exercise 1

Claudia is a city girl who doesn't like going to the mountains. The adverbs have been mixed up in the paragraph below. Place the appropriate adverb in each blank so that Claudia's description makes sense.

(**1.**) Non vado **adesso** _____ in montagna, anche se

sotto _____ mi lascio convincere e ci vado. (**2.**) Il

fatto è che **oltre** _____ che vivo in una grande città,

l'idea di passare un fine settimana **presto** _____ mi

innervosisce. (**3.**) Qui c'è **sopra** _____ da fare:

cinema, teatro, ristoranti ... **sempre** _____ le cime

del Monte Bianco, invece, **davvero** _____ a bere e

mangiare polenta, che si può fare? (**4.**) Proprio **mai**

_____ mia madre e mio padre sono andati a

fare un'arrampicata: si sono svegliati molto **talvolta** _____

e hanno preso la funivia che passa **inoltre** _____ il

ghiacciaio della Mer de Glace. (**5.**) Io non ci sono

ieri _____ andata, ma lei dice che è uno spettacolo

fuori _____ straordinario. (**6.**) **Più**, _____ dice,

respirare un po' di aria di montagna farebbe bene anche a

me. Sarà, ma io preferisco lo smog di città.

Exercise 2

Choose the most appropriate adverb to complete each sentence below.

1. Non studio _____ al liceo, ora sono all'università.

2. _____ sono andato al cinema a vedere un bellissimo film. Ieri, invece, sono rimasto a casa.

3. C'è una farmacia qui _____?

4. Non c'è molto posto in casa tua … Posso mettere la valigia _____ il letto?

5. Non sono _____ stata in Africa.

Exercise 3

Use the following pairs of adverbs to form complete sentences according to the example below.

Esempio: sempre, mai
         Mangio sempre zucchini, ma non mangio mai broccoli.

1. sopra, sotto

_____

_____

2. fuori, dentro

_____

_____

3. ieri, oggi

_____

_____

4. bene, male

_____

_____

Exercise 4

Answer the following questions using the proper adverbs.

1. Come stai oggi?

_____

_____

_____

2. Vai mai al ristorante?

_____

_____

_____

3. Cos'hai fatto questa settimana?

_____

_____

_____

4. Frequenti la scuola superiore?

_____

_____

_____

5. Hai fatto colazione?

_____

_____

_____

32

In addition to interrogative adjectives, pronouns, and prepositions, interrogative adverbs are also used to form questions in Italian. Interrogative adverbs include:

come?	how?/what?
dove?	where?
perché?	why?
quando?	when?

Attenzione!

When *come* and *dove* are followed by the verb *essere* (to be), they contract to form *com'è* and *dov'è*.

***Dov'è** la cattedrale?*
Where is the cathedral?

Interrogative adverbs always start a sentence, unless they are preceded by a preposition, and are always followed by the verb and subject.

***Dove** abiti? **Di dove** sei?*
Where do you live? **Where** are you **from**?

When forming an interrogative sentence, the subject and verb are usually inverted.

***Quando** arrivano le tue amiche?*
When are your friends coming?

Eccezione

The subject and the verb are never inverted when the question is introduced by *come mai* (why).

***Come mai** le tue amiche non sono ancora arrivate?*
Why haven't your friends arrived yet?

Exercise 1

Complete the following questions using the appropriate interrogative adverb.

1. _____ sta tuo marito?

2. _____ non sei venuto ieri sera?

3. _____ tornate dalle ferie?

4. _____ vivete adesso?

5. _____ l'ultimo film di Muccino?

Exercise 2

Write a question that would correspond to each answer below.

1. _____

_____

_____

Te l'ho già detto mille volte! È in via Nazionale!

2. _____

_____

_____

Non ho ancora deciso: in autobus o in treno.

3. _____

_____

_____

Non mi va e basta.

4. _____

_____

_____

Ogni primavera.

5. _____

_____

_____

Ora meglio, ma ha passato un bruttissimo periodo.

Exercise 3

Use the interrogative adverbs to create four questions based on what is happening in the picture below.

1. _____

_____

_____

2. _____

_____

_____

3. _____

_____

_____

4. _____

_____

_____

33

Comparatives are words that express comparisons between two things: objects, people, ideas, actions, and so on.

Like *as ... as* in English, the comparative construction *così ... come* or *tanto ... quanto* are used to make comparisons using adjectives and adverbs.

> *Sei **così** bella **come** tua madre.*
> You are **as** beautiful **as** your mother.

> *Ma sei **tanto** testarda **quanto** tuo padre!*
> But you are **as** stubborn **as** your father!

Attenzione!

Così and *tanto* are often omitted in both the oral and written forms.

> *Il figlio di Federica è (**così**) carino **come** il tuo.*
> Federica's son is **as** cute **as** yours.

Comparisons between nouns and verbs are expressed with *tanto ... quanto*.

> *Mi piace **tanto** mangiare **quanto** dormire.*
> I like eating **as much as** I like sleeping.

Attenzione!

When *tanto* precedes a noun, it agrees in gender and number with that noun.

> *Hanno **tanti** libri **quanto** voi.*
> They have **as many** books **as** you.

When the quantity of two nouns is compared, *tanto* and *quanto* agree in gender and number with the nouns they precede.

> *In casa ho **tante** sedie **quanti** cuscini.*
> At home I have **as many** chairs **as** pillows.

Comparisons of inequality between two different subjects are expressed using *più ... di* (more than) and *meno ... di* (less than).

> *Questo film è **più** interessante **di** quello di Cavani, ma è **meno** divertente **di** quello di Muccino.*
> This movie is **more** interesting **than** that of Cavani, but it's **less** funny **than** that of Muccino.

Eccezione

The expressions *più ... di* and *meno ... di* are used to compare one quality shared by two people or things. When the comparison is between two qualities possessed by a single subject, *che* is used instead of *di*.

> *Ho comprato **più** pere **che** mele.*
> I bought **more** pears **than** apples.

Più di and meno di are used in comparisons involving specific quantities.

> *Hanno bevuto **più di** cinque birre.*
> They drank **more than** five beers.

Attenzione!

When the second subject of a comparison of equality or inequality is represented by a pronoun, the disjunctive pronoun is used.

> *Paolo mangia (**tanto**) pane **quanto te**.*
> Paolo eats **as much** bread **as** you do.

> *Ho **meno** amici **di te**.*
> I have **fewer** friends **than** you.

Exercise 1

Use the elements provided to create comparisons of equality.

Esempio: La mia stanza/grande/il tuo salotto
            La mia stanza è tanto grande quanto il tuo salotto.

1. Questo cane/simpatico/il mio

_____

_____

2. Cucina/piccola/sgabuzzino

_____

_____

3. Nicola guida / velocemente / un pilota di Formula 1

_____

_____

4. Mangio fuori / raramente / un monaco

_____

_____

5. Questi bambini / rumorosi / un intero asilo

_____

_____

Exercise 2

Choose an appropriate adjective to use in forming comparatives of equality or inequality between the elements provided.

Esempio: musica / matematica
            La musica è più stimolante della matematica.

1. cioccolato / frutta

_____

_____

2. Alessandro Gassman / Brad Pitt

_____

_____

3. Pittsburgh / New York

_____

_____

Exercise 3

Form three comparisons of equality and inequality between the two women pictured below.

Monica   Margherita

1. _____

_____

2. _____

_____

3. _____

_____

Exercise 4

Choose among the elements in the three columns below to create three sentences of comparison.

Mio fratello	intelligente	il cioccolato
Mia sorella	simpatico	un professore
I miei amici	dolce	un asino
Il Presidente	avido	un attore comico
Il mio cane	ottuso	Paperon de' Paperoni

1. _____

_____

2. _____

_____

3. _____

_____

The superlative is used to describe the qualities of a person or a thing to the greatest or least degree.

The relative superlative expresses the quality of a noun in relation to a group or category. The relative superlative is expressed using the construction: definite article + *più/meno* + adjective + *di* + person/thing compared.

*L'inverno a Palermo è **il più temperato d'Italia.***
The winter in Palermo is **the most temperate in Italy.**

*Tu sei **lo** studente **meno dotato della classe.***
You are **the least gifted** student **in the class.**

Attenzione!

When followed by a definite article, *di* contracts according to the rules of the compound propositions.

*Venezia è una delle città più belle **del** mondo.*
Venice is one of the most beautiful cities **in the** world.

The absolute superlative expresses the highest or lowest quality of a noun without relation to a group or category. The absolute superlative can be expressed using *molto* (very) + adjective/adverb or by adding *-ssimo/a/i/e* to the masculine plural form of the adjective.

*Questa ragazza è **simpaticissima.***
This girl is **really** funny.

*Mia madre cucina **molto bene,** ma la tua cucina **benissimo**!*
My mother cooks **very** well, but yours cooks **really** well!

The absolute superlative form of an adverb can be formed by dropping the final vowel and adding the *-issimo* suffix.

*Hai dormito **bene**?*
Did you sleep **well**?

*Sì, grazie, ho dormito **benissimo.***
Yes, thank you, I slept **really well.**

Exercise 1

Use the relative superlative construction to compose sentences describing the popular figures below.

Esempio: Claudia Cardinale

Claudia Cardinale è l'attrice più brava della sua generazione.

1. Luciano Pavarotti

_____

_____

2. Margaret Mazzantini

_____

_____

3. Silvio Berlusconi

_____

_____

4. I Subsonica

_____

_____

5. Margherita Hack

_____

_____

Exercise 2

You are a writer at a famous advertising company, and it's your job to create a new campaign for the products listed below. Use both the relative and absolute superlative, and your imagination, to create a winning slogan.

1. Criptodent (un dentifricio alla criptonite)

_____

_____

2. Pulicar (un'automobile elettrica)

_____

_____

3. Bimbofelix (un passeggino computerizzato)

_____

_____

4. Brillacasa (un appartamento autopulente)

_____

_____

5. Microcoffee (un fornello tascabile)

_____

_____

Exercise 3

Form the absolute superlative form of the sentences created in Exercise 4.

Esempio: Quella bambina è tranquillissima.

1. _____

_____

2. _____

_____

3. _____

_____

4. _____

_____

5. _____

_____

Exercise 4

Combine the elements below to form sentences using the relative superlative.

Esempio: Quella bambina/tranquilla/mia figlia
                 Quella bambina è meno (or più) tranquilla di mia figlia.

1. L'università di Roma/grande/Pisa

_____

2. Questo ristorante cinese/caro/quel ristorante italiano

_____

3. Michelangelo/famoso/Rodin

_____

4. La nave/veloce/l'aereo

_____

5. Central Park/conosciuto/Prospect Park

_____

Exercise 5

Match the nouns in column A to the appropriate quality expressed in the superlative forms in column B.

A	B
_____ **1.** Niccolò Ammaniti …	a. era la giornalista più audace d'Italia
_____ **2.** Oriana Fallaci …	b. è la squadra di calcio più forte del mondo
_____ **3.** Margherita Buy …	c. è stato il Presidente più amato della storia italiana
_____ **4.** Sandro Pertini …	d. è uno scrittore bravissimo
_____ **5.** L'Italia …	e. è un'attrice bravissima

35

Comparatives & Superlatives *Irregulars*

The adjectives *buono, cattivo, grande,* and *piccolo* have both regular and irregular comparative and superlative forms. In general, the regular and irregular forms are interchangeable, but the choice between them is usually determined by the context.

Adjective	Regular Comparative	Irregular Comparative
buono/a/i/e good	*più buono/a/i/e* better	*migliore/i* better
cattivo/a/i/e bad	*più cattivo/a/i/e* worse	*peggiore/i* worse
grande/i big	*più grande/i* bigger	*maggiore/i* bigger
piccolo/a/i/e small	*più piccolo/a/i/e* smaller	*minore/i* smaller

Adjective	Regular Superlative	Irregular Superlative
buono/a/i/e good	*il/la/i/le più buono/a/i/e* the best	*il/la migliore i/le migliori* (the best)
cattivo/a/i/e bad	*il/la/i/le più cattivo/a/i/e* the worst	*il/la peggiore i/le peggiori* (the worst)
grande/i big	*il/la/i/le più grande/i* the biggest	*il/la maggiore i/le maggiori* (the biggest)
piccolo/a/i/e small	*il/la/i/le più piccolo/a/i/e* the smallest	*il/la peggiori i/le minori* (the smallest)

Questo caffè è **peggiore** *del tuo, ma* **migliore** *del mio.*
This coffee is **worse** than yours, but **better** than mine.

Attenzione!

Some singular superlative forms are identical to the comparative. Context and the presence of the definite article indicate whether a comparative or a superlative is being used.

Il mio lavoro non solo è **peggiore** *del tuo, è* **il peggiore** *di tutti!*
My job is not only **worse than** yours, it's **the worst** of all!

Attenzione!

The regular forms of *grande* and *piccolo* refer to physical size, but their irregular forms often refer to numbers. *Maggiore* and *minore* mean *older/oldest* and *younger/youngest* when referring to someone's age.

Mario è **il maggiore** *dei suoi fratelli ed è* **il più grande** *della famiglia.*
Mario is the **oldest** of his brothers, and he's the **biggest** in the family.

The adjectives *buono, cattivo, grande,* and *piccolo* also have regular and irregular absolute superlative constructions. All of these superlatives have regular feminine and plural forms.

Adjective	Regular Absolute Superlative	Irregular Absolute Superlative
buono/a/i/e	*buonissimo/a/i/e*	*ottimo/a/i/e*
cattivo/a/i/e	*cattivissimo/a/i/e*	*pessimo/a/i/e*
grande/i	*grandissimo/a/i/e*	*massimo/a/i/e*
piccolo/a/i/e	*piccolissimo/a/i/e*	*minimo/a/i/e*

Questa torta è **ottima.**
This pie is **excellent.**

Attenzione!

The regular forms of *buono* and *cattivo* generally refer to quality of food, while the irregular forms *migliore* and *peggiore* are used in a broader sense to qualify everything else.

Il mio pesto è **più buono** *del tuo.*
My pesto is **better than** yours.

Questo film è **peggiore** *di quello che abbiamo visto ieri.*
This movie is **worse than** the one we saw yesterday.

The adverbs *bene, male, poco,* and *molto* have irregular forms when used in comparative sentences.

Adverb		Comparative	
bene	well	*meglio*	better
male	badly	*peggio*	worse
poco	rarely, hardly	*meno*	less
molto	much, very	*più*	more

*Oggi sto bene—molto **meglio** di ieri.*
Today I am fine—much **better** than yesterday.

Parole Quotidiane

The absolute superlative expressions *molto migliore* (much better) and *molto peggiore* (much worse) are incorrect, though they are in widespread usage. *Molto meglio* and *molto peggio* should be used instead.

*Quest'auto è buona, ma quella è **molto meglio**.*
This car is good, but that one is **much better.**

Exercise 1

Complete each sentence below with the correct comparative or superlative form.

1. Questo tiramisù è _____.

2. Il mio voto è _____ del tuo.

3. Ho _____ soldi di te, ma vivo _____.

4. Il loro lavoro è buono, ma il tuo è molto _____.

5. Questa è la bugia _____ che abbia mai sentito!

Exercise 2

Use the prompts below to create four sentences comparing the two pictures below using the irregular forms of the comparative adjectives and adverbs.

1. I cioccolatini sono _____
_____.

2. I lecca lecca sono _____
_____.

3. I cioccolatini sono _____

_____.

4. I lecca lecca sono _____

_____.

Exercise 3

Use the sentences below to form comparative constructions, as shown in the example below.

Esempio: Oggi sto molto bene (ieri).
   Oggi sto molto meglio di ieri.

1. Rossana è una buona candidata (Franca).

_____

2. Ho poca fame (te).

_____

3. Il filetto è buono (bistecca).

_____

4. Laura ha molta energia (Claudia).

_____

Exercise 4

Form sentences using the regular or irregular superlative forms of the following adjectives.

1. buono

_____

2. cattivo

_____

3. grande

_____

Negative sentences in Italian are formed using a double negative. The most common construction is *non + verb + negative expression.*

non ... affatto	not at all
non ... mai	never
non ... niente/nulla	nothing
non ... da niente	not important
non ... nessuno	no one, nobody
non ... nessun	no, not ... any
non ... più	not anymore
non ... ancora	not yet
non ... né ... né	neither ... nor
non ... mica	not at all (in the least)
non ... che	only
non ... neanche/ nemmeno/neppure	not even

Non mangio **mai** prima delle nove.
I **never** eat before nine.

Non bevo **né** vino **né** birra.
I drink **neither** wine **nor** beer.

Non abito **più** qui.
I **don't** live here **any more.**

Attenzione!

Nessun is used as an adjective and must agree in gender and number with the noun it modifies.

Non ho letto **nessun** libro di Bevilacqua.
I haven't read **any** book by Bevilacqua.

Non ho **nessuna** voglia di uscire stasera.
I have **no** desire to go out tonight.

Non mangio **nessun**'altra frutta: solo mele.
I don't eat **any** other fruits: just apples.

Eccezione

When used as the object of a verb, *nessun* and *niente* usually follow the verb, as in other negative expressions.

Non conosco **nessuna** *regola di fisica e non capisco* **niente.**
I **don't** know **any** rule of physics, and I **don't** understand **anything.**

However, *nessuno* and *niente* can also act as the subject of a verb. In this case, they precede the verb and/or start the sentence. *Non* is omitted.

Nessuno *mi capisce.*
Nobody understands me.

Attenzione!

The negative words *neanche, nemmeno,* and *neppure* replace *anche* (also, too, as well) in negative sentences. All three negative words have the same meaning and can be used interchangeably.

Sono sazio! Non voglio **neanche/nemmeno/neppure** *il caffè.*
I am full! I won't **even** have coffee.

Several common phrases can be formed using negative words.

non cambiare una virgola	not to change a single word
non dire una sillaba	not to say a word
non per la quale	not to be trusted
non vale!	that's not fair!
fuori dal nulla	out of the blue
buono a nulla	good for nothing
non fa niente	it doesn't matter
non per nulla/niente	not for anything
né ora né mai	never ever
di niente	you are welcome, not at all
prego	I pray (use is similar to *di niente*)

Sei proprio **buono a nulla** *... mia madre aveva ragione.*
You really are **good for nothing** ... my mother was right.

Exercise 1

Complete the following sentences with the appropriate negative expression.

1. Sono vegetariano: non mangio _____ carne

   _____ pesce.

2. Amo il mare, non mi piace _____ andare in

   montagna.

3. Si sono lasciati un anno fa e non si sono _____

   visti.

4. Non venite _____ a trovarmi!

5. —Sei mai stato in Olanda?

   —No, non _____.

Exercise 2

Rewrite the following sentences in negative form.

1. Vado sempre al ristorante. _____

   _____

2. Voglio assaggiare tutto, anche il pane! _____

   _____

3. Ti voglio ancora bene. _____

   _____

4. Mio figlio parla sempre con tutti, anche con i vicini. _____

   _____

5. Sono ancora andato al cinema. _____

   _____

Exercise 3

Answer the following personal questions using negative expressions.

1. Vivi ancora con la tua famiglia?

   _____

   _____

2. Ti piace prendere la metropolitana?

   _____

   _____

3. Mangi carote e broccoli ogni giorno?

   _____

   _____

4. Vai spesso a teatro?

   _____

   _____

5. Davvero non ti piacciono i dolci? E il cioccolato?

   _____

   _____

Exercise 4

Choose the word or phrase that most accurately describes the negative expressions below.

1. Buono a nulla significa …
   a. Cattivo
   b. Incapace
   c. Buonissimo

2. Non cambiare una virgola significa …
   a. Riscrivere
   b. Cambiare i punti
   c. Mantenere così

3. Non fa niente significa …
   a. Non importa
   b. Non morde
   c. Non mi devi niente

The Italian preposition *a* means *to, at,* or *in,* depending on the context. The preposition *in* usually translates as *in,* but it can also mean *to* or *by.*

The preposition *a* is used with names of cities to express going or staying somewhere.

> *Vado **a** Venezia.*
> I am going **to** Venice.

The preposition *a* is also used to introduce an indirect object in a sentence.

> *Oggi ho telefonato **a** Rita.*
> Today I called Rita.

The preposition *a* is used after certain verbs, particularly verbs of motion. The verbs that take the preposition *a* need to be memorized, but some common examples include *andare* (to go), *riuscire a* (to succeed in), *venire* (to come), *pensare a* (to think of), *provare a* (to try to).

> *Non sono **riuscito a** chiamarti.*
> I wasn't **able to** call you.

The preposition *a* is used to express the time at which something occurs.

> *Il treno arriva **a** mezzanotte.*
> The train arrives **at** midnight.

The preposition *a* is used to form several other common noun constructions.

barca a vela	sailboat
sedia a rotelle	wheelchair
serratura a tempo	time lock
treno a vapore	steam train
auto a metano	methane car
pentola a pressione	pressure cooker
vendita a peso	sale by weight
dipinto a olio	oil painting
stufa a gas	gas stove

The preposition *in* is used to express the idea of going or staying somewhere when referring to countries, continents, regions, large islands, and addresses.

> *Vado **in** Francia.*
> I am going **to** France.

The preposition *in* translates as *by* in expressions that describe traveling via a specific means of transportation.

> *Viaggio **in** treno ogni giorno.*
> I travel **by** train every day.

The preposition *in* forms a compound preposition with the definite article when referring to years.

> *Sono nato **nel** 1979.*
> I was born **in** 1979.

Attenzione!

The definite article is rarely used after the preposition *in* with nouns describing places, such as *casa, città, cucina, banca, biblioteca, chiesa,* and *ufficio,* unless the noun is modified by another word or expression.

> *Vado **in** farmacia.*
> I am going **to the** pharmacy.

> *Vado **nella** farmacia **del dott. Gallo**.*
> I am going **to the** pharmacy **of Dr. Gallo.**

Exercise 1

In or *a*? Complete the following sentences using the correct preposition.

1. Oggi voglio andare _____ banca. Sembra che il mio

conto sia andato in rosso!

2. Abito _____ Firenze, ma ho sempre desiderato

vivere _____ Sardegna.

3. _____ che anno sei nato?

_____ 1960.

4. _____ che ora ci vediamo?

_____ mezzogiorno.

5. Penso spesso _____ mia sorella.

Exercise 2

Use the elements provided to form complete sentences with the appropriate preposition.

Esempio: barca/vela
Mi piace andare in barca a vela.

1. ufficio/metropolitana

_____

_____

2. banca/centro

_____

_____

3. Parigi/2005

_____

_____

4. riuscire/farmacia

_____

_____

5. provare/telefonare/Silvia

_____

_____

Exercise 3

Choose the correct prepositional expression to complete each sentence.

1. L'estate prossima voglio andare …
a. a Roma.
b. in Roma.
c. alla Roma

2. Viaggio spesso …
a. in aereo.
b. all'aereo.
c. nell'aereo.

3. Mia madre è nata …
a. a 1942.
b. in 1942.
c. nel 1942.

4. A che ora ci vediamo oggi?
a. Al mezzogiorno.
b. A mezzogiorno.
c. A due.

5. Devo andare …
a. alla banca.
b. nella banca.
c. in banca.

The Italian preposition *da* generally translates as *from* or *by.*

> **Da** *dove vieni?*
> Where are you **from**?

> *Passa **da** me alle 8.*
> Come **by** my place at 8.

Da is used to express *at/to the place of* someone.

> *Ci vediamo **dai miei genitori.***
> See you **at my parents' house.**

Da is used to indicate value or price.

> *Vorrei un francobollo **da 75 centesimi.***
> I'd like a **75-cent stamp.**

Da is used in the construction present tense verb + *da* + expression of time. In these cases, *da* translates as *since* or *for* and expresses actions beginning in the past and continuing in the present.

> *Studio inglese **da** tre anni.*
> I've studied English **for** three years.

The preposition *di* is generally used to indicate possession and can translate as *of.*

> *Queste foto sono **di** mia sorella.*
> These are my sister**'s** photographs. (Literally: These photos are **of** my sister.)

Attenzione!

Di is also used to indicate the material an object is composed of.

> *Questa collana **di perline** costa quattro euro.*
> This **beaded** necklace costs four euros.

Di is used with the verb *essere* (to be) + the name of a city/town to indicate origin. In these cases, *di* translates as *from.*

> *Lui è **di** Palermo.*
> He's **from** Palermo.

Attenzione!

Di and *da* both translate as *from*. *Di* is used after the verb *essere* (to be) and before the names of towns/cities. *Da* is used after all the other verbs, such as *venire* (to come), and any noun and is usually combined with a definite article.

*Sono **di** Roma, ma la mia famiglia viene **dalla** Francia.*
I am **from** Rome, but my family comes **from** France.

Parole Quotidiane

Di is used after such verbs as *accorgersi di* (to notice), *pensare di* (to think of), *innamorarsi di* (to fall in love with) and in such grammatical constructions as *di mattina* (in the morning), *del pomeriggio* (in the afternoon), *di sera* (in the evening), *di notte* (at night), *d'inverno* (during the winter), and *d'estate* (during the summer).

*Domenico dice che **si è innamorato di** mia sorella martedì 7 luglio alle sette **di sera.***
Domenico **fell in love with** my sister on Tuesday, July 7th, at 7 **in the evening.**

Exercise 1

Complete the following passage by inserting the correct preposition.

(**1.**) Ieri ho conosciuto un uomo molto interessante che viene

_____ Roma. (**2.**) Quando si è presentato, ho immaginato

che fosse_____ Napoli, ma mi ha subito spiegato che ha

vissuto nel Sud_____ Italia per molti anni. (**3.**) Ero a una

mostra fotografica_____ Sebastiano Piras, un fotografo

italiano che viene_____ Sardegna, e mi sono accorta

_____ un tipo anziano, vestito come se fosse una giornata

_____ estate. (**4.**) Mi sono avvicinata pensando

_____ far finta_____ niente, ma lui mi ha subito

salutata: "Buongiorno" ha detto, "Sa, io faccio foto_____

vent'anni, ma sono un grande ammiratore_____ Piras".

(**5.**)_____ quel momento, non abbiamo più smesso di

chiacchierare e stasera ceniamo insieme alla trattoria

_____ Mario.

Exercise 2

Decide whether *da* or *di* should be used to complete the sentences below.

1. Vivo ad Aosta …
   a. da sette anni.
   b. di sette anni.

2. Sposarsi non è cosa …
   a. di tutti i giorni.
   b. da tutti i giorni.

3. Hai bisogno di schiuma …
   a. di barba?
   b. da barba?

4. Ho proprio voglia …
   a. da un buon gelato.
   b. di un buon gelato.

5. Questa ragazza è …
   a. da Padova.
   b. di Padova.

Exercise 3

Translate the following sentences using the correct prepositions.

1. "What do you think you will do tonight?" "I don't know, maybe I'll go to Giulia's."

_____

_____

2. That woman is wearing very expensive pearls that come from Japan.

_____

_____

3. Tonight I'll be at the gym from eight to nine.

_____

_____

4. It's ten P.M., and you are already sleeping?

_____

_____

5. Today is a beautiful autumn day.

_____

_____

The Italian preposition *per* means *for* or *in order to* and generally expresses a destination or result.

> *Per chi è questo regalo?*
> Who is this present **for**?

> *Lavoro **per** andare in Canada.*
> I work **in order to** go to Canada.

Attenzione!

Per is also used to express movement through space or duration of time. In these cases, *per* can translate as *through* or *by.*

> *Siamo passati **per** Bari.*
> We passed **through** Bari.

> *Ho lavorato in Sicilia **per** un'estate intera.*
> I worked in Sicily **for a whole summer.**

Parole Quotidiane

Many common Italian expressions are introduced by *per.*

Perbacco!	Gosh!, Goodness!
per sempre	forever
per forza	of course, absolutely
per amore	out of love
per scherzo	for fun, for a joke
Neanche per sogno!	I wouldn't dream of it!

Exercise 1

Is *per* always the right preposition? Correct the mistakes in the paragraph below by inserting the appropriate preposition when necessary.

(**1.**) Mi chiamo Sara e vengo **per** _____ Alessandria.

(**2.**) Studio all'università **per** _____ tre anni e ho intenzione

per _____ diventare medico. (**3.**) È un percorso di studi

molto lungo e dovrò studiare ancora **per** _____ sette anni

prima di poter aprire uno studio tutto mio! (**4.**) Ma è una cosa

che ho sempre pensato **per** _____ fare, e sono molto

soddisfatta **per** _____ i risultati ottenuti fino **per** _____

questo momento. (**5.**) Certo, devo sacrificare molte cose,

per _____ esempio le uscite settimanali **per** _____

gli amici e molto tempo libero, ma sono molto contenta **per**

_____ farlo se penso che un giorno potrò realizzare il mio

sogno più grande.

Exercise 2

Fill in the blanks with the appropriate preposition to be used in each situation below.

1. To say what year you were born _____

2. To indicate the name of a city that you are traveling to

_____

3. To say where you are coming from _____

4. The say what time your flight is leaving _____

5. To indicate that this luggage is yours _____

6. To say what you are taking this trip for _____

7. To indicate the address of the hotel where you'll be staying

_____

8. To say that you are staying for an entire month _____

Exercise 3

Connect the expressions in column A to their meanings in column B.

A	B
_____ **1.** per sempre	a. out of love
_____ **2.** per forza	b. forever
_____ **3.** per sbaglio	c. not at all
_____ **4.** per finta	d. Gosh!, Goodness!
_____ **5.** per amore	e. please
_____ **6.** per davvero	f. of course, absolutely
_____ **7.** per niente	g. I wouldn't dream of it!
_____ **8.** perbacco	h. by mistake
_____ **9.** per favore	i. for pretend
_____ **10.** per scherzo	j. for real
_____ **11.** neanche per sogno!	k. for fun, for a joke

40

Prepositions *Compound Prepositions*

The prepositions *a, da, di, in,* and *su* combine with the definite article to form contractions, also called compound prepositions.

	Singular Article				**Plural Article**		
	il	*lo*	*l'*	*la*	*i*	*gli*	*le*
a	al	allo	all'	alla	ai	agli	alle
da	dal	dallo	dall'	dalla	dai	dagli	dalle
di	del	dello	dell'	della	dei	degli	delle
in	nel	nello	nell'	nella	nei	negli	nelle
su	sul	sullo	sull'	sulla	sui	sugli	sulle

*Il telecomando è **sul** tavolino.*
The remote control is **on the** coffee table.

Attenzione!

The preposition *in* does not take the article when used with nouns that refer to places, such as *casa* (house), *banca* (bank), *ufficio* (office), *farmacia* (pharmacy), *biblioteca* (library), *centro* (downtown), *chiesa* (church), and *città* (town). The article is only used with *in* when another word or expression is used to specify the noun.

*Mi piace studiare **in** biblioteca, soprattutto **nella** biblioteca **dell'università**.*
I like to study **at** the library, especially **at the university** library.

Some compound prepositions are formed by combining adjectives, adverbs, and verbs with the preposition. Common examples include:

vicino a (near/next to)
lontano da (far from)
davanti a (in front of)

Attenzione!

When followed by a definite article, these other compound prepositions contract according to the chart above.

*La farmacia è **davanti alla** chiesa.*
The pharmacy is **in front of the** church.

Parole Quotidiane

Though incorrect, the contraction of the preposition *con* (with) has become more and more widespread in the spoken and written language. *Con* only contracts with *il* and *i* to form the compound prepositions *col* and *coi*.

*Oggi mangio **col** mio ragazzo e **coi** miei.*
Today I am eating **with my** boyfriend and **with my** parents.

Exercise 1

Complete the following passage using the appropriate compound prepositions when necessary.

La giornata di Filippo è piuttosto regolare. (**1.**) Ogni mattina si sveglia (a)_____ sette, si alza, fa una colazione abbondante (con)_____ latte e cereali, si lava, si veste ed esce (per)_____ andare (in)_____ ufficio. (**2.**) Va (a)_____ fermata e aspetta qualche minuto, poi sale (su)_____ autobus e si immerge completamente (in)_____ suo libro. (**3.**) Rimane (in)_____ casa editrice per cui lavora fino (a)_____ sei (di)_____ sera, poi telefona (a)_____ amici per un aperitivo (in)_____ centro. (**4.**) Cena (a)_____ suo ristorante preferito e torna a casa sempre prima (di)_____ mezzanotte. Ogni giorno così. (**5.**) Finché arriva il fine settimana e allora Filippo si dedica a molte attività: (da)_____ spesa settimanale (a)_____ sport, (da)_____ amici (a)_____ passeggiate (in)_____ parco, (da)_____ relax (a)_____ serate in compagnia. (**6.**) (In)_____ queste occasioni Filippo si diverte molto a fare cose diverse una (da)_____ altra, ma poi, inesorabile, torna il lunedì …

Exercise 2

Choose the correct compound preposition to complete each sentence below.

1. Sono le otto …
   a. nella mattina.
   b. di mattina.
   c. della mattina.

2. Sto aspettando …
   a. mia madre.
   b. per mia madre.
   c. alla mia madre.

3. Anna è …
   a. nella banca.
   b. in banca.
   c. alla banca.

4. Il tuo amico viene …
   a. della Svizzera.
   b. da Svizzera.
   c. dalla Svizzera.

5. Siediti vicino …
   a. del tuo amico.
   b. dal tuo amico.
   c. al tuo amico.

vicino a

2. _____

_____

con

3. _____

_____

Exercise 3

Use the preposition provided to form a sentence describing each picture below.

per

1. _____

_____

41

In Italian, the partitive article *some* is usually expressed by combining the preposition *di* and the definite article.

Definite Article	Partitive Article
il	del
lo	dello
l'	dell'
la	della
i	dei
gli	degli
le	delle

*Vorrei **del** pane, per favore.*
I'd like **some** bread, please.

*Ho bisogno di comprarmi **delle** scarpe nuove.*
I need to buy **some** new shoes.

*Aggiungi **dello** zucchero nella torta.*
Add **some** sugar to the cake.

Attenzione!

The partitive article is not used when quantity is specified.

*Vorrei **un chilo** di pane, per favore.*
I'd like **a kilo** of bread, please.

The partitive is often omitted in questions. Its use or omission is entirely up to the speaker.

*Vuoi **(del)** vino?*
Would you like **some** wine?

The partitive article is never used in negative sentences.

No, grazie, non voglio vino.
No, thanks, I don't want any wine.

The partitive (some) can also be expressed by *un po' di* and *alcuni/e*. *Alcuni/e* is always followed by a plural noun. *Un po' di* may be followed by either a singular or a plural noun.

*Ho bisogno di **un po' di** pasta e di **alcuni** pomodori.*
I need **some** pasta and **some** tomatoes.

Exercise 1

Change the nouns in the sentence below from singular to plural. Use the partitive article to express *some* of each.

1. Ho comprato una bottiglia di spumante.

_____

_____

2. Carla e Mario vorrebbero un figlio.

_____

_____

3. Marta dà lezioni a uno studente di fisica.

_____

_____

4. Abbiamo passato una bellissima giornata al mare.

_____

_____

5. C'è un bar in centro che è molto carino.

_____

_____

Exercise 2

Are the following partitive articles used properly?
Correct the mistakes in the dialogue below.

—Buongiorno, signora. Vuole ordinare?

—Sì, grazie. Come primo piatto, vorrei alcuna pasta.

—Preferisce delle penne o dei linguine?

—Penne, per favore. Anzi … avete fusilli?

—No, ma abbiamo degli rigatoni fatti in casa.

—Benissimo, prendo quelli.

—Desidera un secondo?

—Dipende … avete dello pesce?

—Certo! Le proporrei alcuni gamberi alla griglia.

—Perfetto.

—Posso portarle del vino?

—No, non bevo mai del vino.

—Le porto delle pane?

—Volentieri, grazie. Una fetta del pane la mangio sempre

volentieri.

Exercise 3

You are very hungry and want to prepare a pasta dish and a rich salad. What do you need? Choose among the ingredients provided and list them for your pasta and salad using the partitive article.

rucola, pomodori, vino bianco, finocchi, sale, tagliatelle, noci, pepe, olio d'oliva, pinoli, formaggio di capra, parmigiano, olio, lattughino, basilico, scarola, alloro, olive, aceto balsamico

Per la pasta mi servono …

_____

_____

_____

_____

_____

_____

E per l'insalata mi servono …

_____

_____

_____

_____

_____

_____

42

Interrogative words can be combined with prepositions to ask for specific information. In these cases, the preposition, rather than the interrogative, starts the sentence.

> ***Per chi*** *hai comprato questo regalo?*
> **For whom** did you buy this present?

> ***Di chi*** *è questo telefono?*
> **Whose** phone is this?

> ***A che*** *serve questa chiave?*
> **What** is this key **for**?

> ***Di dove*** *siete?*
> **Where** are you **from**?

Attenzione!

Prepositions are never placed at the end of a question.

> ***Con chi*** *esci?*
> **With whom** are you going out?

Attenzione!

Che cosa asks *what?* when referring to things. This construction is often shortened to simply *che* or *cosa*. These two question words are interchangeable, and both can be used with a preposition.

> ***A che/cosa/che cosa*** *pensi?*
> **What** are you thinking **about**?

Parole Quotidiane

In questions that do not include a preposition, *che* alone may sound blunt or rude to an Italian speaker. *Cosa* is preferred in these cases.

> ***Cosa*** *prendi?*
> **What** are you having?

When used as adjectives, *quale* and *quanto* agree in gender and number with the nouns they modify, even when preceded by prepositions.

> ***Con quali*** *mezzi vai al lavoro?*
> **With what/which** means of transportation do you go to work?

Exercise 1

Complete the following questions by inserting the correct preposition.

1. _____ chi studi all'università?

2. _____ dove vieni?

3. _____ dov'è Martina?

4. _____ cosa devi fare questa ricerca?

5. _____ quale ragione sei venuto?

Exercise 2

Change the following statements to questions using the appropriate preposition and interrogative word.

1. La prossima estate Gianna va in Brasile con suo marito.

   _____

   _____

2. Stefano lavora per delle organizzazioni umanitarie.

   _____

   _____

3. I miei figli studiano dai loro amici.

   _____

   _____

4. Giacomo ha lavorato alle Nazioni Unite per tre anni.

   _____

   _____

5. Gianni ha lasciato la Rai da tre anni.

   _____

   _____

Exercise 3

Choose the correct combination of preposition and interrogative word for each answer given below.

1. I tuoi amici più cari.
   a. Con chi puoi sempre contare?
   b. Su chi puoi sempre contare?
   c. Da chi puoi sempre contare?

2. Argentina.
   a. Di dov'è?
   b. Da dov'è?
   c. In dov'è?

3. Tutte le compagnie americane.
   a. Su quali compagnie hai volato?
   b. Con quale compagnie hai volato?
   c. Con quali compagnie hai volato?

4. Per tutte.
   a. Per quante ragazze sono gli anelli?
   b. Per quanto ragazze sono gli anelli?
   c. Per chi ragazze sono gli anelli?

5. Perù e Messico.
   a. Da quale paesi arrivano questi prodotti?
   b. Di quali paesi arrivano questi prodotti?
   c. Da quali paesi arrivano questi prodotti?

43

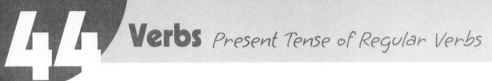

Italian infinitives are made up of a stem and one of the following three endings: *-are, -ere,* or *-ire.*

To conjugate a verb in the present tense, the infinitive endings are removed, and the present tense endings are attached to the stem.

	Singular	Plural
cantare (to sing)	*io* cant**o** I sing	*noi* cant**iamo** we sing
	tu cant**i** you sing	*voi* cant**ate** you sing
	lui/lei cant**a** he/she/it/you (formal) sings	*loro* cant**ano** they sing
prendere (to take)	*io* prend**o** I take	*noi* prend**iamo** we take
	tu prend**i** you take	*voi* prend**ete** you take
	lui/lei prend**e** he/she/it/you (formal) takes	*loro* prend**ono** they take
dormire (to sleep)	*io* dorm**o** I sleep	*noi* dorm**iamo** we sleep
	tu dorm**i** you sleep	*voi* dorm**ite** you sleep
	lui/lei dorm**e** he/she/it/you (formal) sleeps	*loro* dorm**ono** they sleep

Attenzione!

The most common infinitive verb ending is *-are.*

The Italian present tense translates the English present, present progressive, and future tense. Context is used to determine what tense the speaker is referring to.

*Quando **vedo** i miei amici, **parliamo** spesso di cinema.*
When **I see** my friends, **we** often **talk** about movies.

*Oggi **vado** in piscina, **vieni** anche tu?*
Today **I am going** to the swimming pool, **are you going** too?

*Ti **chiamo** stasera.*
I **will call** you tonight.

Attenzione!

Unlike their English equivalents, the verbs *ascoltare* (to listen to), *aspettare* (to wait for), *cercare* (to look for), *guardare* (to look at), and *pagare* (to pay for) do not require a preposition.

***Ascoltate** la radio mentre **aspettate** il telegiornale.*
You **listen to** the radio while you **wait for** the news.

Eccezione

Some verbs ending in *-ire* insert *-isc* between the stem and present tense ending in all but the *noi* and *voi* forms. Common *-ire* verbs in this group include *preferire* (to prefer), *capire* (to understand), *finire* (to end), *pulire* (to clean), *restituire* (to give back), *spedire* (to send), *suggerire* (to suggest), and *ubbidire* (to obey).

*Quando questo semestre **finisce, parto** per due settimane.*
When this semester **ends,** I will **leave** for two weeks.

Attenzione!

The verbs *finire* (to finish) and *suggerire* (to suggest) require the preposition *di* before an infinitive. In English, the *-ing* form would be used in these instances.

***Suggerisco di prendere** la metro.*
I **suggest taking** the subway.

Parole Quotidiane

The repetition of the personal pronoun is not necessary before a conjugated verb. The ending of the verb indicates the subject. Personal pronouns may be used for emphasis or clarity.

*Forse **parlo** molto, ma **(tu) sei** logorroico.*
Maybe **I talk** a lot, but **you are** longwinded.

Exercise 1

Complete the following passage about Camilla with the correct present tense form of the verb in parentheses.

Camilla è una ragazza molto attiva ed estroversa.

(**1.**) _____ (conoscere) molte persone e _____

(stringere) in continuazione nuove amicizie. (**2.**) Camilla è

siciliana, ma _____ (abitare) a Milano da quattro

anni. (**3.**) I suoi genitori _____ (vivere) ancora

a Taormina, ma le _____ (telefonare) spesso e

qualche volta _____ (prendere) un aereo *low cost*

e _____ (partire) per Milano dove _____

(passare) qualche giorno insieme alla figlia. (**4.**) Camilla non

_____ (credere) che tornerà mai in Sicilia, anche se

_____ (amare) profondamente la sua terra.

(**5.**) _____ (preferire) Milano, che _____

(offrire) più possibilità ai giovani come lei.

Exercise 2

Translate the following sentences.

1. The restaurants downtown usually open at 7:30 P.M. and
close at midnight.

_____

_____

2. The professor speaks very fast, and I often don't
understand what he explains.

_____

_____

3. Read (you, plural) the menu, but I suggest taking four
different dishes, so we share them.

_____

_____

4. Every day my brother receives and writes many e-mails
from his friends from college.

_____

_____

5. While I wait for the bus, I usually read a book.

_____

_____

Exercise 3

Combine the following elements to form complete sentences, conjugating verbs in the present tense when necessary.

1. Venerdì / pulire / casa / passeggiare / parco

_____

_____

2. Paolo / guardare / quadro / pensare / bellissimo

_____

_____

3. Viaggiare / spesso / amici / quest'anno / decidere / da solo

_____

_____

4. Lucia / vedere / gonna / spendere / cento euro

_____

_____

The irregular verbs *andare* (to go), *venire* (to come), *dare* (to give), and *stare* (to stay) are very common and are used to form many idiomatic expressions.

All four verbs are irregular in the present tense.

	Singular	Plural
andare (to go)	io vado I go	noi andiamo we go
	tu vai you go	voi andate you go
	lui/lei va he/she/it/you f. goes	loro vanno they go
venire (to come)	io vengo I come	noi veniamo we come
	tu vieni you come	voi venite you come
	lui/lei viene he/she/it/you f. comes	loro vengono they come
dare (to give)	io do I give	noi diamo we give
	tu dai you give	voi date you give
	lui/lei da he/she/it/you f. gives	loro danno they give
stare (to stay)	io sto I stay	noi stiamo we stay
	tu stai you stay	voi state you stay
	lui/lei sta he/she/it/you f. stays	loro stanno they stay

Andare and **venire** are often used before an infinitive to express *going* or *coming to do something.* **When followed by an infinitive in this manner, the preposition *a* is used.**

> **Vado a** *prendere i bambini alle quattro.*
> I'll **(go) get** the kids at four.

> **Vengo a** *trovarti domani.*
> I'll **come to see** you tomorrow.

Attenzione!

The use of *andare* or *venire* depends on the movement of the action being performed in relation to the speaker. When the action implies movement away from the speaker, *andare* is used. When the action implies movement toward the speaker, *venire* is used.

> **Andiamo** *al cinema stasera?*
> Shall we **go** to the movies tonight?

> **Vieni** *da Elsa stasera?*
> Are you **coming (with me)** to Elsa's tonight?

Attenzione!

Andare can also be combined with the indirect object pronouns to mean *to feel like doing* something.

> *Oggi andiamo in spiaggia;* **ti va** *di venire?*
> We are going to the beach today; **do you feel like** coming?

Stare is primarily used with expressions of health.

> *Come* **sta** *tuo nonno?*
> How **is** your grandfather doing?

Stare can also expresses *to remain*.

> —*Che fai oggi?*
> —What are you doing today?
> —*Non ho voglia di uscire,* **sto** *a casa.*
> —I don't feel like going out, I'll **be/stay** home.

Parole Quotidiane

In the south of Italy, the verb *stare* is used instead of *essere* to express that something is remaining, or permanently located, in one place. Though common, this use is grammatically incorrect.

> *Dove* **sta** *questo ristorante?*
> Where **is** this restaurant?

Both *dare* and *stare* are used in many idiomatic expressions.

dare un esame	to take an exam
dai!	come on!
stare attento/a/i/e	to pay attention
stare zitto/a/i/e	to keep quiet
stare fresco	to be mistaken (or kidding oneself)

starsene da parte	to stand aside, to be on one side
stare su	to stand (sit) up straight
stare a cuore	to matter, to have at heart
stare con	to live with, to be with (in a romantic relationship)
stare in piedi	to be standing
stare in guardia	to be on one's guard
stare da	to sleep at somebody's place (usually when visiting)

Exercise 1

Complete the dialogue below by using the correct present tense forms of *andare, venire, dare,* and *stare.*

—Ciao Grazia, come _____?

—Abbastanza bene, e tu?

—_____ tutto benissimo. Stasera _____ a un

concerto magnifico.

—Ah, sì? Di chi?

—Degli Avion Travel, li conosci?

—Certo! Li adoro!

—Vuoi _____ con me? Ho un biglietto in più.

—Vorrei, ma non posso proprio ... domain devo _____

un esame pazzesco.

—Ma è un'occasione unica! _____!

—Mi piacerebbe molto _____ ... che peccato, accidenti.

—_____ su, il tuo esame andrà benissimo e poi io ti

racconto tutto del concerto. Sono sicuro che gli Avion Travel

_____ di nuovo in città prima della fine dell'anno.

—E allora _____ insieme a sentirli, d'accordo?

—D'accordo!

Exercise 2

Answer the questions below using the correct verb in the present tense.

1. Cosa fai quando piove?

_____

2. Domani è il compleanno di un tuo caro amico. Che fai per festeggiare?

_____

3. Dove dormi quando vai in vacanza?

_____

4. Ti invito a cena. Ti va?

_____

5. Dove vai stasera?

_____

Exercise 3

Use the irregular verbs and idiomatic expressions to create a caption describing each picture below.

1. _____

2. _____

45

91

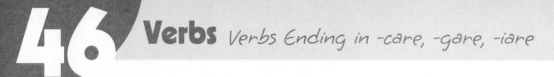

Verbs ending in *-care* and *-gare* add an *-h-* to the infinitive stem in the *tu* and *voi* forms when used in the present tense. These verbs add the *-h-* to all future and conditional forms. This change is needed to retain the hard sound of the *c* and *g*.

	Singular	Plural
cerc**are** (to look for)	*io cerc**o*** I look for	*noi cerch**iamo*** we look for
	*tu cerch**i*** you look for	*voi cerc**ate*** you look for
	*lui/lei cerc**a*** he/she/it/you (formal) looks for	*loro cerc**ano*** they look for
pag**are** (to pay)	*io pag**o*** I pay	*noi pagh**iamo*** we pay
	*tu pagh**i*** you pay	*voi pag**ate*** you pay
	*lui/lei pag**a*** he/she/it/you (formal) pays	*loro pag**ano*** they pay

*Paghiamo il conto e **cerchiamo** un taxi.*
Let's **pay** for the bill and **look** for a cab.

Attenzione!

Cercare, when followed by the preposition *di*, means *to try to*.

***Cerca di** capire; non posso.*
Try to understand; I can't.

Attenzione!

The verbs *cercare* and *pagare* do not require the preposition equivalent to *for* when they mean *to look for* and *to pay for*.

***Cerchiamo** un buon ristorante.*
Let's **look for** a good restaurant.

Verbs ending in *-iare* drop the *-i* from the infinitive stem in the *tu* and *noi* forms of the present tense. The *-i* is dropped in every form of the future, imperative, and conditional tenses. This is done to avoid the double *-i-* construction created by the verb ending.

	Singular	Plural
cominc**iare** (to start)	*io cominc**io*** I start	*noi cominc**iamo*** we start
	*tu cominc**i*** you start	*voi cominc**iate*** you start
	*lui/lei cominc**ia*** he/she/it/you (formal) starts	*loro cominc**iano*** they start
sc**iare** (to ski)	*io sc**io*** I ski	*noi sc**iamo*** we ski
	*tu sc**ii*** you ski	*voi sc**iate*** you ski
	*lui/lei sc**ia*** he/she/it/you (formal) skies	*loro sc**iano*** they ski

Mangiamo insieme?
Shall we **eat** together?

When the accent is on the *-i* of the first person singular (*io*) of the present indicative of *-iare* verbs, the *-i* doubles in the *tu* form of the present tense. The *-i* does not double in the first person plural (*noi*) form.

*Perché **rinvii** in continuazione il nostro appuntamento?*
Why do you continuously **postpone** our appointment?

Eccezione

The verbs *studiare* (to study) and *iniziare* (to start) keep the *-i* of the infinitive stem in the future and conditional forms, but they drop the *-i* in the *tu* and *noi* forms of the present tense.

*L'anno prossimo **studierò** di più.*
Next year **I'll study** more.

Exercise 1

Maria is complaining about Gianni's lack of attention. Give the correct form of the verbs in parentheses in her statements below.

1. Tu_____ (sviare) sempre la conversazione

   verso altro.

2. Noi non_____ (mangiare) mai insieme.

3. Ti piace sciare?_____ (sciare) con me

   questo inverno?

4. Le tue amiche sono gelose:_____ (spiare)

   sempre quello che facciamo.

5. Marco, quando_____ (iniziare) ad

   ascoltarmi?

Exercise 2

Complete the crossword puzzle below.

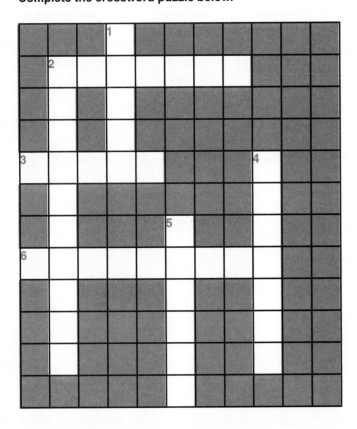

Across

2. deviare: noi form of the present tense.
3. deviare: tu form of the present tense.
6. giocare: noi form of the present tense.

Down

1. ovviare: tu form of the present tense.
2. dimenticare: tu form of the present tense.
4. affogare: tu form of the present tense.
5. giocare: tu form of the present tense.

Exercise 3

Translate the dialogue below using the correct form of the verbs.

—Hi, Olga! Long time no see! How are you?
—Hello, Wendy! I'm fine, thank you. And you?
—I'm doing very well. Anything new?
—I'm starting a new job.
—You're starting a new job? Wow! So you don't teach at school anymore?
—I still teach, but as a lecturer at the university.
—Congratulations! And when are you starting?
—Tomorrow.
—Does the new position pay well?
—You are forgetting that I am not a professor …
—So? Isn't it a good salary?
—No, it's fairly good, but with that salary you pay for the rent and that's it. For the rest I'll have to give private lessons. Do you still study Italian?
—Why … do you want to be my teacher?
—That depends on how much you pay …

_____

_____

_____

_____

_____

_____

_____

46

When two verbs appear together in a sentence or clause, the first is conjugated, and the second is kept in the infinitive form.

> Mi **piace andare** al cinema.
> I **like going** to the movies.

To combine verbs with a direct or indirect object pronoun, drop the *-e* from the end of the infinitive and attach the pronoun.

> Desidero chiamar**lo** e parlar**gli**.
> I'd like to call **him** and talk to **him.**

Eccezione

If the first verb in a double-verb construction is a modal verb (*dovere, potere,* or *volere*), the direct or indirect object pronoun may either precede the modal or be attached to the infinitive.

> Vogliono salutar**lo**. = **Lo** vogliono salutare.
> They want to greet **him.**

Attenzione!

When expressions such as *avere voglia di* (to feel like, in reference to an activity), *avere bisogno di* (to need), and *avere paura di* (to be afraid of) are followed by a verb, that verb is always in the infinitive.

> *Avete voglia di* **venire** *con me in banca?*
> Do you feel like **going** with me to the bank?

In a negative sentence, *non* precedes both verbs of a double-verb construction.

> **Non** mi **piace guardare** la televisione.
> I **don't like watching** TV.

Exercise 1

Correct the mistakes in the following sentences.

1. Non mi piace prendo la metropolitana quando vado al lavoro.

_____

_____

_____

2. Marco e Claudia desiderare andare al mare quest'estate.

_____

_____

_____

3. Hai non voglia di studiare.

_____

_____

_____

Exercise 2

Complete the sentences below by conjugating the verb in column A and combining it with the appropriate verb and object from columns B and C.

A	B	C
desiderare	dormire	un caffè
volere	andare	al buio
avere paura di	pagare	bicicletta
piacere	partire	un viaggio
dovere	bere	le bollette

1. Mia madre _____

_____

_____

2. Tuo cugino _____

_____

_____

3. Lorena e Filippo _____

_____

_____

4. Noi _____

_____

_____

5. Io _____

_____

_____

Exercise 3

Using the proper double-verb construction, answer the personal questions below.

1. Cosa ti piace?

_____

_____

_____

2. Di cosa hai paura?

_____

_____

3. Di cosa hai bisogno ora?

_____

_____

_____

4. Cosa preferisci fare l'estate prossima?

_____

_____

_____

47

The gerund corresponds to the -ing verb form in English, though its use in Italian varies. The gerund expresses the meaning of a verb in relation to another conjugated verb, and it is used to form the present and past progressive tenses. The gerund has two tenses: the present tense, which is the simple form, and the past tense, which is the compound form.

The present tense of the gerund is formed by adding -ando to the stem of -are verbs and -endo to the stem of -ere and -ire verbs.

> *andare* (to go)
> *Passa a salutarmi* **andando** *al lavoro.*
> Come by to say hello (while) going to the office.

> *leggere* (to read)
> *Si è addormentato* **leggendo.**
> He feel asleep (while) **reading.**

> *salire* (to climb)
> *È inciampato* **salendo** *le scale.*
> He stumbled (while) **climbing** the stairs.

Like the English construction *having/being* + verb, the past tense gerund is used to express an action that has caused another action. The past tense gerund is formed by combining the gerund of either *essere* or *avere* + the past participle. *Avere* is used with transitive verbs, and *essere* is used with intransitive verbs.

> **Essendo caduto**, *non posso venire a sciare con voi.*
> **Having fallen**, I cannot come and ski with you.

> **Avendo** *già* **mangiato**, *non ho fame ora.*
> **Having** already **eaten**, I am not hungry now.

The present progressive tense is formed by combining the present tense of *stare* + the simple gerund.

> *Il telefono* **sta suonando** *e mio figlio* **sta dormendo**.
> The phone **is ringing** and my son **is sleeping**.

The past progressive tense is formed by combining the imperfect form of *stare* + the simple gerund.

> *—Ti disturbo? Che* **stavi facendo**?
> —Am I bothering you? What **were you doing**?

> *—Non ti preoccupar;* **stavo** *solo* **scrivendo** *un paio di e-mail.*
> —Don't worry; **I was** just **writing** a couple of e-mails.

Attenzione!

The simple present or imperfect tenses, rather than the progressive tenses, are used to express an ongoing action in the present or past whose time of occurrence isn't emphasized.

> *—Che* **fai**?
> —What **are you doing**?

> *—**Mangio**.*
> —**I am eating.**

> *Non* **facevo** *niente di speciale.*
> **I wasn't doing** anything special.

If two or more progressive constructions are used in a sentence, *stare* is repeated before each gerund.

> *Carlo* **sta mangiando, sta bevendo,** *e* **sta guardando** *la TV.*
> Carlo **is eating, drinking,** and **watching** TV.

Eccezione

The verbs *fare* (to do), *bere* (to drink), *porre* (to put), *tradurre* (to translate), and *dire* (to say) have irregular gerunds and, therefore, irregular progressive forms. The irregular progressives are built on the verbs' imperfect stems.

	Imperfect	Gerund
fare (to do)	*facevo*	*facendo*
bere (to drink)	*bevevo*	*bevendo*
porre (to put)	*ponevo*	*ponendo*
tradurre (to translate)	*traducevo*	*traducendo*

> *Marta* **sta traducendo** *l'ultimo libro di Elena Ferrante.*
> Marta **is translating** Elena Ferrante's last book.

Object and reflexive pronouns can either precede or follow *stare*. Though less commonly used, the pronoun is attached to end of the gerund when following *stare*.

> **La** *stiamo cercando.* = *Stiamo cercando***la***.*
> We are looking for **her.**

> **Mi** *sto lavando le mani.* = *Sto lavando***mi*** le mani.*
> I am washing **my** hands.

Attenzione!

In English, the gerund is often not accompanied by a subject when an action or activity is being described. In Italian, however, the gerund is not used in these cases. Instead, either the infinitive is used, or a verb is used as a noun.

Leggere *è divertente.*
Reading is fun. (Literally: **To read** is fun.)

La lettura *di questo libro è divertente.*
Reading this book is fun. (Literally: **The reading** of this book is fun.)

Attenzione!

‧ The gerund is not used in clauses introduced by *while, when,* or *if* to describe an action that is taking place at the same time as another action. In these cases, a conjugated verb is used instead.

Mentre **guarda** *la televisione, chiama gli amici.*
While **watching** TV, he calls his friends.

Exercise 1

Change the following passage from the present tense to the progressive present tense using the gerund.

1. Gloria inizia la sua giornata.

_____

_____

2. Fa colazione e guarda le notizie in televisione.

_____

_____

3. Porta fuori il cane.

_____

_____

Exercise 2

Dov'eri esattamente? **Sherlock Holmes is investigating the kidnapping of your grandmother's nasty parrot. You are the primary suspect. Answer the detective's questions using the correct form of the past progressive tense.**

1. Dov'era ieri alle sette e mezzo di sera?

_____

_____

2. Cosa stava facendo?

_____

_____

3. E stamattina alle nove?

_____

_____

Exercise 3

What do you usually do? What are you doing now? Answer the following questions using the present tense or the gerund.

1. What are you doing on Saturday?

_____

_____

2. What are you doing now?

_____

_____

3. What do you drink when you go to the restaurant?

_____

_____

48

A reflexive verb is a verb whose action refers back to the subject performing it.

The reflexive verb is formed by dropping the -e from the infinitive and adding the reflexive pronoun -si (oneself) to the end.

svegliare (to wake)
Svegliarsi *alle 6 di mattina è dura.*
To wake (oneself) up at 6 A.M. is hard.

Attenzione!

Many reflexive verbs in Italian correspond to non-reflexive verbs in English.

accorgersi (di)	to notice
addormentarsi	to fall asleep
alzarsi	to get up
arrabbiarsi	to get angry
chiamarsi	to be named
farsi la doccia	to take a shower
innamorarsi (di)	to fall in love with
laurearsi	to graduate (obtain a university degree)
mettersi	to put (clothing) on
mettersi a	to start to
pettinarsi	to comb one's hair
radersi	to shave
sedersi	to sit down
sentirsi	to feel
spogliarsi	to undress
sposarsi (con)	to get married
svegliarsi	to wake up
vestirsi	to get dressed

Mi addormento *sempre a teatro.*
I always **fall asleep** at the theater.

The reflexive pronouns *mi* (myself), *ti* (yourself), *si* (him/herself), *ci* (ourselves), *vi* (yourselves), and *si* (themselves) generally come before a conjugated reflexive verb.

Divertirsi (to enjoy oneself)	
Singular	**Plural**
*io **mi** diverto*	*noi **ci** divertiamo*
I enjoy **myself**	we enjoy **ourselves**
*tu **ti** diverti*	*voi **vi** divertite*
you enjoy **yourself**	you enjoy **yourselves**
*lui/lei **si** diverte*	*loro **si** divertono*
he/she enjoys **him/herself**	they enjoy **themselves**

Vi preparate *per la scuola.*
You **prepare (yourselves)/get (yourselves) ready** for school.

The reflexive pronoun is generally attached to the end of a verb in the infinitive form.

*Desidero fermar**mi** a Vienna due giorni.*
I would like to stay in Vienna for two days.

Eccezione

In double-verb constructions, the reflexive pronouns can precede the verb when the first verb is *dovere, potere,* or *volere.*

Devo svegliarmi *presto.* = **Mi devo svegliare** *presto.*
I have to wake up early.

Most Italian verbs become reflexive when the action refers back to the subject. Sometimes the meaning of the verb changes in this form.

Non-Reflexive	Reflexive
Lavo *i piatti.*	**Mi lavo.**
I am washing the dishes.	I am **washing myself.**
*Maria **sente** il campanello.*	*Maria **si sente** male.*
Maria **hears** the bell.	Maria **feels** bad.

Eccezione

Intransitive verbs cannot be changed to reflexive verbs, since their action never refers directly to an object.

*Devo **andare a** Roma.*
I have to **go to** Rome.

Reflexive verbs in the past tense always take the auxiliary verb essere. The past participle agrees in gender and number with the subject.

*Mara e Giorgia **si sono divertite** tantissimo.*
Mara and Giorgia **enjoyed themselves** a lot.

Parole Quotidiane

In colloquial Italian, *mi, ti, si,* and *vi* can drop their *-i* and replace it with an apostrophe before another vowel or an *h*. *Ci* can drop the *i* before another *i* or an *e*.

*A lezione **m'**annoio tantissimo.*
In class I get so bored.

Exercise 1

Translate the following sentences. Be careful: Not all of the verbs below are reflexive.

1. Every day Susanna gets up at seven.

_____

_____

2. She takes a shower, gets dressed, and has breakfast.

_____

_____

3. Then she gets ready to leave, but only after a very strong coffee.

_____

_____

4. When she arrives at the office, she sits down at her desk and starts making phone calls.

_____

_____

5. At night, she returns home very tired, and usually falls asleep at ten.

_____

_____

Exercise 2

Give the reflexive synonyms of the verbs below.

Esempio: provare amore → <u>innamorarsi</u>

1. provare piacere → _____

2. essere in ansia → _____

3. stare bene → _____

4. cadere addormentato → _____

5. finire l'università → _____

Exercise 3

You met a new friend on the Internet, and she wants to know everything about you. Use the reflexive verbs to write a paragraph describing yourself.

_____

_____

_____

_____

_____

_____

_____

_____

_____

_____

_____

_____

_____

49

A reciprocal verb expresses an action being performed between two or more people, as in something done to *each other* or *one another*.

Reciprocal verbs take the same form as reflexive verbs. They are formed by dropping the -*e* from a non-reflexive infinitive and adding the reflexive pronoun -*si* (oneself).

abbracciarsi	to hug each other (one another)
aiutarsi	to help each other (one another)
amarsi	to love each other (one another)
ammirarsi	to admire each other (one another)
baciarsi	to kiss each other (one another)
conoscersi	to know/meet (each other)
incontrarsi	to meet (each other)
innamorarsi	to fall in love (with each other)
insultarsi	to insult each other (one another)
odiarsi	to hate each other (one another)
parlarsi	to talk to each other (one another)
rispettarsi	to respect each other (one another)
salutarsi	to greet each other (one another)
scriversi	to write to each other (one another)
sposarsi	to get married (to each other)
vedersi	to see each other (one another)

The reflexive pronouns *ci, vi,* and *si* precede the plural form of the conjugated reciprocal verb.

Si amano molto.
They **love each other/one another** very much.

The reflexive pronouns are generally attached to the end of a verb in the infinitive form.

Preferiscono scriversi lunghe lettere.
They **prefer writing each other/one another** long letters.

Eccezione

In double-verb constructions, the reflexive pronouns can precede the verb when the first verb is *dovere, potere,* or *volere.*

Vogliono sposarsi subito. = *Si vogliono sposare* subito.
They **want to get married** right away.

Reciprocal verbs are conjugated in the past tense with *essere.* The past participle agrees in gender and number with the subject of the verb.

Le mie amiche si sono viste a Roma.
My friends **saw each other/one another** in Rome.

When a gerund is used without the auxiliary verb *stare,* the reflexive pronoun *si* is attached to the end of the reciprocal verb.

Si sono innamorati scrivendosi e-mail.
They fell in love writing **each other** e-mails.

Parole Quotidiane

As with reflexive verbs, in colloquial Italian *ci, vi,* and *si* can drop the -*i* and replace it with an apostrophe before another vowel or an *h*. *Ci* can drop the *i* only before another *i* or an *e*.

C'incontriamo ogni giorno.
We **see each other** every day.

Attenzione!

When the action can fall both on the subject or on *each other*, most reciprocal verbs can be used as reflexive verbs.

Si rispettano profondamente.
They deeply **respect each other/one another.**

Non **mi rispetto** affatto per quello che ho fatto.
I don't **respect myself** for what I did.

Attenzione!

Even when the idea of reciprocity is expressed in Italian, English translations will often not include *each other* or *one another*.

Vi incontrate alle sette.
You **meet (each other)** at seven.

Exercise 1

Translate the reciprocal verbs indicated in the parentheses below and conjugate them to complete each sentence.

1. Barbara e Alessandro _____

(know each other) da molto tempo.

2. _____ (see each other) in

università, dove _____ (give

each other) appuntamento per il _____ pranzo.

3. Quando non _____ (meet),

_____ (call each other).

4. Tutti sanno che _____ (want to

get married), perché stanno sempre insieme.

Exercise 2

Use the elements provided to form complete sentences.

1. Tu e io/conoscersi/bene.

_____

_____

2. Marco e Silvana/dirsi/tutto.

_____

_____

3. Tu e Monica/vedersi/ogni giorno.

_____

_____

Exercise 3

We all know the story of Romeo and Juliet, two young Italians who meet, fall in love, and die tragically. Using reciprocal verbs, compose a paragraph giving Romeo and Juliet a happier ending.

_____

_____

_____

_____

_____

_____

_____

_____

_____

_____

_____

_____

_____

_____

_____

_____

_____

_____

50

The construction *si* + third person (*lui, lei, Lei, loro, Loro*) form of a verb expresses action that occurs without a specified subject.

Si expresses actions that are collective, corresponding to *one, they, you,* or *we* in English.

*In questa casa non **si mangia** mai presto.*
In this house **we** never **eat** early.

When *si* + verb is followed by a plural noun, the verb takes the third person plural form.

*Qui **si mangiano cozze** freschissime.*
Here, **you eat** fresh mussels.

When *si* is used with a double-verb construction, the conjugated verb takes the third person singular or plural form, depending on the object of the infinitive.

*Si possono **comprare tortellini** qui?*
Is it possible **to buy tortellini** here?

In compound tenses, the impersonal *si* contruction always takes the auxiliary verb *essere*. For verbs that would normally be conjugated with *essere*, the past participle always ends in *-i* or *-e*.

*Si **è partiti** alle sei.*
We **left** at six.

When using a verb that is followed by a direct object and whose auxiliary verb is normally *avere*, the past participle agrees in gender and number with the direct object.

*Si è **vista una bella commedia.***
We **saw a nice comedy.**

Parole Quotidiane

It is increasingly common for the past participle to remain in the singular masculine form in sentences that use a verb whose auxiliary is normally *avere*.

*Si è **mangiato** chili di gnocchi.*
We **ate** tons of gnocchi.

Attenzione!

In sentences that use the construction *si* + past tense of a verb normally requiring the auxiliary *avere*, and in which no direct object follows this construction, the past participle can agree in gender and number with the subject. This is a passive voice construction.

*Quando **si** è **amato, si** sta bene.*
When **you** have **loved, you** feel good.

*Quando **si** è **amati, si** sta bene.*
When **you** are **loved, you** feel good.

Parole Quotidiane

Though grammatically incorrect, it is becoming increasingly more common in colloquial Italian to keep the auxiliary *avere* when using the impersonal *si*.

*Quando si **ha** amato, si sta bene.*
When you **have** loved, you feel good.

When using the impersonal form of a reflexive or reciprocal verb, the impersonal *si* becomes *ci*. This is done to avoid the *si si* repetition.

*In Italia, per salutarsi, **ci si** bacia sulle guance.*
In Italy, to say hello, **we** kiss on the cheeks.

Attenzione!

When the impersonal *si* is used after an infinitive, a past participle without auxiliary, or a gerund without *stare*, it is attached to the end of the verb.

*Questa bibita è da **bersi** ghiacciata.*
This drink must **be drunk** ice cold.

***Vedutesi** le conseguenze, è stato meglio rinunciare.*
Having seen the consequences, it was better to renounce.

***Vendendosi** a peso, l'oro costa meno.*
Being sold in bulk, gold costs less.

Parole Quotidiane

In contemporary Italian, both spoken and written, the construction past participle + impersonal *si* is becoming less and less common.

Viste *le conseguenze, è stato meglio rinunciare.*
Given the consequences, it was better to renounce.

The impersonal *si* is used in expressions such as *si sa che* (it's common knowledge that), *si capisce che* (it's understood that), and *si vede che* (it's clear that) to express common knowledge.

> ***Si sa che*** *da piccole le bambine sono più sveglie dei bambini.*
> **It's common knowledge** that, when younger, girls are smarter than boys.

1. _____

_____

2. _____

_____

Exercise 1

Change the following sentences into impersonal constructions using *si*.

1. Parliamo moltissimo di te.

   _____

2. Non sai mai cosa pensare in queste situazioni.

   _____

3. Non capite niente!

   _____

Exercise 2

Use the impersonal construction to ask where one can buy, find, or do the items below. Then provide appropriate answers using the impersonal construction.

Esempio:

<u>Dove si compra la carne? Dal macellaio.</u>

Exercise 3

You have just arrived in Firenze (Florence), but already feel like a Fiorentini (native of Florence). Using the impersonal construction, write an e-mail home describing what one does every day in this beautiful city.

_____

_____

_____

_____

_____

_____

_____

_____

_____

_____

51

An action that began in the past and is still going on in the present is expressed with the construction present tense verb + *da,* followed by an expression of time.

Lo **conosco da** *tre anni.*
I have known him **for** three years.

Parole Quotidiane

In English, the present perfect tense is used to express a past action ongoing in the present.

The construction *da quanto tempo* + present tense verb is used to ask how long something has been going on.

Da quanto tempo leggi La Repubblica?
How long have you been reading *La Repubblica?*

Parole Quotidiane

Tempo is often left out of the *da quanto* construction in colloquial Italian, as it is implied.

Da quanto (tempo) *studi persiano?*
How long have you been studying Farsi?

For actions that begin and end in the past, and are not continuing in the present, the construction past tense + *per* + length of time is used.

Abbiamo lavorato *alla Biennale* **per** *due mesi.*
We worked at the Biennale **for** two months.

The construction *per quanto tempo* + past tense verb is used to ask how long something went on in the past.

—**Per quanto tempo** sei **stata sposata**?
—**How long were** you **married**?

—**Sono stata sposata per** *vent'anni.*
—I **was married for** twenty years.

Parole Quotidiane

In colloquial Italian both *per* and *tempo* are very often implied when asking about the past.

—**(Per) Quanto (tempo) hai vissuto** *a Londra?*
—**How long did you live** in London?

—*Ho vissuto a Londra un mese.*
—I lived in London for one month.

Exercise 1

Per or **da?** Fill in the blanks by choosing the correct preposition.

(**1.**) Vivo a Venezia_____ pochi mesi, dopo aver abitato

a Genova_____ tutta la vita. Sono entrambe due città di

mare, ma sono molto diverse. (**2.**) Non venivo a Venezia

_____ molto tempo, poi all'improvviso, a causa del mio

lavoro, ho cominciato a viaggiare spessissimo in Veneto,

L'anno scorso, addirittura, ci sono venuto_____ tre mesi

di fila. Perché non trasferirmi, allora? (**3.**) A Genova abito

_____ sempre, penso che cambiare un po' aria mi farà

molto bene.

Exercise 2

Donatella is late. Use the proper *da* or *per* construction to translate the dialogue between her and her friend, Giada.

Giada: —I've been waiting for an hour!
Donatella: —Sorry! I was stuck in the traffic for forty-five minutes!
Giada: —Since when do you drive?
Donatella: —I've been driving for a month now. You know, it's easier than taking the train …
Giada: —Do you think so? I've been taking the train for eight years now, and I've never been late!
Donatella: —I said I was sorry … But you haven't really been waiting for an hour, right?
Giada: —Well, let's see … I've been standing here for 58 minutes.
Donatella: —Okay, okay … let's go now, you've been waiting long enough.

_____

_____

_____

_____

_____

_____

_____

_____

_____

_____

_____

_____

Exercise 3

You came across this profile on MySpace and are curious to know more about the person. Compose five questions using the constructions with *da* and *per*.

Sono nato nel 1979 a Bologna, ma mi sono trasferito presto a Roma e poi ho viaggiato per tutta l'Italia: Milano, Verona, Ascoli, Bari. Ho studiato russo, mi sono laureato in chimica e adesso lavoro a Bangkok. Mi piace molto leggere e adoro la musica: suono la fisarmonica e il violino. Sono un tipo sportivo: in Italia giocavo a pallanuoto in una squadra di Bari. Quando ero piccolo ho anche vissuto in Belgio, a Leuven, dove abita una mia cara zia. L'Italia mi manca un po', non ho molte occasioni di tornare, ma qui sto bene: sono sposato e ho due bambini … ora non è più così semplice lasciare tutto e cambiare vita!

1. _____

_____

_____ ?

2. _____

_____

_____ ?

3. _____

_____

_____ ?

4. _____

_____

_____ ?

5. _____

_____ ?

52

53 Verbs *Expressions of Time in the Past*

Italian has several common expressions used to indicate a specific time in the past when something occurred. Expressions of time change depending on the moment in time when the action is discussed.

The following expressions are used when discussing past events in the present time.

ieri	yesterday
ieri mattina	yesterday morning
ieri pomeriggio	yesterday afternoon
ieri sera	yesterday evening
l'altroieri	the day before yesterday
scorso/a	last
passato/a	last
l'anno scorso/passato	last year
la settimana scorsa/passata	last week
fa	ago
un'ora fa	an hour ago
due giorni (settimane/ mesi/anni, etc.) fa	two days (weeks/ months/years, etc.) ago
molto/poco tempo fa	a long/little time ago

Ieri mattina *sono andata al mercato.*
Yesterday morning, I went to the market.

Marco è passato **un'ora fa.**
Marco came by **an hour ago.**

Parole Quotidiane

Though the words are interchangeable, *scorso/a* is more commonly used than *passato/a,* which is in use in only a few regions of Italy.

Different expressions of time are used when the discussion of the past event also occurs in the past.

Present Tense Time Expression	Past Tense Time Expression
ieri (yesterday)	*il giorno prima/precedente* (the day before)
ieri mattina (yesterday morning)	*la mattina prima/precedente* (the morning before)
ieri pomeriggio (yesterday afternoon)	*il pomeriggio prima/ precedente* (the afternoon before)
ieri sera (yesterday evening)	*la sera prima/precedente* (the evening before)
l'altroieri (the day before yesterday)	*il giorno prima/precedente* (the day before)
scorso/a, passato/a and *fa* (last/ago)	*prima/precedente* (preceding/before)

Gianni era stanco perché **il giorno prima** *era tornato tardi.*
Gianni was tired because **the day before** he had come home late.

Nel 2005 sono stato in Portogallo, **l'anno precedente** *in Svezia.*
In 2005, I went to Portugal; **the year before,** to Sweden.

Attenzione!

When speaking about the future in the past tense, *il giorno dopo* (the day after/the following day) replaces *domani* (tomorrow) and *dopodomani* (the day after tomorrow), *dopo* (later) replaces *tra/fra* (in), and *seguente/dopo* (following/after) replaces *prossimo/a* (next).

Present Tense Expression	Past Tense Expression of the Future
Domani *è martedì.*	*Il giorno* **seguente/dopo** *era martedì.*
Tomorrow is Tuesday.	**The following day/the day after** was Tuesday.
Si vedono **tra/fra** *due giorni.*	*Si sono visti due giorni* **dopo**.
They'll meet **in** two days.	They met two days **later**.
La settimana **prossima** *andiamo allo zoo.*	*La settimana* **seguente/ dopo** *sono andati allo zoo.*
Next week we'll go to the zoo.	**The following week/the week after** they went to the zoo.

Exercise 1

Translate the following sentences using the proper expressions.

1. Paolo went to the movies an hour ago.

_____

_____

2. Last week you gave me a beautiful present.

_____

_____

3. Little Nina was born yesterday in the afternoon.

_____

_____

Exercise 2

Rewrite the following sentences using past tense expressions.

1. Parto domani mattina.

_____

_____

2. La settimana prossima abbiamo un esame.

_____

_____

3. Il postino è passato un'ora fa.

_____

_____

4. Sabato scorso mi sono divertito molto.

_____

_____

5. Ieri faceva molto caldo.

_____

_____

Exercise 3

Answer the following personal questions using the proper expressions of time.

1. Quando sei stato a teatro l'ultima volta?

_____

_____

2. Quando hai comprato il tuo giubbotto?

_____

_____

3. Quando ti sei iscritto al corso di ...?

_____

_____

4. Quando hai deciso di studiare l'italiano?

_____

_____

5. Quando hai pensato che un corso di taglio e cucito sarebbe stato più semplice?

_____

_____

53

The auxiliary verbs *essere* and *avere* are used in compound tense constructions, such as the past tense. The choice of the auxiliary verb depends on whether the verb that it accompanies is transitive or intransitive.

The action of a transitive verb falls directly on an object. Transitive verbs answer the questions *who?* or *what?* No prepositions are placed between a transitive verb and its object.

> ***Bevono** il **caffè**.*
> They **drink coffee.**

The action of an intransitive verb does not fall directly on an object. Intransitive verbs don't directly answer the questions *who?* or *what?* and they do require a preposition. Intransitive verbs, such as *andare* (to go), *venire* (to come), and *arrivare* (to arrive), often imply movement.

> ***Tornano** a **casa**.*
> They **return home.**

In the compound tense, transitive verbs take the auxiliary verb *avere*.

> ***Ho chiamato** un taxi.*
> I **called** a cab.

Eccezione

Though *essere* (*to be*) is itself a transitive verb, its auxiliary verb is *essere*. The irregular past participle of *essere* is *stato*, which is also the regular past participle of the verb *stare* (to stay, to be physically).

> ***È stato** uno studente della Normale di Pisa.*
> He **was** a student at the Normale in Pisa.

In the compound tense, intransitive verbs take the auxiliary verb *essere*.

> ***Sei andato** al museo di scienze naturali.*
> You **went to** the museum of natural history.

Eccezione

A group of intransitive verbs take *avere* as an auxiliary.

ballare	to dance
camminare	to walk
dormire	to sleep
lavorare	to work
nuotare	to swim
passeggiare	to take a walk
sciare	to ski
viaggiare	to travel

*Il fine settimana scorso **ho lavorato** e **ho dormito**.*
Last weekend I **worked** and **slept.**

Eccezione

Correre (to run), *salire* (to climb), and *scendere* (to descend) can take either *essere* or *avere*, depending on what directly follows in the sentence. If a direct object follows these verbs, *avere* is used.

> ***Ho** corso **la Maratona** di New York (direct object).*
> I ran the New York **Marathon.**

> *Susanna **è** corsa **da** (preposition) te appena ha potuto.*
> Susanna ran **to** you as soon as she could.

Attenzione!

In compound tenses, reflexive verbs are always conjugated with *essere*.

When *essere* is used as an auxiliary verb, the past participle of the verb that follows agrees in gender and number with the subject. The past participle in these cases works as an adjective.

> ***Monica e Grazia** sono **arrivate** ieri sera.*
> **Monica and Grazie arrived** last night.

Exercise 1

Find the proper verb to describe the action illustrated below and say whether that verb is transitive or intransitive.

1. _____

2. _____

3. _____

Exercise 2

Translate the following verbs and give the corresponding auxiliary verbs.

1. to come

_____

2. to descend

_____

3. to cook

_____

4. to have

_____

5. to get up

_____

Exercise 3

Insert the correct auxiliary verbs into the sentences below.

1. Mario e Luigi _____ guardato la televisione

fino a tardi.

2. Tu e Davide _____ tornati dall'Olanda.

3. Io e Silvia non _____ mai viaggiato insieme.

4. Luca _____ arrivato presto.

5. Simonetta e Caterina _____ scese

dall'autobus.

54

The past participle is used in many compound tenses and normally follows the auxiliary verbs *essere* or *avere*.

The past participle is formed by adding -ato to the stem of -are verbs, -uto to the stem of -ere verbs, and -ito to the stem of -ire verbs.

Infinitive		Past Participle	
-are	*trovare* (to find)	**-ato**	*trovato* (found)
-ere	*credere* (to believe)	**-uto**	*creduto* (believed)
-ire	*dormire* (to sleep)	**-ito**	*dormito* (slept)

Attenzione!

Verbs ending in *–scere* take an *-i-* before the past participle ending.

conoscere (to meet)
*Ho **conosciuto** Giorgia.*
I **met** Giorgia.

The past participle can be used as an adjective when following the auxiliary verb *essere*. In these cases, the past participle agrees in gender and number with the subject and follows the four forms of a regular adjective, such as *nuovo*.

Daria è *interessata all'arte.*
Daria is interested in art.

The past participle can be used by itself to start a sentence. In these cases, the past participle agrees in gender and number with the noun it refers to.

Trovata la cura, *questa malattia sarà debellata.*
Having found the cure, we can defeat this illness.

Attenzione!

Dopo (after) + past participle is a very common past tense construction in Italian, simliar to *after* + *-ing* verb in English.

Dopo mangiato *possiamo fare una passeggiata.*
After eating, we can take a walk.

The past participle can be used after an infinitive, particularly when the infinitive is followed by a direct object pronoun.

avere + direct object pronoun *ti*
*Dopo **averti visto,** Lisa è andata subito a letto.*
After **seeing you,** Lisa went straight to bed.

Attenzione!

When the direct object pronouns *lo, la, li,* and *le* are attached to the end of an infinitive, the past participle agrees in gender and number with the pronoun.

*Ti ringrazio di **averli ospitati**.*
Thank you for **hosting them.**

Eccezione

The following Italian verbs do not have a past participle form:

competere	to be up to
concernere	to regard
discernere	to discern
distare	to be ... away
divergere	to diverge
esimere	to exempt
fendere	to split
incombere	to impend
prudere	to itch
(ri)splendere	to shine
stridere	to screech
urgere	to urge
vertere	to concern
vigere	to be in force

Exercise 1

Rewrite the sentences below using the past participle, as shown in the example.

Esempio: Bevi tutto il latte, poi puoi uscire.
                 <u>Bevuto tutto il latte, puoi uscire.</u>

1. Ascolta la canzone, poi canta con me.

_____

_____

2. Sento questi interventi, poi rispondo.

_____

_____

3. Trovo le lettere e me ne vado.

_____

_____

4. Considero i risultati e penso che tu non abbia studiato.

_____

_____

5. Mangiamo tutte le caramelle e ci viene mal di pancia.

_____

_____

Exercise 2

Choose the correct past participle form of the verbs provided to complete the sentences below.

vendere, andare, arrivare, preferire, avere, conoscere, vendere, salire

1. Ieri Franca ha _____ una giornata piena di

impegni.

2. Alle nove è _____ a fare la spesa al

mercato.

3. Dopo un'ora è _____ sull'autobus per il

centro; ha sempre _____ l'autobus alla

metro, non le   piace viaggiare sottoterra.

4. _____ in negozio, ha _____

uno stilista che ama molto il suo lavoro di creatrice di

gioielli, e gli ha _____ tutte le sue collane

di perline.

Exercise 3

Choose the correct option to complete each sentence.

1. ___ andiamo al parco.
   a. Dopo mangiando
   b. Dopo mangiato
   c. Dopo mangiare

2. ___ procederemo più in fretta.
   a. Trovata la soluzione,
   b. Trovato la soluzione,
   c. Trovare la soluzione,

3. ___ esco.
   a. Spediti le lettere,
   b. Spedito le lettere,
   c. Spedite le lettere,

4. ___ puoi passare alle buste paga.
   a. Fotocopiato i documenti,
   b. Fotocopiati i documenti,
   c. Fotocopiare i documenti,

55

Many verbs, particularly those ending in *-ere,* have irregular past participles. Some of the most common include:

Infinitive	Past Participle
accendere to turn on	*acceso* turned on
aprire to open	*aperto* open
bere to drink	*bevuto* drunk
chiedere to ask	*chiesto* asked
chiudere to close	*chiuso* closed
cogliere to pick, to grasp	*colto* picked up, grasped
cuocere to cook	*cotto* cooked
decidere to decide	*deciso* decided
dire to say	*detto* said
discutere to discuss	*discusso* discussed
dividere to divide	*diviso* divided
essere to be	*stato* been
fare to do, to make	*fatto* done, made
leggere to read	*letto* read
mettere to put	*messo* put
morire to die	*morto* dead
nascere to be born	*nato* born
offrire to offer	*offerto* offered
perdere to lose	*perso* lost
prendere to take	*preso* taken
rimanere to stay	*rimasto* stayed
rispondere to answer	*risposto* answered
rompere to break	*rotto* broken
scegliere to choose	*scelto* chosen
scendere to descend	*sceso* descended
scrivere to write	*scritto* written
soffrire to suffer	*sofferto* suffered
spendere to spend	*speso* spent
vedere to see	*visto* seen
venire to come	*venuto* come
vincere to win	*vinto* won

Parole Quotidiane

The verbs *perdere* (to lose) and *vedere* (to see) have both regular and irregular past participles. They are interchangeable; however, the irregular form is more common.

Attenzione!

The verb *scendere* (to go, to go down) can take both *essere* and *avere* as an auxiliary, depending on whether *scendere* is used as a transitive or intransitive.

Ho sceso le scale.
I **went down** the stairs.

Sono sceso alla fermata sbagliata.
I **got off** at the wrong stop.

Attenzione!

Past participles preceded by the auxiliary *essere* agree in gender and number with the subject.

*Siamo **nati** in ottobre.*
We **were born** in October.

Some irregular past participles follow a pattern. The past participle of verbs ending in *-mettere* all end in *-messo.*

rimettere (wear again)
*Perché ti sei **rimesso** quella giacca?*
Why did you **wear** that jacket again?

Exercise 1

Identify the past participle in each sentence below, and rewrite the sentence using the opposite past participle.

Esempio: Ho vinto 100 euro al casinò.
<u>Ho perso 100 euro al casinò.</u>

1. Marta ha chiuso la porta.

_____

_____

2. Voleva dirmi che ieri ha trovato un telegramma.

_____

_____

3. Il telegramma diceva che oggi è morta Lucia.

_____

_____

4. Marta dice che ha tolto le sue cose dall'armadio.

_____

_____

5. Le ho risposto ... (*complete*)

_____

_____

Exercise 2

Correct the mistakes in the sentences below.

1. Un mese fa ho leggo un libro interessantissimo.

_____

_____

2. L'avevo vedato nella vetrina di una libreria in centro.

_____

_____

3. È la storia di un uomo dividuto tra due amori.

_____

_____

4. Mi sono mettuta a leggere e non ho più smettuto.

_____

_____

5. Ho soffrito tantissimo …!

_____

_____

Exercise 3

***Cosa hai fatto ieri?* Explain how you spent your day by inserting the correct form of the past participle in parentheses into the sentences below.**

1. Ho _____ (scrivere) molti messaggi e-mail.

2. Ho _____ (decidere) cosa fare

quest'estate.

3. Sono _____ (scendere) a fare la spesa.

4. Ho _____ (prendere) un caffè con la mia

vicina di casa.

5. Sono _____ (rimanere) a cena fuori.

56

The present perfect is used to express an action that was completed in the past, particularly in the recent past.

The present perfect is a compound tense composed of the auxiliary verb *essere* or *avere* + the past participle. The present perfect is often accompanied by an expression indicating the time of the action, such as *ieri* (yesterday), *una settimana fa* (a week ago), or *l'anno scorso* (last year).

*Ieri **ho chiamato** Guglielmo.*
Yesterday **I called** Guglielmo.

Attenzione!

Most Italian verbs are transitive and take the auxiliary verb *avere* in the present perfect.

Attenzione!

The past participle of a verb that is conjugated with *essere* always agrees in gender and number with the subject.

*Ho notato che **sei arrivata** in ritardo.*
I noticed **you arrived** late.

Parole Quotidiane

Though the simple past is widely employed in narrative, it is increasingly rare in spoken Italian. In most of Italy (southern Italy excepted), the present perfect construction is used for both present perfect and simple past.

***Hanno guardato** la TV.*
They **have watched** TV./They **watched** TV.

Adverbs indicating time, such as *già* (already), *ancora* (yet), *mai* (never), and *sempre* (always), are usually placed between the auxiliary verb and the past participle. These adverbs can follow the compound verb for emphasis, but they are never placed before the compound verb.

—*Avete **già** visto la terrazza?*
—Have you **already** seen the terrace?

—*Sì, abbiamo visto **già** tutto.*
—Yes, we have **already** seen everything.

Parole Quotidiane

Adverbs of time occasionally start a sentence, but this is a colloquial use particularly prevalent in the south of Italy.

Attenzione!

In questions with the present perfect, *mai* means *ever*. In a negative sentence, it means *never*.

—*Hai **mai** visitato la Tailandia?*
—Have you **ever** visited Thailand?

—*No, non sono **mai** stato fuori dall'Europa.*
—No, I've **never** been outside Europe.

Exercise 1

Change the sentences below from the present to the present perfect tense.

1. Oggi arrivo a casa alle due.

   _____

   _____

2. Preparo un pranzo veloce e faccio un pisolino.

   _____

   _____

3. Quando mi alzo, chiamo Pietro e invito lui e sua moglie fuori a cena.

   _____

   _____

4. Prima di cena, passeggio un po' per il centro e compro qualcosa.

   _____

   _____

5. Poi mi metto la giacca più elegante che ho ed esco con i miei amici.

   _____

   _____

Exercise 2

Translate the following passage using the present perfect construction where appropriate.

Last week I read a very interesting article about romantic relationships, and I learned that in order to be happy, you have to keep a certain distance from your partner. I immediately called my boyfriend/girlfriend because I found this topic quite interesting, but he/she told me: "If you want to keep a distance, let me help: This morning I moved out." I threw the article away.

_____

_____

_____

_____

_____

_____

_____

_____

Exercise 3

The paragraph below describes a family visit to the zoo. Complete the following sentences, choosing the appropriate auxiliary verb to form the present perfect construction.

(**1.**) Domenica scorsa i miei figli e io _____ andati

allo zoo. (**2.**) _____ visto tantissimi animali e ci

_____ divertiti molto. (**3.**) Paolo, il mio bambino, si

_____ avvicinato alla gabbia dei leoni tutto curioso,

ma quando il leone _____ uscito all'improvviso,

_____ corso verso di me spaventato e

_____ cominciato a piangere. (**4.**) Allora gli

_____ comprato un bel gelato e tutto

_____ tornato a posto. (**5.**) Martina, invece, non

_____ avuto paura nemmeno quando una scimmia

più grande di lei _____ posato una zampa sulla sua

spalla. (**6.**) _____ riso e _____ messo la

manina sulla spalla della scimmia. (**7.**) Mia moglie

_____ fatto immediatamente una foto che vogliamo

appendere nella sua cameretta. (**8.**) I genitori degli altri

bambini _____ guardato la mia piccola Martina

con sorpresa e io mi _____ sentito un re!

Exercise 4

Cos'hai fatto la scorsa estate? Using the present perfect, write a paragraph describing what you did last summer.

_____

_____

_____

_____

_____

_____

_____

_____

_____

_____

_____

57

The pluperfect is used to discuss an action that took place before another event in the past.

The pluperfect is a compound tense formed with the imperfect form of *avere* or *essere* + the past participle of a verb.

	Singular	**Plural**
parlare (to talk)	*io avevo parlato* I had talked	*noi avevamo parlato* we had talked
	tu avevi parlato you had talked	*voi avevate parlato* you had talked
	lui/lei aveva parlato he/she/it/you f. had talked	*loro avevano parlato* they had talked
crescere (to grow)	*io ero cresciuto/a* I had grown	*noi eravamo cresciuti/e* we had grown
	tu eri cresciuto/a you had grown	*voi eravate cresciuti/e* you had grown
	lui/lei era cresciuto/a he/she/it/you f. had grown	*loro erano cresciuti/e* they had grown
finire (to finish)	*io avevo finito* I had finished	*noi avevamo finito* we had finished
	tu avevi finito you had finished	*voi avevate finito* you had finished
	lui/lei aveva finito he/she/it/you f. had finished	*loro avevano finito* they had finished

The auxiliary verb *avere* is used with transitive verbs, and *essere* is used with intransitive verbs. As in the present perfect, in sentences using *essere,* the past participle agrees in gender and number with the subject.

*Volevo uscire perché **avevo studiato** abbastanza.*
I wanted to go out because I **had studied** enough.

***Eravamo andati** al cinema quando sei passato.*
We **had gone** to the movies when you came by.

Attenzione!

Events that have occurred in the recent past can be expressed by either the present perfect or the imperfect form.

*Non **voleva/è voluto** venire con noi.*
He **didn't want** to go with us.

*Non **era voluto** venire con noi.*
He **didn't want** to go with us. (Literally: He **hadn't wanted** to go with us).

Exercise 1

Gina's birthday didn't turn out as she would have liked. Complete the paragraph below with the correct pluperfect form of the verb in parenthesis.

(**1.**) Al suo ultimo compleanno Gina era molto triste:

_____ (invitare) i suoi amici a cena e all'ultimo

minuto non è andato nessuno perché tutti hanno avuto dei

problemi. (**2.**) Giovanni, due ore prima, _____

(incontrare) un amico del liceo che l'ha invitato fuori a bere,

Anna ha finito una traduzione che _____

(dimenticare), Claudia ha annullato perché il suo fidanzato

non _____ (riuscire) a rientrare in tempo e io non

_____ (ricevere) la sua e-mail e non ne sapevo

niente. Povera Gina, che brutto compleanno!

Exercise 2

You are talking to a friend. Use *già* (already) and the pluperfect tense to ask him if he had already done the following things by seven this morning.

Esempio: alzarsi
           Stamattina alle sette ti eri già alzato/a?

1. vestirsi

_____

_____

2. fare colazione

_____

_____

3. andare al bar

_____

_____

4. leggere il giornale

_____

_____

5. telefonare a tua madre

_____

_____

Exercise 3

What had you already done or hadn't done when these things happened?

Esempio: Quando è morto Elvis Presley ...
           ero già nata/non ero ancora nata.

1. Quando è nato Francesco Totti (1976) ...

_____

_____

2. Quando l'Italia ha vinto i Mondiali di calcio (2006) ...

_____

_____

3. Quando il regista Gabriele Muccino ha girato *L'ultimo bacio* (2001) ...

_____

_____

4. Quando ho preso la patente ...

_____

_____

5. Quando mi sono innamorato/a ...

_____

_____

58

The preterite, also called the historical past, is a past tense that describes actions occuring in a past that is perceived as far ago or unrelated to the present.

The preterite tense is formed by adding the preterite ending to the infinitive stem of the verb.

	Singular	Plural
passare (to pass)	io pass**ai** I passed	noi pass**ammo** we passed
	tu pass**asti** you passed	voi pass**aste** you passed
	lui/lei pass**ò** he/she/it/you f. passed	loro pass**arono** they passed
ricevere (to receive)	io ricev**ei (-etti)** I received	noi ricev**emmo** we received
	tu ricev**esti** you received	voi ricev**este** you received
	lui/lei ricev**è (-ette)** he/she/it/you f. received	loro ricev**erono (-ettero)** they received
finire (to finish)	io fin**ii** I finished	noi fin**immo** we finished
	tu fin**isti** you finished	voi fin**iste** you finished
	lui/lei fin**ì** he/she/it/you f. finished	loro fin**irono** they finished

Attenzione!

Regular -ere verbs have two forms in the first and third person singular and the third person plural. These forms are interchangeable.

Credè di aver frainteso. = **Credette** di aver frainteso.
He **believed** he had misunderstood.

Parole Quotidiane

The preterite is not very common in northern Italy, where its use is limited to the field of literature. On the other hand, the preterite is widely used in the South, in speech as well as in writing.

The imperfect is used with the preterite to express a condition or a habitual or ongoing action in the past at the same time that another event occured. However, the present perfect is preferred to the preterite.

Entrasti (preterite)/**Sei entrato** (present perfect) mentre facevo gli gnocchi.
You came in while I was making gnocchi.

Exercise 1

Change the following sentences from the present or present perfect tense to the preterite tense.

1. Non credi mai a quello che ti racconto.

_____

_____

2. Insisti solo a dire che non ti interessa mai sapere niente di quella storia.

_____

_____

3. E poi finisci ogni nostra conversazione scrollando le spalle.

_____

_____

4. Ma io mi sono stancata e parto domani.

_____

_____

5. Non credi alle tue orecchie, ma finisce così.

_____

_____

3. _____

_____

Exercise 2

What did grandfather (_nonno_) Guglielmo do when he was young? Use the preterite to describe the actions pictured below.

1. _____

_____

2. _____

_____

Exercise 3

Create a short story in the preterite tense using the elements provided.

1. una vecchia casa di campagna
2. un telegramma
3. l'inverno

_____

_____

_____

_____

_____

_____

_____

_____

_____

_____

_____

_____

59

Most verbs that are irregular in the preterite are *-ere* verbs. These irregular preterite verbs are divided into two groups: those whose accent falls on the *-ere* ending (such as *avere*) and those whose accent falls on the stem (such as *leggere*). Most of these irregularities appear only in the first and third person singular and in the third person plural.

For verbs whose accent falls on the *-ere* ending, the final consonant of the regular or irregular stem is doubled before adding the endings of the conjugation.

	Singular	Plural
avere (to have)	io e**bbi** I had	noi av**emmo** we had
	tu av**esti** you had	voi av**este** you had
	lui/lei e**bbe** he/she/it/you f. had	loro e**bbero** they had

Other verbs conjugated like *avere* in the preterite tense include:

Infinitive		Preterite
bere (to drink)	→	be**vv**i
cadere (to fall)	→	ca**dd**i
piacere (to like)	→	pia**cqu**i
sapere (to know)	→	se**pp**i
venire (to come)	→	ve**nn**i
volere (to want)	→	vo**ll**i
conoscere (to know)	→	cono**bb**i
nascere (to be born)	→	na**cqu**i

For verbs whose accent falls on the stem, the stem changes to *-s, -ss, -ns,* or *-rs*.

	Singular	Plural
leggere (to read)	io le**ssi** I read	noi legg**emmo** we read
	tu legg**esti** you read	voi legg**este** you read
	lui/lei le**sse** he/she/it/you f. read	loro le**ssero** they read

*Quando **ebbi** finito di scrivere la lettera, la **lessi** con attenzione prima di spedirla.*
When I finished **writing** the letter, I **read** it with great attention before mailing it.

Other verbs conjugated like *leggere* in the preterite include:

Infinitive		Preterite
chiedere (to ask)	→	chie**s**i
correggere (to correct)	→	corre**ss**i
decidere (to decide)	→	deci**s**i
dipingere (to paint)	→	dipi**ns**i
discutere (to discuss)	→	discu**ss**i
perdere (to lose)	→	per**s**i
piangere (to cry)	→	pia**ns**i
prendere (to take)	→	pre**s**i
rispondere (to answer)	→	rispo**s**i
scrivere (to write)	→	scri**ss**i
sorridere (to smile)	→	sorri**s**i
vincere (to win)	→	vi**ns**i

The preterite forms of *essere* (to be), *dare* (to give), *dire* (to say), *fare* (to do, to make), and *stare* (to stay) are irregular in all persons.

	Singular	Plural
essere (to be)	io **fui** I was	noi **fummo** we were
	tu **fosti** you were	voi **foste** you were
	lui/lei **fu** he/she/it/you f. was	loro **furono** they were
dare (to give)	io **diedi** I gave	noi **demmo** we gave
	tu **desti** you gave	voi **deste** you gave
	lui/lei **diede** he/she/it/you f. gave	loro **diedero** they gave
dire (to say)	io **dissi** I said	noi **dicemmo** we said
	tu **dicesti** you said	voi **diceste** you said
	lui/lei **disse** he/she/it/you f. said	loro **dissero** they said
fare (to do)	io **feci** I did	noi **facemmo** we did
	tu **facesti** you did	voi **faceste** you did
	lui/lei **fece** he/she/it/you f. did	loro **fecero** they did

	Singular	Plural
	io **dissi** I said	*noi* **dicemmo** we said
stare (to say)	*tu* **dicesti** you said	*voi* **diceste** you said
	lui/lei **disse** he/she/it/you f. said	*loro* **dissero** they said

Exercise 1

Beloved contemporary writer Alessandro Baricco started his writing career as a journalist. Read the following excerpt from his novel *Questa Storia,* published in 2005, and give the English translation of the preterite verbs.

(**1.**) Raccontò _____ che c'erano due strade,

per tornare a casa, ma solo in una si sentiva il profumo di

more, sempre, anche d'inverno. (**2.**) Disse _____

che era la più lunga. E che suo padre prendeva sempre

quella, anche quando era stanco, anche quand'era vinto.

(**3.**) Spiegò _____ che nessuno deve credere

di essere solo, perché in ciascuno vive il sangue di coloro

che l'hanno generato, ed è una cosa che va indietro fino

alla notte dei tempi.

Exercise 2

Write a poem to your beloved, celebrating the magic of your first encounter. Use the preterite to enchant your sweetheart.

_____

_____

_____

_____

_____

_____

Exercise 3

Complete the crossword puzzle below with the correct preterite conjugation of the verbs given.

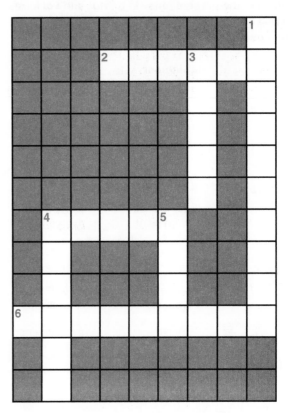

Across
2. We stayed.
4. You (plural) were.
6. You (singular) decided.

Down
1. You (singular) smiled.
3. I died.
4. They did.
5. He had.

60

The imperative form is used in persuasive speech and to give orders and advice.

The affirmative informal imperative forms of verbs are identical to the present tense in *tu, noi,* and *voi* forms with one exception: In the *tu* form of *-are* verbs, the *-i* ending becomes *-a*.

	Singular	Plural
guard**are** (to look)		*(noi) guard**iamo**!* (we) look!
	*(tu) guard**a**!* (you) look!	*(voi) guard**ate**!* (you) look!
prend**ere** (to take)		*(noi) prend**iamo**!* (we) take!
	*(tu) prend**i**!* (you) take!	*(voi) prend**ete**!* (you) take!
dorm**ire** (to sleep)		*(noi) dorm**iamo**!* (we) sleep!
	*(tu) dorm**i**!* (you) sleep!	*(voi) dorm**ite**!* (you) sleep!
fin**ire** (to finish)		*(noi) fin**iamo**!* (we) finish!
	*(tu) fin**isci**!* (you) finish!	*(voi) fin**ite**!* (you) finish!

Attenzione!

The imperative form of *noi* corresponds to the English *let's*.

Mangiamo!
Let's eat!

Parole Quotidiane

For generic orders, such as those expressed in signs, advertisements, recipes, and instructions, the infinitive of the verb is used instead of the imperative.

Mescolare *la farina all'olio e* **aggiungere** *un po' d'acqua.*
Mix flour and oil, and **add** a little bit of water.

Attenzione!

The imperative is used only in the present tense. When giving orders, advice, or exhortations in the future, use the future tense.

Venite *a trovarmi!*
Come see me!

Verrete *a trovarmi!*
You **will come** see me!

Eccezione

Many verbs, such as *potere* (to be able), *preferire* (to prefer), and *volere* (to want) don't have an imperative form due to their meaning.

The negative imperative for *tu* is formed with *Non* + infinitive of the verb. The negative *noi* and *voi* imperatives are formed with *Non* + affirmative imperative.

Non piangere, *Paolo.*
(You) Don't cry, Paolo.

Voi, bambini **non prendete** *il suo succo.*
You, kids, **don't take** his juice.

Reflexive verbs and direct or indirect object pronouns are attached to the end of the imperative.

Svegliati *e* **parlami.**
Wake up and **talk to me**.

In negative *tu* commands, pronouns can either precede or follow the infinitive. When attached to the end, the infinitive drops the final *-e* before adding the pronoun.

Non **ti** *alzare. = Non alzar**ti.***
Don't get up.

Parole Quotidiane

Several indirect forms are used to ask for something politely: *per favore* (please), *vorrei* (I would like), *ti dispiace ...* (do you mind ...), *potresti ...* (could you ...), *chiedere* (to ask), *consigliare* (to advise), *suggerire* (to suggest), *volere* (to want), *invitare* (to invite), *pregare* (to ask/pray/beg), *proibire* (to prohibit), *vietare* (to forbid), and *potere* (to be able to).

Per favore, *fammi andare.*
Please, let me go.

In colloquial Italian, these requests are often preceded by *Non*.

Non *vuoi riscriverlo?*
Don't you want to write it again?

Exercise 1

Translate the following phrases into the informal Italian imperative.

1. Look! _____

2. Speak to him! _____

3. Wake up! _____

4. Don't sleep! _____

5. Don't sell the car! _____

6. Buy it! _____

7. Don't go out, Maria! _____

Exercise 2

Change the polite requests below to blunt orders using the imperative.

1. Ti dispiace comprare il latte?

_____

2. Vi consiglio di non dormire.

_____

3. Non vogliamo uscire?

_____

4. Ti invito a non smettere di provarci.

_____

5. Vi chiedo di venire.

_____

Exercise 3

You are managing a community meeting that is a bit undisciplined. Write complete sentences using the infinitive form of the verbs below to give specific directions to each member.

pulire, chiamare, prendere, spedire, organizzare

1. Sonia, _____

_____ !

2. Alberto, _____

_____ !

3. Monica e Lucio, _____

_____ !

4. Gilda, _____

_____ !

5. Sandro, _____

_____ !

61

The verbs *avere* and *essere* have irregular informal imperatives in the *tu* and *noi* forms.

avere (to have)	essere (to be)
abbi (you) have	*si* (you) are
abbiamo (we) have	*siamo* (we) are
abbiate (you, plural) have	*siate* (you, plural) are

The verbs *andare* (to go), *dare* (to give), *fare* (to do, to make), and *stare* (to stay) have both regular and irregular *tu* imperatives. These forms are interchangeable.

andare	dare	fare	stare
va'! (you) go	*da'*! (you) give	*sta'*! (you) do/make	*fa'*! (you) stay
vai! (you) go	*dai*! (you) give	*stai*! (you) do/make	*fai*! (you) stay

Eccezione

The verb *dire* (to say/tell) is only irregular in the *tu* form (*di'*).

Parole Quotidiane

In spoken Italian, the irregular imperatives of *andare*, *dare*, *fare*, and *stare* are often preferred to the regular forms.

When a pronoun is attached to the irregular *tu* imperative forms of *andare*, *dare*, *dire*, *fare*, and *stare*, the apostrophe is dropped and the first consonant of the pronoun doubles.

Dimmi la verità.
Tell me the truth.

Eccezione

The first consonant of the indirect object pronoun *gli* does not double after the imperative.

Dagli un biscotto!
Give him a cookie!

Eccezione

The negative informal imperatives of *andare*, *dare*, *fare*, and *stare* conjugate the same as regular imperatives.

Exercise 1

Complete the following famous Italian proverbs with the imperative forms of the verbs in parentheses. Then give the equivalent proverb in English.

1. _____ (dare) a Cesare quel che è di Cesare.

   _____

2. Fra i due mali _____ (scegliere) il minore.

   _____

3. A caval donato non _____ (guardare) in bocca.

   _____

4. Non _____ (svegliare) il cane che dorme.

   _____

5. Non _____ (fare) il male ch'è peccato; non

   _____ (fare) il bene ch'è sprecato.

   _____

6. _____ (vivere) e lascia vivere.

   _____

Exercise 2

Use the informal imperative form to translate the following expressions.

1. Come on!

   _____!

2. Be patient!

   _____!

3. Keep the faith!

   _____!

4. Give me a break!

   _____!

Exercise 3

Your friend lost a bet, and as a result, he has to do whatever you want. Use the forms of the irregular imperatives *dare*, *fare*, *dire*, and *andare* to give him your instructions.

1. _____

   _____!

2. _____

   _____!

3. _____

   _____!

4. _____

   _____!

Exercise 4

Pamela and Concetta are in love with two guys who don't seem to return their interest. Give them some good advice in a paragraph that uses the irregular imperatives.

_____

_____

_____

_____

_____

_____

_____

_____

_____

_____

_____

62

The formal (*lei, loro*) imperative is formed by dropping the final -*o* from the present tense first person singular (*io*) form and adding the imperative ending.

	lavorare (to work)	perdere (to lose)	sentire (to hear, to feel)	ubbidire (to obey)
Singular (lie)	lavor**i**	perd**a**	sent**a**	ubbidisc**a**
Plural (loro)	lavor**ino**	perd**ano**	sent**ano**	ubbidisc**ano**

*Signorina Rota, **lavori** fino alle sette, poi **torni** a casa.*
Miss Rota, **work** until seven, then **return** home.

Attenzione!

Verbs with an irregular *io* stem, such as *dire* (to say), *venire* (to come), *bere* (to drink), *andare* (to go), and *fare* (to do, to make), retain that irregular stem in the formal imperative.

***Dica** quello che pensa e poi **esca** da questa casa.*
Say what you think and then leave this house.

The negative imperative is formed by adding *non* to the formal imperative.

***Non perda** tempo!*
Don't waste time!

Parole Quotidiane

The *loro* form of the imperative is rarely used in spoken Italian. The informal imperative *voi* form is used instead. The *loro* form of the informal imperative is used when giving an order or exhortation to a third party.

—*Quando possono chiamare i suoi pazienti?*
—When can your patients call?

—***Chiamino** dopo l'ultima visita.*
—**(They) call** after the last visit.

The verbs *avere* (to have), *essere* (to be), *sapere* (to know), *dare* (to give), and *stare* (to stay) are irregular in the formal imperative.

	avere (to have)	essere (to be)	sapere (to know)	dare (to give)	stare (to stay)
Singular (lei)	abbia	sia	sappia	dia	stia
Plural (loro)	abbiano	siano	sappiano	diano	stiano

Pronouns always precede the verb in the formal imperative form.

Mi dica.
Tell me.

***Non si preoccupi,** signora.*
Don't worry, madam.

Exercise 1

Change these verbs from the informal to the formal imperative.

1. Stai bene! → _____

_____

2. Sappi che non aspetto più. → _____

_____

3. Vieni con noi! → _____

_____

4. Va' via! → _____

_____

5. Roberto, non perdere la partita! → _____

_____

Exercise 2

Contessa Finetta is visiting a friend of yours, and she has asked to be introduced to the best guide in town: you. Give her advice on where to go and what to do during her brief stay. Remember: She won't accept an informal approach, and she loves opulence!

_____

_____

_____

_____

_____

_____

_____

_____

_____

_____

_____

_____

_____

_____

_____

_____

_____

_____

Exercise 3

Your assistant is conveying some requests from two of your most important and undecided clients. Give instructions first to your assistant, and then directly to your clients, as shown in the example.

Esempio: Segretaria: —I clienti chiedono a che ora possono venire in ufficio.
Tu (venire alle tre): —<u>Vengano alle tre.</u>
<u>Signori, venite alle tre.</u>

1. Segretaria: —Architetto, i clienti desiderano telefonarle prima di partire.
Tu (chiamare domattina): —_____

   _____

   _____.

2. Segretaria: —Architetto, i clienti hanno qualche domanda sul contratto.
Tu (chiedere pure): —_____

   _____

   _____.

3. Segretaria: —Architetto, i clienti desiderano qualche altra spiegazione.
Tu (leggere il contratto, prima): —_____

   _____

   _____.

4. Segretaria: —Architetto, i clienti non sanno cosa dire.
Tu (stare zitti): —_____

   _____

   _____.

5. Segretaria: —Architetto, i clienti non sono d'accordo.
Tu (scegliere un altro architetto): —_____

   _____

   _____.

63

Modal verbs are used to make requests or ask permission. The modal verbs *potere*, *volere*, and *dovere* are usually followed by an infinitive. These verbs take on different meanings in different tenses, depending on the context.

In the present indicative tense, *potere* means *to be able to* and can translate as *may* or *can*.

> ***Posso** venire con te?*
> **May** I go with you?

In the present perfect tense, *potere* means *to be able to* or *to succeed.*

> *Non **ho potuto chiamarti.***
> I **would not be able** call you.

In the present and past conditional tenses, *potere* can be translated as *could*, *would be able to*, *could have*, or *could have been able to.*

> ***Potrei** uscire prima.*
> I **could** leave earlier.

In the present indicative, *volere* means *to want*.

> ***Voglio** parlare con te.*
> I **want** to talk to you.

In the present perfect, *volere* expresses decisions.

> *Marco non **ha voluto** venire.*
> Marco didn't **want** to come.

In the conditional, *volere* means *would like to*.

> ***Vorrei** un bicchiere di prosecco.*
> I **would like** a glass of prosecco.

In the present indicative, *dovere* translate as *must* and *owe*.

> ***Devo** andare!*
> I **must** go!

> *Ti **devo** trenta euro.*
> I **owe** you thirty euros.

In the conditional tense, *dovere* means *should* or *ought to*.

> ***Dovrei** finire questo prima di andare a casa.*
> I **should** finish this before going home.

Attenzione!

To soften the impact of a statement or request, the present conditional of modal verbs is often used instead of the present tense.

> ***Vorresti** (present conditional) partecipare a questo concorso?*
> **Would you like to** participate in this competition?

> *Ma certo! **Voglio** (present) partecipare!*
> But of course! **I want** to participate!

Potere, volere, and dovere have irregular forms in the present tense.

		Singular	Plural
potere (to be able to)		*io **posso*** I can	*noi **possiamo*** we can
		*tu **puoi*** you can	*voi **potete*** you can
		*lui/lei **può*** he/she/it/you f. can	*loro **possono*** they can
volere (to want)		*io **voglio*** I want	*noi **vogliamo*** we want
		*tu **vuoi*** you want	*voi **volete*** you want
		*lui/lei **vuole*** he/she/it/you f. want	*loro **vogliono*** they want
dovere (to have to)		*io **devo*** I must	*noi **dobbiamo*** we must
		*tu **devi*** you must	*voi **dovete*** you must
		*lui/lei **deve*** he/she/it/you f. must	*loro **devono*** they must

When used in the present perfect tense, modal verbs take the auxiliary *avere* or *essere*, depending on the infinitive verb that follows. The past participles of *potere*, *volere*, and *dovere* are regular.

> ***Hanno** voluto **leggere** (transitive) il mio libro.*
> They wanted **to read** my book.

> ***Sono** poluti **venire** (intransitive).*
> They could **come.**

Eccezione

If the modal is not followed by an infinitive in the present perfect tense, *avere* is used as the auxiliary.

Sono potuti **venire**?
Could they **come**?

Non **hanno** voluto.
They didn't want to.

Parole Quotidiane

The use of the auxiliary *avere* in the present perfect tense of the modal verbs is increasing, both in daily speech and grammatically, regardless of the verb that follows.

Non **avete potuto** venire.
You couldn't come.

Exercise 1

Translate the famous Italian proverbs below by recognizing the correct use of the modal verb.

1. Volere è potere. → _____

2. Volere o volare! → _____

3. Quello che ci vuole. → _____

4. Volerne a qualcuno. → _____

5. Non poterne più. → _____

Exercise 2

Complete the following sentences by inserting the present tense of the appropriate modal verb.

1. Oggi Samanta _____ andare al centro

commerciale e fare acquisti.

2. Non _____ spendere molti soldi.

3. Però _____ comprare un regalo per il

compleanno di suo fratello e di sua madre.

Exercise 3

What can you do, must you do, and want to do during the week? Complete the chart below with your weekly activities described by the modal verbs.

	Devo ...	Posso ...	Voglio ...
Lunedì			
Martedì			
Mercoledì			
Giovedì			
Venerdì			
Sabato			
Domenica			

64

The imperfect tense is generally used to describe an action that started in the past and is not finished, or whose duration is not clear.

The imperfect tense is formed by dropping the *-re* of the infinitive and adding the imperfect endings.

	Singular	Plural
lavor**are** (to work)	io lavor**avo** I worked	noi lavor**avamo** we worked
	tu lavor**avi** you worked	voi lavor**avate** you worked
	lui/lei lavor**ava** he/she/it/you (formal) worked	loro lavor**avano** they worked
scriv**ere** (to write)	io scriv**evo** I wrote	noi scriv**evamo** we wrote
	tu scriv**evi** you wrote	voi scriv**evate** you wrote
	lui/lei scriv**eva** he/she/it/you (formal) wrote	loro scriv**evano** they wrote
dorm**ire** (to sleep)	io dorm**ivo** I slept	noi dorm**ivamo** we slept
	tu dorm**ivi** you slept	voi dorm**ivate** you slept
	lui/lei dorm**iva** he/she/it/you (formal) slept	loro dorm**ivano** they slept

Mangiavano molto.
They **ate/used to eat** a lot.

Mi **portavano** del buon cioccolato da Torino.
They **brought/used to bring** me good chocolate from Turin.

The verbs *essere* (to be), *bere* (to drink), *dire* (to say), and *fare* (to do, to make) are irregular in the imperfect.

	Singular	Plural
essere (to be)	io **ero** I was	noi **eravamo** we were
	tu **eri** you were	voi **eravate** you were
	lui/lei **era** he/she/it/you (formal) was	loro **erano** they were

	Singular	Plural
bere (to drink)	io **bevevo** I drank	noi **bevevamo** we drank
	tu **bevevi** you drank	voi **bevevate** you drank
	lui/lei **beveva** he/she/it/you (formal) drank	loro **bevevano** they drank
dire (to say)	io **dicevo** I said	noi **dicevamo** we said
	tu **dicevi** you said	voi **dicevate** you said
	lui/lei **diceva** he/she/it/you (formal) said	loro **dicevano** they said
fare (to do)	io **facevo** I did	noi **facevamo** we did
	tu **facevi** you did	voi **facevate** you did
	lui/lei **faceva** he/she/it/you (formal) did	loro **facevano** they did

The imperfect also expresses habitual and repetitive actions, or actions that were continuous over a certain period of time in the past.

Ogni domenica **dormiva** fino a tardi.
Every Sunday he **overslept/used to oversleep.**

The imperfect tense is also used to describe qualities (physical, mental, or emotional states) of people and things in the past.

C'**era** una volta un principe che **era** sempre stanco.
Once upon a time, there **was** a prince who **was** always tired.

The imperfect tense is used to describe weather, time, and age in the past.

Quando **avevo** sette anni, **giocavo** nel cortile di casa mia.
When I **was** seven, I **used to play** in the courtyard of my house.

The imperfect is often used to describe past actions that were in progress when something else happened or while something else was happening.

*Sei entrato mentre **dormivo**.*
You came in while **I was sleeping**.

> ## Attenzione!
> Time expressions such as *di solito, sempre, mai, ogni, il lunedì (il martedì, etc.)* are frequently used with the imperfect tense to indicate repetition or habit.
>
> ***Ogni domenica andavo** a pranzo dai miei suoceri.*
> **Every Sunday** I **used to have** lunch at my in-laws' house.

Exercise 1

Change the sentences below from the present tense to the imperfect tense.

1. Oggi mi sveglio alle nove e vado in ufficio.

   Quando abitavo a Roma, _____

   _____

   _____ .

2. Passo in edicola a prendere il giornale e mi fermo al bar per un cappuccino.

   _____

   _____ .

3. Quando arrivo, c'è sempre molto lavoro che mi aspetta.

   _____

   _____ .

4. Prima di cominciare, faccio un paio di telefonate e saluto i miei colleghi.

   _____

   _____ .

Exercise 2

Complete the following passage describing Silvia. Insert the the correct imperfect form of *avere* or *essere*.

(**1.**) Quando _____ tre anni, Silvia _____ una bambina bella e simpatica. (**2.**) _____ bruna e _____ gli occhi blu. (**3.**) A dodici anni Silvia _____ i capelli neri e non _____ più tanto allegra: _____ sempre innamorata e triste perché i suoi amori non _____ ricambiati.

(**4.**) Silvia _____ molti problemi con i ragazzi della sua età, _____ un'adolescente come molti altri. (**5.**) A vent'anni Silvia _____ i capelli rasati e _____ moltissimi amici che le volevano bene.

(**6.**) Non _____ più sola e _____ sempre contenta delle cose che _____ .

Exercise 3

Translate the following sentences using the imperfect tense.

1. Yesterday the weather was really cold.

   _____

   _____ .

2. When I was younger, I didn't like it.

   _____

   _____ .

3. Every winter my family went to the country.

   _____

   _____ .

65

Imperfect and present perfect are both used to describe past actions. Each tense expresses a different kind of action, and the two are not interchangeable.

The imperfect describes habitual, recurring, or ongoing actions in the past. The present perfect is used to express specific events that have a definite conclusion. The imperfect describes what used to happen; the present tense describes what has happened.

Imperfect:	*Giocavamo spesso a tennis.* **We used to play** tennis often.
Present Perfect:	*Ieri ho giocato a tennis per due ore.* Yesterday I **played** tennis for two hours.

The imperfect also describes physical or mental conditions, such as appearance, age, feelings, attitudes, beliefs, time, and weather.

Sognavo di diventare un attore famoso.
I **dreamed** of becoming a famous actor.

The present perfect is used to indicate a change in a state of being.

Avevo paura del buio.
I **was afraid** of darkness.

Ho avuto paura per il blackout.
I **got scared** because of the blackout.

When both tenses appear in a sentence, the imperfect describes an action that was in progress when another action, described in the present perfect, took place.

Lavoravi (imperfect) *quando ti ho chiamato* (present perfect)?
Were you working when **I called**?

Attenzione!

A past tense sentence containing two verbs does not necessarily include one verb in the imperfect and the other in the present perfect. Either the imperfect tense or present perfect tense can be used for both verbs.

Leggevo (imperfect) *il giornale mentre dormivi* (imperfect).
I **was reading** the newspaper while you **were sleeping.**

Ho risposto (present perfect) *al telefono e ho chiacchierato* (present perfect) *con te.*
I **answered** the phone and **chatted** with you.

Attenzione!

In most cases, a subordinate phrase beginning with *quando* (when) will contain a verb in the present perfect. A subordinate phrase beginning with *mentre* (while) will contain a verb in the imperfect.

*Cucinavo **quando** sei arrivato.*
I was cooking **when** you arrived.

*Cucinavo **mentre** eri in viaggio.*
I was cooking **while** you were traveling.

Attenzione!

Expressions of time indicating repetition or habit, such as *sempre* (always), *spesso* (often), *ogni volta* (every time), and *mai* (never), generally include a verb in the imperfect.

*Da giovane, mio padre **andava** a ballare **ogni sabato.***
As a young man, my father **went** dancing **every Saturday.**

Expressions indicating specific moments in time, such as *ieri* (yesterday), *stamattina* (this morning), and *due ore fa* (two hours ago), generally include a verb in the present perfect.

*Ieri pomeriggio ti **ho visto** allo stadio.*
Yesterday afternoon I saw you at the stadium.

Exercise 1

Change the sentences below from the present perfect to the imperfect. Include expressions of time to indicate habit or repetition.

1. Stamattina non ho fatto colazione.

_____

_____ .

2. L'estate scorsa siamo andati al mare.

_____

_____ .

3. Quando ho compiuto vent'anni, ho fatto un viaggio in Africa.

_____

_____ .

Exercise 2

Combine the actions below in sentences that include the imperfect and present perfect tenses.

Esempio: dormire/telefonare
Dormivo quando mia madre ha telefonato.

1. suonare il piano/chiamare la polizia

_____

_____

2. essere innamorato/dire addio

_____

_____

3. 25 anni/laurearsi

_____

_____

Exercise 3

Giuliano didn't have the best time in Milan. Complete the following paragraph using the correct tense (imperfect or present perfect) of the verbs in parentheses.

(**1.**) Quando_____ (abitare) a Milano, Giuliano

_____ (essere) sempre depresso.

(**2.**)_____ (fare) sempre freddo,_____

(piovere) in continuazione e lui non_____

(sapere) mai come passare il tempo. (**3.**) Un giorno

_____ (incontrare) un ragazzo sardo che,

come lui,_____ (studiare) per due anni alla

Bocconi. (**4.**)_____ (fare) subito amicizia e

_____ (cominciare) a vedersi ogni giorno.

(**5.**)_____ (andare) a mangiare fuori,

_____ (trascorrere) pomeriggi interi in

biblioteca,_____ (frequentare) lo stesso

gruppo di amici. (**6.**)_____ (diventare) così

amici che_____ (continuare) a vedersi

anche dopo che_____ (lasciare) Milano e

_____ (tornare) ognuno a casa sua.

Exercise 4

Do you remember the best day of your life? How old were you? Where were you? Whom were you with and what happened? Use the imperfect and the present tense to write a paragraph.

_____

_____

_____

_____

_____

_____

_____

_____

_____

_____

_____

66

In Italian, the future tense is expressed by only one word, which translates as *will* + verb and *to be going to* + verb.

The future tense is formed by dropping the -e from the end of the infinitive and adding the corresponding endings. In -are verbs, the a of the infinitive ending changes to -e before taking the future tense ending.

	Singular	Plural
compr*are* (to buy)	*io* compr**erò** I will buy	*noi* compr**eremo** we will buy
	tu compr**erai** you will buy	*voi* compr**erete** you will buy
	lui/lei compr**erà** he/she/it/you (formal) will buy	*loro* compr**eranno** they will buy
perd*ere* (to lose)	*io* perd**erò** I will lose	*noi* perd**eremo** we will lose
	tu perd**erai** you will lose	*voi* perd**erete** you will lose
	lui/lei perd**erà** he/she/it/you (formal) will lose	*loro* perd**eranno** they will lose
part*ire* (to leave)	*io* part**irò** I will leave	*noi* part**iremo** we will leave
	tu part**irai** you will leave	*voi* part**irete** you will leave
	lui/lei part**irà** he/she/it/you (formal) will leave	*loro* part**iranno** they will leave

Partirò e non ***tornerò*** più.
I will leave and **won't come back** anymore.

Attenzione!
The future tense endings are the same for *-are*, *-ere*, and *-ire* verbs.

Verbs that end in -care and -gare add an h to the future stem after the letters c and g in order to retain the hard sound. Verbs ending in -ciare and -giare drop the i from the ending.

cercare (to look for, to try)/*pagare* (to pay)
*D'ora in avanti **cercherete** di essere puntuali e **pagherete** le bollette in tempo.*
From now on, you **will try** to be punctual and **pay** your bills on time.

cominciare (to start)/*mangiare* (to eat)
*La cena **comincerà** alle otto e **mangeremo** in terrazzo.*
Dinner **will start** at eight, and we **will eat** on the terrace.

The future tense is used to express future actions and intentions, and to predict future actions.

*Sono sicuro che **ci divertiremo.***
I am sure **we will have fun.**

*Non **passerà** mai quell'esame.*
He **will** never **pass** that exam.

Attenzione!
Use the present tense to describe a future action that either takes place close to the present or is very likely to happen.

*Domenica **andiamo** al mare.*
On Sunday **we are going** to the seaside.

The future tense is used to imagine or make inferences about present circumstances. In these cases, the future tense is known as the *future of probability.*

*Che dici, **mangeranno**?*
What do you think **they are eating**?

Attenzione!
The future tense follows *quando* (when), *appena* (as soon as), and *se* (if) to express a future action that takes place after another condition has been met. In English, this action could be expressed by either the future or the present tense.

*Ti chiamerò appena **arriveranno**.*
I'll call you as soon as **they arrive.**

Exercise 1

You're enjoying a lazy Friday afternoon. Your friend is asking if you did the following things, but you are not up to doing much today. Answer her questions using the future tense, as in the example.

Esempio:

~~Hai spedito la posta?~~
~~No, la spedirò domani/la settimana~~
~~prossima/martedì sera, etc.~~

1. Hai scritto le e-mail per la cena di domenica?

_____

_____ .

2. Hai preso le camicie in lavanderia?

_____

_____ .

3. Hai telefonato ai tuoi?

_____

_____ .

4. Hai chiuso i conti?

_____

_____ .

Exercise 2

Combine the following elements by using *quando*, *se*, or *appena* with the future tense.

Esempio:

~~Io/passeggiare nel parco/piovere~~
~~Passeggerò nel parco se non pioverà.~~

1. tu/leggere un bel libro/tornare dal lavoro

_____

_____

2. Silvana/finire il golfino/Berta dorme

_____

_____

3. Jacopo e Chiara/guardare un film/arrivare a casa

_____

_____

4. noi/divertirsi/arrivare in Grecia

_____

_____

5. voi/prendere l'aereo/viaggiare in nave/partire per le ferie?

_____

_____

Exercise 3

You met a fortune-teller who told you about some unexpected things that will happen to you. What did she say? Use the verbs provided below, along with some of your own, in your answer.

aspettare, arrivare, avviare, capire, chiedere, cominciare, conoscere, diventare, domandare, fare, frequentare, incontrare, partire, permettere

_____

_____

_____

_____

_____

_____

_____

_____

_____

_____

67

Some verbs conjugate using irregular future stems.

The verb *essere* is irregular in the future tense.

	Singular	Plural
essere (to be)	io **sarò** I will be	noi **saremo** we will be
	tu **sarai** you will be	voi **sarete** you will be
	lui/lei **sarà** he/she/it/you f. will be	loro **saranno** they will be

*Che ore **saranno**?*
What time do you think **it is**?

*Non so, **saranno** le sette.*
I don't know, it **must be** about seven.

Some two-syllable verbs that end in *-are* keep the *a* of the infinitive. These verbs are *dare* (to give), *fare* (to do), and *stare* (to stay). Their conjugation is similar to that of *essere*.

*Cosa **farai** durante le vacanze?*
What **will you do** during the holidays?

***Starò** da una mia amica in Puglia.*
I **will stay** at a friend's place in Puglia.

Some verbs, particularly *-ere* verbs whose stress falls on the infinitive ending (such as *avere* and *potere*), have irregular future stems that drop the stressed *-e*.

Infinitive		Future Stem
andare	to go	andr-
avere	to have	avr-
bere	to drink	berr-
dovere	to have to	dovr-
potere	to be able to	potr-
sapere	to know	sapr-
tenere	to keep	terr-
vedere	to see	vedr-
venire	to come	verr-
volere	to want	vorr-

***Vedrai** che **verranno**.*
They'll **come**, you'll **see**.

Eccezione

Most *-ere* verbs whose stress is not on the infinitive ending follow the regular future tense conjugation. However, *vivere* takes the future stem *vivr-*, though the stress falls on the first syllable.

*Quando ci sposeremo **vivremo** insieme.*
When we get married, **we will live** together.

Exercise 1

Translate the following passage using the irregular future tense forms where appropriate.

One day, I'll go to Venice and will live in a beautiful palace. Every morning, I will have breakfast in Piazza San Marco, I will stay hours in the sun, and I will enjoy the taste of an excellent coffee. I will meet new friends and we will go visit the islands of Torcello and Burano together. There, we will stay at the coziest little hotels, and in the morning we will see the dawn over the Basilica. That day I will be as happy as a king.

_____

_____

_____

_____

_____

_____

_____

_____

_____

Exercise 2

Answer the following questions using verbs in the future of probability form.

1. Quanti studenti ci sono in questa classe?

_____

_____

2. Di chi è quella giacca favolosa?

_____

_____

3. Dov'è Giacomo?

_____

_____

4. Quanti anni ha quel ragazzo?

_____

_____

5. Dove va Franco?

_____

_____

Exercise 3

Where will you be when you're old? What will you do? Take a leap into the future by writing a paragraph using the future tense. Use the verbs provided below, as well as some of your own, in your answer.

abitare, accudire, ascoltare, cucinare, dividere, essere, fare, formare, mangiare, nutrire, organizzare, potere, sentirsi

_____

_____

_____

_____

_____

_____

_____

_____

_____

68

The conditional tense expresses an action that would occur if certain conditions are met.

The conditional tense is formed by dropping the -*e* from the infinitive and adding the corresponding conditional endings. In -*are* verbs, the *a* of the infinitive ending changes to -*e* before taking the conditional ending.

	Singular	Plural
lavor**are** (to work)	io lavorer**ei** I would work	noi lavorer**emmo** we would work
	tu lavorer**esti** you would work	voi lavorer**este** you would work
	lui/lei lavorer**ebbe** he/she/it/you (formal) would work	loro lavorer**ebbero** they would work
scriv**ere** (to write)	io scriver**ei** I would write	noi scriver**emmo** we would write
	tu scriver**esti** you would work	voi scriver**este** you would write
	lui/lei scriver**ebbe** he/she/it/you (formal) would write	loro scriver**ebbero** they would write
dorm**ire** (to sleep)	io dormir**ei** I would sleep	noi dormir**emmo** we would sleep
	tu dormir**esti** you would sleep	voi dormir**este** you would sleep
	lui/lei dormir**ebbe** he/she/it/you (formal) would sleep	loro dormir**ebbero** they would sleep

Dormirei fino alle undici, ma non posso.
I **would sleep** until eleven, but I can't.

Attenzione!

The conditional endings are the same for -*are*, -*ere*, and -*ire* verbs.

The conditional tense uses the same stem as the future tense and follows the same rules that apply to the future tense. Verbs that are irregular in the future use the same irregular stem in the conditional tense.

Con tanti soldi **avrei** *più tempo libero e* **andrei** *in giro per il mondo.*
With a lot of money, I **would have** more free time, and **would tour** the world.

Verbs ending in -*care* and -*gare* add an *h* to the conditional stem after the letters *c* and *g* in order to retain the hard sound. Verbs ending in -*ciare* and -*giare* drop the *i* from the ending.

cercare (to look)
Cercherebbe un lavoro.
He **would look** for a job.

The verb *essere* is irregular in the conditional tense.

	Singular	Plural
ess**ere** (to be)	io **sarei** I would be	noi **saremmo** we would be
	tu **saresti** you would be	voi **sareste** you would be
	lui/lei **sarebbe** he/she/it/you (formal) would be	loro **sarebbero** they would be

E chi **sarebbe** *il nuovo capo?*
And who **would** the new boss **be**?

The conditional tense also expresses preferences, wishes, polite requests, offers, and advice.

Preferirei *venire con voi, se non vi dispiace.*
I'd rather go with you, if you don't mind.

Dovresti *pensarci bene.*
You should think about it well.

Parole Quotidiane

The modal verbs *dovere*, *potere*, and *volere* are often used in the conditional tense to soften the impact of requests and demands.

Perché **dovrei** *pagare io?*
Why **should** I pay?

Potresti *venire a prendermi?*
Could you pick me up?

Vorrei *un chilo di pane.*
I **would like** a kilo of bread.

Exercise 1

So many things, so little time! Complete the following sentences using the conditional tense as shown in the example.

Esempio:

Beatrice/leggere un libro
Beatrice leggerebbe un libro, ma non ha tempo/deve lavorare/ha troppo sonno, etc.

1. Alessandra/cucinare una buona cena

_____ .

_____ .

2. Elena/andare al cinema

_____ .

_____ .

3. Roberto/comporre sinfonie

_____ .

_____ .

Exercise 2

If you owned the items listed below, what would you do with them? Form complete sentences using the conditional tense of the verbs below.

Esempio:

una Ferrari/(guidare)
La guiderei per ore.

1. una navicella spaziale/(andare)

_____

2. un chilo di diamanti/(vendere/regalare)

_____

3. un cucciolo di scimpanzè/(restituire)

_____

Exercise 3

You are at a restaurant in the Italian village of Portofino. You have a few requests for the waiter. Express your requests politely by rewriting the following sentences using the conditional.

1. Mi porti il menu! → _____

_____

2. Mi spiega cos'è questo piatto? → _____

_____

3. Preferisco un vino bianco. → _____

_____

4. Voglio il pesce spada. → _____

_____

Exercise 4

What would you do in these situations? Answer by using the conditional tense.

1. Sei all'estero e hai perso la memoria.

_____ .

_____ .

2. Stai per sposarti con un uomo/una donna che non ami.

_____ .

3. Il tuo attore, scrittore, regista o cantante preferito è di fronte a te.

_____ .

69

The conditional perfect tense expresses the English *would have* + verb.

The conditional perfect tense is formed by combining the conditional tense of the auxiliary verb *essere* or *avere* + past participle. *Essere* is used with intransitive verbs, and *avere* is used with transitive verbs.

	Singular	Plural
portare (to bring)	io avrei portato — I would have brought	noi avremmo portato — we would have brought
	tu avresti portato — you would have brought	voi avreste portato — you would have brought
	lui/lei avrebbe portato — he/she/it/you (formal) would have brought	loro avrebbero portato — they would have brought
partire (to leave)	io sarei partito/a — I would have left	noi saremmo partiti/e — we would have left
	tu saresti partito/a — you would have left	voi sareste partiti/e — you would have left
	lui/lei sarebbe partito/a — he/she/it/you (formal) would have left	loro sarebbero partiti/e — they would have left

Non **saremmo tornati,** ma abbiamo dovuto.
We **wouldn't have come** back, but we had to.

Attenzione!

In sentences that use *essere* as an auxiliary verb, the past participle agrees in gender and number with the subject.

*Non sareste mai venut**i.***
You would never have come.

The conditional perfect is used in direct dialogue to report a future action discussed in the past. In English, the present conditional is used to express this usage.

Giorgia ha detto che **sarebbe arrivata** alle tre.
Giorgia said she **would arrive** at three.

The conditional perfect form of the modal verbs + infinitive expresses events that should have happened (*dovere*), could have happened (*potere*), or would have happened (*volere*). This construction corresponds to the English *should/could/would have* + past participle.

Avrei dovuto saper*lo.*
I **should have** known (that).

Stefania **sarebbe potuta cadere.**
Stefania **could have** fallen.

Avremmo voluto festeggiare con voi.
We **would have** liked to celebrate with you.

The conditional perfect tense is also used in main (result) clauses in the past, when the subordinate clause is formed by *se* + past subjunctive + past participle. This construction expresses a contrary-to-fact or imaginary situation.

*Se lo avessi saputo, non **sarei venuto.***
If I had known, I **wouldn't have come.**

Exercise 1

What would you have done if you were in the place of the famous people described below? Read the paragraphs and use the conditional prerfect to express how you would have done things differently.

1. Marco Tullio Giordana, il regista di *La meglio gioventù*, voleva diventare pittore, ma poi ha visto una mostra di Francis Bacon, si è scoraggiato, ed è diventato regista cinematografico. Tu come avresti reagito?

   _____

   _____

   _____

2. Nel 1968, Oriana Fallaci è rimasta gravemente ferita negli scontri tra studenti e polizia in Piazza delle Tre Culture durante una manifestazione di protesta contro i Giochi Olimpici a Città del Messico. Tu cosa avresti fatto?

   _____

   _____

   _____

3. Beppe Grillo, feroce comico satirico genovese, nel 1986 è stato allontanato dalle reti televisive nazionali della Rai per i suoi attacchi politici ai dirigenti politici del tempo. Da quel momento si esibisce solo in teatri e piazze, e ha creato un blog visitatissimo. Tu cosa avresti detto?

   _____

   _____

   _____

Exercise 2

What should, could, or would you have done at this time? Complete the sentences using the conditional perfect, as shown in the example.

Esempio: Lunedì scorso → Lunedì scorso avrei dovuto andare dal medico, ma ho dormito fino a tardi e ho perso l'appuntamento.

1. ieri sera → _____

   _____

2. stamattina → _____

   _____

3. da piccola → _____

   _____

Exercise 3

You are telling a friend what the following people said about your party. Use the information below to construct sentences in the conditional perfect tense explaining what each person at your party would have done.

Esempio: Lorena arriverà tardi.
            Lorena ha detto che sarebbe arrivata tardi.

1. Sonia porterà lo stereo.

   _____

   _____

2. Davide penserà alle bibite.

   _____

   _____

3. Federico assumerà un DJ.

   _____

   _____

4. Helga tornerà dalla montagna in tempo.

   _____

   _____

5. Sabrina ballerà come una pazza.

   _____

   _____

70

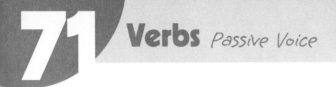

In the active voice, the subject of the verb performs the action. In the passive voice, the subject is the direct object that receives the action.

As in English, the passive voice is formed by combining the verb *essere* (to be) + past participle. If the agent of the action is expressed, the noun is preceded by the preposition *da* (by).

> subject + *essere* + past participle (+ *da* + agent)
> In Italia, *il Presidente* della Repubblica *è eletto dal Senato*.
> In Italy, **the President** of the Republic **is elected by** the Senate.

Attenzione!

The elements that form an active sentence are reversed in the passive form: The object of an active sentence becomes the subject of a passive sentence.

Active:	*Pochi apprezzano **il buon vino.*** Few appreciate **good wine.**
Passive:	***Il buon vino** è apprezzato da pochi.* **Good wine** is appreciated by few.

The passive voice construction is very similar to the active present perfect form, though *essere* is used as an auxiliary in passive voice for both transitive and intransitive verbs. The difference between passive and present perfect can be determined from the accompanying verb. In general, when *essere* is followed by a transitive past participle, the sentence is passive. If the verb is intransitive, the sentence is generally active.

Passive:	*Elena è un'attrice molto **stimata.*** Elena **is** a very **respected** actress.
Active:	*Elena **è andata** all'Accademia di Arte Drammatica a Roma.* Elena **went** to the Accademia di Arte Drammatica in Rome.

Attenzione!

Only transitive verbs have a passive form. Intransitive verbs never have a direct object, so no direct object is available to become the subject in a passive sentence.

Attenzione!

The past participle of a passive voice construction with the verb *essere* agrees in gender and number with the subject.

> *I migliori **caffè** di Roma sono fatti da Sant'Eustachio.*
> The best **coffees** in Rome are made by Sant'Eustachio.

The passive voice can consist of two verbs (simple tenses) or three (compound tenses). In three-verb constructions, both participles agree with the subject.

> *La **statua** è stata rubata la notte scorsa.*
> The **statue** was stolen last night.

Some past participles can act as adjectives when used with the verb *essere*. In such cases, to stress the fact that the sentence describes an action rather than a quality, the verb *venire* (to come) can be used as an auxiliary instead of *essere*. *Venire* can only be used in simple tenses.

> *La rivista XL **viene letta** da molti giovani.*
> *XL* magazine **is read** by many young people.

Parole Quotidiane

Venire emphasizes that the subject of the sentence receives or has received the action. *Essere* is less emphatic. The meaning of the sentence remains the same regardless of which auxiliary verb is used.

Exercise 1

Transform the following sentences from active voice to passive voice.

1. Il compositore crea la musica.

_____

_____

2. Il direttore dirige l'orchestra.

_____

_____

3. I musicisti suonano gli strumenti.

_____

_____

4. Gli spettatori ascoltano il concerto.

_____

_____

5. I giornalisti scrivono le recensioni.

_____

_____

Exercise 2

Forma attiva? Forma passiva? **Read the sentences below and indicate whether they are in the active or passive form.**

1. Questo libro è scritto molto bene.

_____

2. L'autrice è vissuta a lungo in Europa.

_____

3. Il suo primo romanzo è stato recensito positivamente.

_____

4. Ora è decisa a scriverne un altro, ma è troppo occupata.

_____

5. È incinta, ed è completamente soggiogata dalla gravidanza.

_____

Exercise 3

Is there a book, music album, or movie that you particularly like? Use the passive form to write a review about it and its author/director. Use the verbs provided below, as well as some of your own, in your review.

chiedere, coinvolgere, portare, premiare, rapire, scrivere, trarre

_____

_____

_____

_____

_____

_____

_____

_____

_____

_____

_____

_____

71

In Italian, as in English, verbs have three different characteristics: tense (the time the action takes place), voice or form (active or passive), and mood (the attitude of the subject). The indicative mood describes facts and indicates certainty or objectivity. The subjunctive mood expresses doubt, uncertainty, possibility, or personal opinion or standpoint on the part of the subject. The subjunctive mood can also express emotion, desire, or suggestions.

The subjunctive is generally preceded by a main clause presented in the indicative mood and is introduced by the conjunction *che*.

Indicative	Subjunctive

main clause + *che* + subordinate clause

*Penso che mia madre **arrivi** stasera.*
I think that my mother **arrives** tonight.

The subjunctive has four tenses: present, past, past imperfect, and pluperfect. The present subjunctive is formed by adding the corresponding subjunctive endings to the infinitive stem of the verb.

	Singular	Plural
*torn**are*** (to go back)	*io torn**i*** I go back	*noi torn**iamo*** we go back
	*tu torn**i*** you go back	*voi torn**iate*** you go back
	*lui/lei torn**i*** he/she/it/you (formal) go back	*loro torn**ino*** they go back
*legg**ere*** (to read)	*io legg**a*** I read	*noi legg**iamo*** we read
	*tu legg**a*** you read	*voi legg**iate*** you read
	*lui/lei legg**a*** he/she/it/you (formal) read	*loro legg**ano*** they read
*offr**ire*** (to offer)	*io offr**a*** I offer	*noi offr**iamo*** we offer
	*tu offr**a*** you offer	*voi offr**iate*** you offer
	*lui/lei offr**a*** he/she/it/you (formal) offer	*loro offr**ano*** they offer

Attenzione!

Verbs ending in *-ire* that insert *-isc* between the stem and the verb endings in the present indicative follow the same rule in the subjunctive.

capire (to understand)
*Voglio che tu **capisca** la situazione.*
I want you to **understand** the situation.

Verbs ending in *-care* and *-gare* add an *h* between the verb stem and the subjunctive endings in order to retain the hard sound. Verbs ending in *-iare* drop the *i* from the stem before adding the endings.

pagare (to pay)
*È importante che **paghiate** le tasse.*
It is important that you pay your taxes.

cominciare (to start)
*Spero che **comincino** presto.*
I hope they start soon.

Attenzione!

Since the three singular forms are identical in the subjunctive, personal pronouns are often used to specify the subject.

*Penso che **tu sia** un ragazzo intelligente.*
I think **you are** an intelligent boy.

The subjunctive mood is used only when the main clause and the subordinate clause have two different subjects. The infinitive is used when the subject is the same.

Subjunctive: *Vogl**io** che **(tu)** vada con loro.*
I want you to go with them.

Infinitive: *****Voglio** andare con loro.*
I want to go with them.

Parole Quotidiane

Though the subjunctive mood is not used frequently in English, it is common in both spoken and written Italian. However, many Italians use the indicative mood where the subjunctive should be used. Though this usage is grammatically incorrect, it is becoming more common.

Exercise 1

It's election time, and a few subjects are up for discussion. Indicate your opinions by choosing between the expressions given and completing each sentence in the subjunctive.

1. I cittadini votano alle elezioni politiche.

È importante/Non è importante che_____

_____

_____ .

2. Oggi le donne ottengono più attenzione.

Penso/Non penso che_____

_____

_____ .

3. I lavoratori scioperano per i propri diritti.

Credo/Non credo che_____

_____

_____ .

Exercise 2

Gino and Mario are two young guys who don't participate in community life that much. You want them to get more involved. Conjugate the following infinitive verbs using the subjunctive to suggest what they should do.

Bisogna che Gino e Mario ...

1._____ (cercarsi) un lavoro.

2._____ (rispettare) la legge.

3._____ (pagare) le tasse.

4._____ (mantenersi) informati.

5._____ (dedicare) tempo al volontariato.

Exercise 3

What's wrong? Gabriella has some problems with the people in her town. Cross out the incorrect verbs in the paragraph below and replace them with the correctly conjugated forms.

(**1.**) A Gabriella non piace che la gente non rispetta

_____ la propria città. (**2.**) Trova che tutti non

rispettano_____ le regole fondamentali del vivere

civile quando buttino_____ per terra i propri

rifiuti e danneggino_____ boschi e foreste con

la loro incuria. (**3.**) Gabriella è convinta che un po' di sana

educazione civica ed ecologica influisce_____ sulla

mentalità della gente, ma pensa anche che non esistono

_____ delle strutture educative appropriate. (**4.**) Ma

non ha perso la fiducia: c'è bisogno che le persone riscoprino

_____ il valore dell'ambiente e delle città in cui vivano

_____ , ed è sicura che una buona politica comunitaria

modifichi le cose in meglio.

Exercise 4

What's the situation in your country, state, or town when it comes to political, ecological, and social awareness? What are your thoughts, hopes, and beliefs when electing a representative of the people? Write a paragraph in the subjunctive mood to express yourself.

_____

_____

_____

_____

_____

_____

72

Some common verbs have irregular forms in the present subjunctive. These verbs end with *a*, regardless of their infinitive ending.

Infinitive	Present Subjunctive
andare (to go)	*vada, vada, vada, andiamo, andiate, vadano*
avere (to have)	*abbia, abbia, abbia, abbiamo abbiate, abbiano*
bere (to drink)	*beva, beva, beva, beviamo, beviate, bevano*
dare (to give)	*dia, dia, dia, diamo, diate, diano*
dire (to say)	*dica, dica, dica, diciamo, diciate, dicano*
dovere (to have to)	*debba, debba, debba, dobbiamo, dobbiate, debbano*
essere (to be)	*sia, sia, sia, siamo, siate, siano*
fare (to do, to make)	*faccia, faccia, faccia, facciamo, facciate, facciano*
potere (to be able to)	*possa, possa, possa, possiamo, possiate, possano*
rimanere (to remain)	*rimanga, rimanga, rimanga, rimaniamo, rimaniate, rimangano*
stare (to stay)	*stia, stia, stia, stiamo stiate, stiano*
uscire (to go out)	*esca, esca, esca, usciamo, usciate, escano*
venire (to come)	*venga, venga, venga, veniamo, veniate, vengano*
volere (to want)	*voglia, voglia, voglia, vogliamo, vogliate, vogliano*

*Voglio che tu **vada** da Mario e gli **dica** che lo sto aspettando.*
I want you **to go** to Mario and **tell** him that I am waiting for him.

*I miei genitori vogliono che **rimaniate** con noi due settimane.*
My parents want you **to stay** with us for two weeks.

*Credo che i ragazzi **debbano** andare a casa presto.*
I think the guys **need** to go home soon.

*Non so se tua sorella **voglia** partire così tardi.*
I don't know if your sister **wants** to leave that late.

*Dubitate che **sia** una buona idea? Penso che si **possa** discuterne insieme.*
Do you doubt it **is** a good idea? I think we **can** discuss it together.

Attenzione!

Some of the irregular verbs listed above, such as *andare, bere, dire, fare, potere, rimanere, uscire, venire,* and *volere*, add the subjunctive endings to the stem of the indicative present.

*Voglio che **venga** l'estate.*
I want summer **to come.**

Exercise 1

Change the following orders to statements introduced by *Voglio che ...* (I want).

1. Fa' quel che ti dico!

_____

_____

2. Sii gentile con tua sorella!

_____

_____

3. Rimani a casa con me!

_____

_____

4. Vieni al cinema stasera!

_____

_____

5. Di' la verità!

_____

_____

Exercise 2

Are the following subjunctives regular or irregular? Give the correct subjunctive form of the verbs indicated between parentheses.

1. È meglio che loro _____ (pensare) al futuro.

2. Sono giovani, ma penso che non _____ (avere) molta voglia di prendersi responsabilità.

3. Non so se _____ (essere) una questione di diverse generazioni.

4. Ma credo che non _____ (sapere) quanto

   _____ (essere) importante smettere di vivere alla giornata.

5. Forse se tu ci _____ (parlare), capirebbero.

Exercise 3

Complete the crossword puzzle with the present subjunctive conjugations of the following verbs.

Across
5. volare (lei)
7. dovere (loro)
9. ricevere (loro)
11. lasciare (noi)
13. uscire (lui)
14. andare (noi)
15. prendere (voi)

Down
1. bere (noi)
2. rompere (tu)
3. regalare (tu)
4. volere (loro)
6. potere (voi)
7. dire (io)
8. venire (io)
9. rimanere (voi)
10. mangiare (voi)
12. dare (tu)

Exercise 4

You are talking to a friend about your children and are expressing your wishes and doubts about their future. Form complete sentences using the subjunctive form of the irregular and regular verbs.

_____

_____

_____

_____

_____

_____

_____

_____

_____

_____

_____

_____

_____

73

The subjunctive is used with certain impersonal expressions, when the subject is specified. These expressions are followed by *che* + the subjunctive, and indicate probability, necessity, opinion, or possibility.

(non) è bene	it is (not) good
(non) è giusto	it is (not) fair
(non) è importante	it is (not) important
(non) è (im)possibile	it is (im)possible
(non) è (im)probabile	it is (un)likely
(non) è (in)opportuno	it is (not) opportune
(non) è meglio	it is (not) better
(non) è necessario	it is (not) necessary + *che* + subjunctive
(non) è preferibile	it is (not) preferable
(non) è strano	it is (not) strange
è ora	it is time
sembra	it looks like / it seems
pare	it looks like / it seems
peccato	pity / too bad
può darsi	it may be / perhaps

È importante che tu **venga** stasera.
It is important that you **come** tonight.

The infinitive of the verb is used after the impersonal expressions when the subject is not specified.

È necessario partire presto.
It is necessary to leave early.

Attenzione!

With impersonal expressions that indicate certainty, the indicative is used after *che*.

È chiaro che sei stanco di vivere qui.
It is clear that you **are** tired of living here.

Exercise 1

Rewrite the following sentences in the subjunctive mood, conjugating the verb according to the subject indicated in parentheses.

Esempio: Non è importante fare tutto giusto (tu).
<u>Non è importante che faccia tutto giusto.</u>

1. È bello essere qui (voi).

_____

_____

2. È necessario restare calmi (loro).

_____

_____

3. È comprensibile preferire un'altra sistemazione (lei).

_____

_____

4. Non è bene ubriacarsi così spesso (io).

_____

_____

5. È impossibile dimenticarti (noi).

_____

_____

Exercise 2

Is the subjunctive necessary? Read the following sentences, all of which are introduced by an impersonal expression. Fill in the blanks with the verb in the appropriate mood.

1. È vero che Marta _____ (essere) una

   ragazza un po' chiassosa.

2. Però è anche possibile che _____ (fare)

   così per attirare la tua attenzione.

3. Si sa che _____ (avere) sempre avuto

   un debole per te.

4. È possibile quindi che _____ (volere)

   solo farsi notare da te.

5. È chiaro, però, che non ti _____

   (interessare).

Exercise 3

Today's society changes quickly and often, and the future depends greatly on what we do today. What is important, possible, and desirable in order to guarantee opportunities for a better future for everybody? Complete these sentences using the present subjunctive to indicate what you think should happen in the future.

1. È importante che i giovani …

   _____

   _____

2. È necessario che i governi occidentali …

   _____

   _____

3. Non è bene che la natura …

   _____

   _____

4. …ed è male che l'uomo …

   _____

   _____

5. Perciò è meglio che noi tutti …

   _____

   _____

74

A conjunction is a word or expression that connects two clauses or sentences. The subjunctive mood must be used after some conjunctions.

affinché, perché	so that
benché, sebbene	although
a condizione che, purché	provided that, as long as
a meno che	unless
in caso che / nel caso in cui	in case, in the event that
prima che	before (someone doing something)
senza che	without (someone doing something)

*Non devi farlo, **a meno che** tu non **voglia**.*
You don't have to do it, **unless** you **want to.**

Attenzione!

The subjunctive is used after *prima che* (before), *senza che* (without), and *perchè* (so that) only when the subject of the two connected clauses is different. When the subject of both clauses is the same, *prima di* + infinitive, *senza* + infinitive, or *per* + infinitive are used.

Subjunctive: *Saluta Martina **prima che vada** a dormire.*
Say goodbye to **Martina before she goes** to sleep.

Infinitive: *Saluta Martina **prima di andare** a dormire.*
Say goodbye to **Martina before (you) go** to sleep.

Attenzione!

All other conjunctions above take the subjunctive in the subordinate clause whether or not the subject in each clause is the same.

***Carlo** fa un corso di tango **benché** non **ami** ballare.*
Carlo is taking a tango class **although he** doesn't **like** to dance.

Exercise 1

Complete the following sentences with the proper conjunction.

1. Voglio cambiare lavoro _____ sia troppo tardi.

2. Farò domanda al Ministero dell'Istruzione _____ mi aiuti a compilare il modulo.

3. Non ho intenzione di fermarmi _____ avere ottenuto ciò che desidero.

4. Sono stanco di andare avanti _____ niente cambi.

5. Penso che cercare un lavoro al Ministero sia una buona soluzione _____ diventare pazzo!

Exercise 2

Circle the appropriate conjunction in parentheses to complete each sentence below.

1. Daria e Fabio vogliono trovare un lavoro (prima di/prima che) finire l'università.

2. Claudia invece farà domanda in quell'istituto (benché/purché) le diano il lavoro che chiede.

3. Mi ha detto che accetterà tutte le proposte (prima che/a condizione che) non abbia a che fare con l'amministrazione.

4. Daria e Fabio pensano invece che andrà bene tutto (affinché/purché) possano cominciare a fare qualcosa.

5. Per loro la cosa più importante per ora è guadagnare qualche soldo (senza/senza che) fare troppa fatica.

Exercise 3

Complete the following sentences using either the infinitive or the subjunctive mood.

1. Sto cercando un nuovo lavoro per …

_____

_____

2. Ma cambierò il mio lavoro attuale solo a condizione che …

_____

_____

3. Ho intenzione di chiederti una mano purché …

_____

_____

4. Dopodiché chiederò ciò che desidero sebbene …

_____

_____

5. Ma la soddisfazione delle mie richieste professionali è fondamentale nel caso in cui …

_____

_____

Exercise 4

Link the images below using the conjunctions with the subjunctive mood. Use the verbs provided in your answer.

andare, essere, correre, mangiare, nevicare, perdere, prendere, prevelare

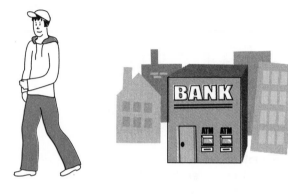

1. _____

_____

_____

2. _____

_____

_____

75

Certain conditions expressed in the main clause require the subjunctive in the subordinate clause.

If the main clause expresses desire, demand, or hope, the subjunctive is used in the subordinate clause. Some common verbs that express desire, demand, and hope include:

desiderare	to wish, to desire
insistere	to insist
preferire	to prefer
sperare	to hope
suggerire	to suggest
volere	to want

Preferisco *che mia madre* **viaggi** *in aereo.*
I **prefer** that my mother **travel** by plane.

The subjunctive is used in the subordinate *che* clause after expressions of emotion, such as *essere (s)contento/a, essere (in)felice, (dis)piacere, avere paura, temere,* and *essere sorpreso/a.*

Siamo *molto* **contenti** *che voi* **abitiate** *qui.*
We **are** very **happy** that you **live** here.

The subjunctive is used in a subordinate *che* clause if the main clause expresses an opinion or belief. The verbs *credere* (to believe), *immaginare* (to imagine), *parere* (to appear), *pensare* (to think), and *sembrare* (to seem) require the use of the subjunctive.

Credo *che* **si chiami** *Luca.*
I **believe his name is** Luca.

The subjunctive is used after expressions of doubt, disbelief, and uncertainty, commonly expressed by *dubitare* (to doubt), *non sapere* (to not know), *non credere* (to not believe), *non pensare* (to not think/ believe), *non essere sicuro/a* (to not be sure).

Sara **non crede** *che tu* **sia** *sincero.*
Sara **doesn't believe** you're honest.

Attenzione!

Main clauses expressing certainty take the indicative mood in the subordinate clause.

So **che sei** *una persona buona.*
I **know** you **are** a good person.

Attenzione!

The subjunctive is used in the subordinate clause when the subject of the two clauses is different. When the subject is the same in both clauses, the infinitive is used. The preposition *di* often precedes the infinitive.

È felice di averti conosciuto.
She's happy **she** met you.

Exercise 1

Change the following sentences from the indicative mood to the subjunctive, when necessary.

1. Sua sorella frequenta l'Università a Venezia.

Penso che _____

_____

_____.

2. Studia lingue orientali.

So che _____

_____

_____.

3. Non viene mai a trovare suo fratello.

Temo che _____

_____

_____.

4. Perciò non la puoi conoscere.

Perciò credo che _____

_____

_____.

5. Peccato, è la ragazza perfetta per te.

Peccato, sono convinto che _____

_____

_____ .

Exercise 2

Giada has great expectations for her three children, and she often tells her friends about her dreams for their futures. Complete the following sentences by correctly conjugating the verb in the subjunctive mood.

1. Sai, Maria, la mia Elisabetta adora ballare l'hip hop, ma io

preferisco che _____ (studiare) danza classica,

è molto più elegante, non trovi?

2. Carola, cosa dici? Desideri che tua figlia _____

(diventare) medico o architetto? Io voglio assolutamente

che la mia Grazia, intelligente com'è, _____

(laurearsi) al Politecnico e _____ (fare)

l'ingegnere civile.

3. Non sai cos'è successo ieri, Olga! Il mio piccolo Mauro

ha scritto il suo primo poema! Un capolavoro! Insisto che

tu lo _____ (leggere), ti piacerà di sicuro. Spero

proprio che _____ (volere) diventare un

professore universitario. È un lavoro così prestigioso …

Exercise 3

Your friend Diego just moved abroad, and you are e-mailing him for the first time since he left. You miss him, but you're also happy for him. Write about how you feel using the following expressions and the subjunctive mood, when appropriate.

sono contento/a che …
sono contento/a di …
mi piace che …
mi dispiace che …
a volte penso che …
ho paura che …
sono sicuro/a che …
non so se …
so che …

Caro Diego,

_____

_____

_____

_____

_____

_____

_____

_____

_____

_____

_____

_____

_____

_____

76

Like the indicative mood, the subjunctive has different tenses to express an action that takes place in the present or past. The past subjunctive is used in a subordinate clause to describe a past action when the present tense verb in the main clause requires a subjunctive.

The past subjunctive is formed with the present subjunctive of the auxiliary *avere* or *essere* + the past participle.

	Singular	**Plural**
studiare (to study)	*io abbia studiato* I have studied	*noi abbiamo studiato* we have studied
	tu abbia studiato you have studied	*voi abbiate studiato* you have studied
	lui/lei abbia studiato he/she/it/you (formal) have studied	*loro abbiano studiato* they have studied
salire (to climb)	*io sia salito/a* I have climbed	*noi siamo saliti/e* we have climbed
	tu sia salito/a you have climbed	*voi siate saliti/e* you have climbed
	lui/lei sia salito/a he/she/it/you (formal) have climbed	*loro siano saliti/e* they have climbed

*Penso che non **abbia voluto** offenderti.*
I think she didn't **want to offend** you.

*Credo che ormai **siano arrivati.***
I think **they have arrived** by now.

Attenzione!

The past participle of a verb conjugated with *essere* always agrees in gender and number with the subject.

The past subjunctive is the corresponding subjunctive form of the present perfect and preterite of the indicative. The past subjunctive is used whenever the present perfect or preterite is used in the indicative mood.

Present perfect:	***Hanno preso** un taxi.* They **took** a cab.
Past subjunctive:	*Credo che **abbiano preso** un taxi.* I think they **took** a cab.

Exercise 1

Rewrite the sentences below using the past subjunctive.

1. Ieri Laura è andata al cinema con Enzo.

   Credo che _____

   _____

   _____.

2. Hanno visto un film francese.

   Penso che _____

   _____

   _____.

3. Il film è durato un'ora e mezzo.

   Mi pare che _____

   _____

   _____.

4. Dopo sono andati a bere un bicchiere di vino.

   Non so se _____

   _____

   _____.

5. Si sono divertiti molto.

   Sono contento/a che _____

   _____

   _____.

Exercise 2

Do you remember your first date? Did you enjoy yourself? Complete the following sentences by using the past subjunctive to describe what you thought, felt, and wished.

Ah! Il mio primo appuntamento! Quanto tempo ...

1. Penso che _____

   _____.

2. Non credo che _____

   _____.

3. Mi dispiace che _____

   _____.

4. Temo che _____

   _____.

5. Sono contento/a che _____

   _____.

Exercise 3

Decide whether the past subjunctive or indicative form should be used in the sentences below. Circle the correct verb form in parentheses.

1. Sembra che Marco e Silvana (sono andati / siano andati) al mare insieme.

2. Ho sentito che (hanno scelto / abbiano scelto) un'isola del Pacifico.

3. Non so se Pino (ha apprezzato / abbia apprezzato) l'iniziativa.

4. So che Silvana e Pino (hanno passato / abbiano passato) un periodo di crisi.

5. È possibile che (si sono lasciati / si siano lasciati) prima della partenza.

77

The imperfect subjunctive is used when the verb in the main clause is in the past or present conditional tense, and the action in the subordinate clause occurred simultaneously or after the action in the main clause.

Present subjunctive: *Credo che Gianni e Sofia siano a Roma.*
I **think** Gianni and Sofia **are** in Rome.

Imperfect subjunctive: *Credevo che Gianni e Sofia fossero a Roma.*
I **thought** Gianni and Sofia **were** in Rome.

Imperfect subjunctive: *Vorrei che Gianni fosse a Roma.*
I **wish** Gianni **was** in Rome.

The imperfect subjunctive uses the same stem as the imperfect indicative. The *-re* ending is dropped from the infinitive, and the endings *-ssi, -ssi, -sse, -ssimo, -ste,* or *-ssero* are added to all verbs.

	Singular	Plural
lavorare (to work)	*io lavorassi* I worked	*noi lavorassimo* we worked
	tu lavorassi you worked	*voi lavoraste* you worked
	lui/lei lavorasse he/she/it/you (formal) worked	*loro lavorassero* they worked
scrivere (to write)	*io scrivessi* I wrote	*noi scrivessimo* we wrote
	tu scrivessi you wrote	*voi scriveste* you wrote
	lui/lei scrivesse he/she/it/you (formal) wrote	*loro scrivessero* they wrote
dormire (to sleep)	*io dormissi* I slept	*noi dormissimo* we slept
	tu dormissi you slept	*voi dormiste* you slept
	lui/lei dormisse he/she/it/you (formal) slept	*loro dormissero* they slept

Eccezione

The verbs *essere* (to be), *dare* (to give), and *stare* (to stay) undergo a stem change in the imperfect subjunctive.

	Singular	Plural
essere (to be)	*io fossi* I was	*noi fossimo* we were
	tu fossi you were	*voi foste* you were
	lui/lei fosse he/she/it/you (formal) was	*loro fossero* they were
dare (to give)	*io dessi* I gave	*noi dessimo* we gave
	tu dessi you gave	*voi deste* you gave
	lui/lei desse he/she/it/you (formal) gave	*loro dessero* they gave
stare (to stay)	*io stessi* I stayed	*noi stessimo* we stayed
	tu stessi you stayed	*voi steste* you stayed
	lui/lei stesse he/she/it/you (formal) stayed	*loro stessero* they stayed

Exercise 1

Change the following sentences from present to past tense using the imperfect subjunctive. Note: The verb in the main clause will also need to change tense.

1. Sembra che Paolo voglia trasferirsi in Africa.

_____

_____

2. Non penso che sia una decisione avventata.

_____

_____

3. Non voglio che la gente pensi che Paolo non sa quello che fa.

_____

_____

4. Marta teme che faccia una sciocchezza.

_____

_____

5. Paolo non spera che Giulia capisca la sua scelta.

_____

_____

Exercise 2

Change the following sentences from the indicative to the subjunctive form. Choose the appropriate expression among the ones provided to introduce the subjunctive.

non sapevo che, dubitavo che, avevo paura che, temevo che, era possible che, sembrava che, speravo che, credevo che, pensavo che

1. Il treno era in grande ritardo.

_____

_____

2. Mario mi aspettava in stazione.

_____

_____

3. Il mio cellulare era scarico.

_____

_____

4. Non lo potevo avvertire.

_____

_____

5. Un passeggero mi ha offerto il suo.

_____

_____

Exercise 3

Your best friend just had her first baby. Use the imperfect subjunctive to write a paragraph expressing what your wishes, hopes, and fears are for her and her baby.

_____

_____

_____

_____

_____

_____

_____

_____

_____

_____

78

The pluperfect subjunctive is the corresponding subjunctive form of the pluperfect indicative. The pluperfect subjunctive is used whenever the pluperfect is used in the indicative mood.

The pluperfect subjunctive is used in a subordinate clause when the verb in a main clause is in the past tense or the conditional, and the action in the subordinate clause occurred before the action in the main clause.

Pluperfect indicative: *Sapevo che **erano** già **tornati.*** I knew that they **had** already **come** back.

Pluperfect subjunctive: *Era impossibile che **fossero** già **tornati.*** It was impossible that they **had** already **come** back.

Pluperfect indicative: *Mi avevano detto che **eri arrivato** primo.* They had told me that you **had arrived** first.

Pluperfect subjunctive: *Avrei preferito che **fossi arrivato** primo.* I would have preferred that you **had arrived** first.

The pluperfect subjunctive is formed with the imperfect subjunctive of *avere* or *essere* + the past participle.

	Singular	Plural
guard**are** (to look)	*io avessi guardato* I had looked	*noi avessimo guardato* we had looked
	tu avessi guardato you had looked	*voi aveste guardato* you had looked
	lui/lei avesse guardato he/she/it/you (formal) had looked	*loro avessero guardato* they had looked
part**ire** (to leave)	*io fossi partito/a* I had left	*noi fossimo partiti/e* we had left
	tu fossi partito/a you had left	*voi foste partiti/e* you had left
	lui/lei fosse partito/a he/she/it/you (formal) had left	*loro fossero partiti/e* they had left

Attenzione!

The subjunctive mood does not have a future tense form.

Exercise 1

Past, imperfect, or pluperfect? Circle the correct form of the verb in parentheses to complete the paragraph below.

(**1.**) Pare che Laura e Giovanna (abbiano organizzato/

organizzassero/avessero organizzato) una festa per

il compleanno di Andrea. (**2.**) Non sapevo che (siano

stati/fossero/fossero stati) amici, né che (abbiano saputo/

sapessero/avessero saputo) la data precisa. (**3.**) Mi hanno

telefonato dicendomi che sarà la festa più divertente che

io (abbia mai visto/vedessi mai/avessi mai visto), e non

immaginavo che (abbiano reparato/preparassero/avessero

preparato) tutto con così tanta cura: hanno già affittato una

sala e noleggiato il catering!

Exercise 2

Translate the following sentences using the present, past, imperfect, and pluperfect subjunctive, where appropriate.

1. I believe that Laura and Giovanna organized this party because they are in love with Andrea.

_____

_____

2. However, I didn't know they were both so in love with him!

_____

_____

3. Nor did I know that they had planned everything already a month ago: place, time and number of guests.

_____

_____

4. Who could imagine that they thought of throwing a party?

_____

_____

5. But one thing I know: I honestly believe that this is insane.

_____

_____

Exercise 3

Mario and Pietro have organized a surprise party for your friend Luca. Their plan was to pretend that they forgot about his birthday, only they didn't tell you anything about it. You have now busted their plans by wishing Luca the happiest birthday and inviting him out for drinks. Complete the following sentences as you like, using the present, past, imperfect, or pluperfect subjunctive.

1. Non sapevo che _____

_____.

2. Come potevo immaginare _____

_____?

3. Credo che _____

_____.

4. Mi dispiace solo che _____

_____.

5. Però penso _____

_____.

The subjunctive form has many specific uses in Italian.

The subjunctive form is used in a subordinate clause introduced by an indefinite word or expression, such as *chiunque* **(whoever),** *comunque* **(however),** *(d)ovunque* **(wherever),** *qualunque* **(whatever, whichever), and** *qualunque cosa* **(whatever, no matter what).**

> **Qualunque cosa** tu **dica,** hai torto.
> **Whatever** you **say,** you are wrong.

> **Ovunque** (io) **vada,** sarai sempre con me.
> **Wherever** I **go,** you will always be with me.

> **Comunque vada,** è stato bello.
> **However** it **ends,** it's been fun.

The subjunctive form is used in a clause introduced by a relative superlative.

> Questa è la vacanza **più rilassante** che io **abbia** mai fatto.
> This is the **most relaxing** vacation that I **have** ever taken.

> Tu sei il ragazzo **meno interessante** che io **abbia** mai incontrato.
> You are the **least interesting** guy that I **have** ever met.

> È la cosa **più strana** che mi **sia** mai successa.
> It's the **weirdest thing** that **has** ever **happened** to me.

The subjunctive form is used in a clause introduced by a negative.

> **Non** c'è **nessuno** che **possa** aiutarti.
> There is **nobody** who **can** help you.

> **Non** ho medicine che **curino** il mal di testa.
> I **don't have** any drugs that **heal** headaches.

> Non c'è **niente** che tu **possa** fare.
> There's **nothing** you **can** do.

Exercise 1

Lisa and Andrea are breaking up, and Andrea seems to be quite resentful. Complete his sentences with the appropriate word or expression from those provided.

qualunque, chiunque, qualcuno, dovunque, qualcosa, niente, nessuno, comunque

1. C'è _____ che ti abbia mai amato

   come ho fatto io? _____ ti abbia conosciuto, ti detesta!

2. _____ tu vada, ricordati che non ci

   sarà mai _____ che sia pronto a fare quel che io ho fatto per te.

3. _____ bugia tu stia per inventare,

   _____ mi convincerà mai a tornare indietro!

4. _____ vada, c'è _____ che devi sapere: non troverai mai un altro come me!

Exercise 2

Create complete sentences below by combining columns A and B.

A	B
_____ **1.** Può venire …	a. che mi piaccia più di un buon pasto in compagnia.
_____ **2.** Non c'è niente …	b. mi sono divertita molto.
_____ **3.** Sarai sempre nei miei pensieri …	c. qualunque università tu scelga.
_____ **4.** Comunque vada,	d. chiunque ne abbia voglia.
_____ **5.** Tua madre sarà contenta …	e. ovunque tu vada.

Exercise 3

Choose whether the indicative or subjunctive form of the verbs in parentheses should be used in the paragraph below. Circle the correct verb form.

(**1.**) So che nessuno mi (conosce / conosca) come mio padre.

(**2.**) Qualunque cosa io (faccio / faccia), lui (sa / sappia) perché

l'ho fatta. (**3.**) Mi pare di (essere / sia) un libro aperto per lui, e

non c'è niente al mondo che gli (nasconderei / nascondessi).

Come quella volta, quando avevo diciassette anni, che

non tornai a casa una notte e gli dissi che ero rimasta

da un'amica. (**4.**) Lui mi guardò e rispose: "Chiunque (è

stato / fosse), spero che ne (è / sia) valsa la pena". (**5.**) Mio

padre per me è un eroe ancora oggi, e non c'è nessuno che

(saprà / sappia) mai capirmi come lui.

Exercise 4

A close friend is about to start a new business, and he needs some words of encouragement. Build up his confidence using the proper expressions to introduce the subjunctive. Choose among the verbs provided below, as well as some of your own, for your answer.

andare, avere, capire, essere, conoscere, decidere, fare, fermare, incontrare, intraprendere, lanciarsi, lavorare, rivelarsi, uscire

_____

_____

_____

_____

_____

_____

_____

_____

_____

_____

_____

_____

_____

_____

_____

_____

_____

_____

80

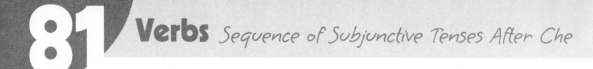

The use of the subjunctive is determined by the verb in the main clause and the relationship of time between the two clauses.

When the main clause is in the present or future tense, the subordinate clause uses the present subjunctive tense if its action occurs in the present or future.

>*Credo che voglia parlare con te.*
>I **believe** he **wants** to talk to you.

When the main clause is in the present or future tense, the subordinate clause uses the past subjunctive tense if its action occurred in the past.

>*Spero che Marta sia arrivata.*
>I **hope** Marta **has arrived.**

When the main clause is in the imperfect, present perfect, pluperfect, or present conditional tense, the subordinate clause uses the imperfect subjunctive tense if its action occurred later than or at the same time as the action in the main clause.

>*Vorrei che studiasse spagnolo.*
>I **wish** he **studied** Spanish.

When the main clause is in the imperfect, present perfect, pluperfect, or present conditional tense, the subordiante clause uses the pluperfect subjunctive tense if its action preceded the action in the main clause.

>*Speravo che aveste sentito le notizie.*
>I **hoped** you **had heard** the news.

Attenzione!

The expressions *come se* (as if) and *magari* (if only) are always followed by either the imperfect subjunctive or the pluperfect subjunctive, depending on the time of the action.

*Guida **come se** le strade **fossero** vuote.*
She drives **as if** the streets **were** empty.

Magari fossi venuto!
If only you **had come!**

Exercise 1

Complete the sentences below by using the subjunctive form when necessary.

Esempio: Maria e Carla dovevano studiare molto.
Era necessario che Maria e Carla <u>studiassero</u> molto.

1. Desideravate che noi andassimo all'opera.

Avreste voluto che noi _____ all'opera.

2. Invece voi verrete al cinema con noi.

Invece volevamo che voi _____ al cinema

con noi.

3. Dovevate dire di sì.

Speravo che _____ di sì.

4. Ma non vi interessava.

Ma sospettavo che non vi _____.

5. Così alla fine siamo venuti con voi.

Così alla fine abbiamo deciso _____ con voi.

Exercise 2

You are at a party and you start to listen in on a few conversations around you. Complete the dialogue below with the appropriate form of the verb in parentheses.

1. —Mio marito vuole che nostra figlia _____

(fare) l'avvocato.

—Magari _____ (potere) decidere i genitori!

2. —Claudia mi ha aiutata senza che io _____

(dire) una parola.

—Che fortunata, vorrei che _____ (essere) così

anche i miei amici.

3. —Nando se n'è andato e ha preso il cane con sé!

—Cosa? Come se _____ (badare) a lui un solo

giorno!

4. —I poliziotti avevano pensato che _____

(avere) cose strane nel bagagliaio.

—E perché mai?

—Dicevano che non era mai successo che due giovani

donne _____ (viaggiare) sole in quel tratto di

paese.

Exercise 3

What do you think are the most important things in life? Use the subjunctive with the expressions provided to say what you feel.

1. Credo che _____

_____

_____.

2. È essenziale che _____

_____

_____.

3. È stato un bene che _____

_____

_____.

4. Sono convinto/a che _____

_____

_____.

5. La cosa più bella che _____

_____

_____.

6. Sarebbe meglio che _____

_____

_____.

7. Magari _____

_____

_____.

81

The subjunctive is required in subordinate clauses to express a supposition, a wish, or something undefined. The indicative is used when the subordinate clause does not include any suggestion of doubt.

Subjunctive: *Mi domando cosa **stiate** facendo.*
I wonder what you **are** doing.

Indicative: *So cosa **state** facendo.*
I know what you **are** doing.

Though the subjunctive does not have a future tense, the present subjunctive can imply a future action.

*Penso che **restino** a casa.*
I think they **(will) stay** at home.

Parole Quotidiane

In English, the future tense is often used to describe actions that will take place soon. In colloquial Italian, these actions are commonly expressed using the present tense. The present subjunctive is grammatically required to express actions that will occur soon, though it is sometimes not used in speech.

Subjunctive future: *Spero che **chiamino** presto.*
I hope that they **will call** soon.

Indicative future: *Spero che **chiameranno** presto.*
I hope that they **will call** soon.

The subjunctive is used when the subject in the main clause is different from the subject in the subordinate clauses. When the subject of both clauses is the same, the infinitive is used.

Subjunctive: *Voglio che lui **compri** quella casa.*
I want him **to buy** that house.

Infinitive: *Voglio **comprare** quella casa.*
I want **to buy** that house.

Attenzione!

After many verbs and expressions, the preposition *di* + infinitive is used when the subject is the same.

Subjunctive: *Spero che voi **vediate** questo film.*
I hope you **see** this movie.

Infinitive: *Spero **di vedere** questo film.*
I hope **to see** this movie.

Attenzione!

The past infinitive, formed by the infinitive of *avere* or *essere* + past participle, is used to express an action that has already occurred. When the past infinitive takes *essere* as an auxiliary, the past participle agrees in gender and number with the subject.

*Temo **di non aver capito**.*
I am afraid I **didn't understand.**

*Giulia teme **di non essere arrivata** in tempo.*
Giulia is afraid she **didn't arrive** on time.

Parole Quotidiane

Using the indicative instead of the subjunctive when the latter is required would not really cause a misunderstanding, but it would sound wrong.

Exercise 1

Decide whether *di* or *che* is needed to complete each sentence below. Note: Some sentences require no change.

1. So _____ verrai con Agata, domani.

2. Però non sono sicura _____ sia una buon'idea …

3. Carla mi ha detto _____ essere ancora molto triste per la vostra rottura.

4. Non vorrei _____ sembrarti pesante, ma forse è

   possibile _____ venire da solo?

5. Sai, Carla è una mia cara amica e non voglio _____ stia male.

Exercise 2

Using the expressions provided, decide whether the subjunctive, indicative, or infinitive is appropriate to complete each new sentence below.

Esempio: Hai un raffreddore spaventoso.
Pare che <u>tu abbia un raffreddore spaventoso.</u>

1. Marco è malato.

Ho sentito che _____

_____.

2. Ieri non è andato al lavoro.

Pare che ieri _____

_____.

3. È a letto con la febbre.

Dice di _____

_____.

4. Ha mentito, è andato al supermercato a fare compere.

So che _____

_____.

5. Ha visto la sua ex-moglie al supermercato, abbracciata a un altro uomo.

È possibile che _____

_____.

6. Ora sta male di sicuro.

Sono certo che _____

_____.

Exercise 3

Marco and Carla recently separated. Marco is dating another woman, Agata, and Carla is still single. But a friend told you she just saw Marco alone and Carla hand in hand with another man. Use the verbs below to complete the sentences, giving your opinion of the situation.

credere, essere, innamorarsi, mettersi, perdere, sapere, soffrire, succedere, tornare, trovare

1. So che _____

_____

_____.

2. Però penso _____

_____

_____.

3. Non sono certo/a _____

_____

_____.

4. E soprattutto _____

_____

_____.

5. Mi dispiace _____

_____

_____.

6. Ma penso _____

_____

_____.

82

When *se* (if) is used in a sentence, it forms a *se* clause. The mood of the *se* clause depends on the type of situation being described.

In sentences describing circumstances that are real or likely to occur, the indicative mood is used in the subordinate *se* clause. The indicative or the imperative mood is used in the main clause.

> *Se vuoi* venire a trovarmi, *chiamami.*
> **If you** want to visit me, **call me.**

In sentences describing an imaginary, impossible, or unlikely situation in the present, the imperfect subjunctive in used in the subordinate *se* clause. The conditional is used in the main clause.

> *Se avessi* un figlio, lo *chiamerei* Luca.
> **If I had** a son, **I would call** him Luca.

In sentences describing an imaginary or impossible situation in the past, the pluperfect subjunctive is used in the subordinate *se* clause. The past conditional is used in the main clause.

> *Se non* ti *avessi incontrato, non avrei saputo* niente.
> **If I hadn't met** you, **I wouldn't have known** anything.

Attenzione!

The pluperfect subjunctive can be used in the subordinate clause when the action expressed in the past reflects, or has direct consequences, on the present. When the pluperfect subjunctive is used in these cases, the present conditional is used in the main clause.

> Non **ho voluto,** ma **potevo** vivere al Cairo.
> I **didn't want to,** but I **could live** in Cairo.

> *Se solo* **avessi voluto,** ora **abiterei** al Cairo.
> If only I **had wanted to,** I **would be living** in Cairo now.

Attenzione!

The order of the main clause and *se* clause can be switched without altering the meaning of the sentence.

> *Non ti* **avrei** mai **visto** se non **fossi venuto** qui.
> I **would have** never **seen** you if I **hadn't come** here.

Parole Quotidiane

Though grammatically incorrect, the use of the subjunctive and conditional moods in the *se* clause is increasingly being replaced by the imperfect indicative in both clauses.

Indicative:	*Se lo* **sapevo,** *non* **venivo.** **If I had known,** I **would**n't **have come.**
Subjunctive:	*Se l'***avessi saputo,** *non* **sarei venuto.** **If I had known,** I **would**n't **have come.**

Exercise 1

Complete the following sentences using the appropriate form of the verb in parentheses.

1. Se ho sete, _____ (bere) un bicchiere d'acqua.

2. Se vorrete venire alla mostra, _____ (chiamare noi).

3. _____ (mangiare) una fetta di panettone, se ne ho voglia.

4. _____ (prepararsi) una camomilla, se non riesco a dormire.

5. Se non faccio tardi, _____ (passare) da te prima di andare a casa.

Exercise 2

Change the sentences below from the present indicative to both the present and past subjunctive, as shown in the example.

Esempio: Se mi ascolti, ti dico tutto.
                     <u>Se mi ascoltassi, ti direi tutto.</u>
                     <u>Se mi avessi ascoltato, ti avrei detto tutto.</u>

1. Se vuoi, vengo con te.

_____

_____

2. Se hai tempo, ti cucino qualcosa.

_____

_____

3. Torno a casa, se non ti dispiace.

_____

_____

4. Posso chiamare mio padre, se ho bisogno di aiuto.

_____

_____

5. Se non vieni, mi arrabbio.

_____

_____

Exercise 3

Complete these sentences below by expressing what you would do in each situation.

1. Se avessi un'astronave spaziale, _____

_____

_____.

2. Se sapessi volare, _____

_____

_____.

3. Se adesso fossi a Parigi, _____

_____

_____.

4. Se avessi risposto a quella chiamata, _____

_____

_____.

5. Se non avessi detto di no, _____

_____

_____.

Some verbs in double-verb constructions require the preposition *a* or *di* before the second verb. Common verbs requiring these prepositions include:

aiutare a	to help to
andare a	to go to
cominciare a	to start to
continuare a	to continue to
divertirsi a	to have fun
imparare a	to learn to
insegnare a	to teach to
mettersi a	to begin to
riuscire a	to succeed at
venire a	to come to
avere bisogno di	to need to
avere paura di	to be afraid to
cercare di	to try to
chiedere di	to ask to
consigliare di	to advise to
credere di	to believe
decidere di	to decide to
dimenticarsi di	to forget to
dire di	to say, to declare
finire di	to finish
pensare di	to think about
permettere di	to allow to
promettere di	to promise to
ricordarsi di	to remember to
sperare di	to hope to
suggerire di	to suggest

*Oggi Tommaso **ha imparato ad andare** in bicicletta.*
Today, Tommaso **has learned to ride** a bike.

Cerchiamo di passare una bella serata.
Let's **try to have** a nice evening.

Attenzione!

In double-verb constructions, the verb following the preposition is always in the infinitive.

*Mi insegni **a ballare** il tango?*
Will you teach me **to dance** tango?

Attenzione!

Some verbs don't require a preposition before an infinitive. Some of the most common include:

amare	to love to
desiderare	to wish to
dovere	to have to
potere	to be able to
preferire	to prefer to
sapere	to know how to
volere	to want to

Preferisci guidare tu?
Do you prefer to drive?

Parole Quotidiane

The use of the correct preposition needs to be memorized and practiced. Prepositions don't necessarily correspond between English and Italian, and translating the preposition directly from English can lead to inaccuracies. In some cases, prepositions are used in English where they would not be used in Italian, and vice versa.

Cerchiamo un buon tavolo.
Let's look **for** a good table.

Exercise 1

Use the correct preposition to form complete sentences using the elements below.

1. Marta / sapere / sciare

_____

_____

2. Giovanni e io / mettersi / lavorare

_____

_____

3. i bambini / avere paura / buio

_____

_____

4. tu / amare / bere buon vino

_____

_____

5. voi / pensare / partire domani

_____

_____

Exercise 2

Fill in the blanks with the appropriate preposition when necessary.

(**1.**) In Italia l'ora dell'aperitivo è diventata una tradizione che i giovani amano _____ rispettare. (**2.**) Finiscono _____ lavorare verso le 6 e poi decidono _____ andare al bar _____ bere un bicchiere di vino. (**3.**) Insieme al vino, vengono serviti molti spuntini come pizzette, focaccine, salatini, ma si può anche _____ trovare piccoli piatti di pasta, risotto e affettati e formaggi vari. (**4.**) Questo piccolo rito quotidiano permette ai giovani _____ chiudere una giornata al lavoro in compagnia, senza dover _____ aspettare il fine settimana per ritrovarsi. (**5.**) E in effetti è molto divertente _____ sedersi ai tavolini, gustare un buon bicchiere di vino rosso o bianco e assaggiare tanti "stuzzichini" mentre si chiacchiera del più e del meno. (**6.**) Spesso si decide _____ fare un altro giro, e a questo punto si continua _____ mangiare fino a sazietà, senza avere bisogno _____ preparare la cena a casa. (**7.**) L'aperitivo riesce in modo piacevole ed economico _____ sostituire cene casalinghe solitarie e riscaldate al microonde!

Exercise 3

Complete the following sentences about your childhood using the verbs below with the correct preposition.

arrampicarsi, assumersi responsabilità, correre, farsi male, giocare, guardare, uscire

Quando ero piccolo/a …

1. I miei genitori non mi permettevano _____

_____.

2. Mi divertivo _____

_____.

3. Non c'era nessun bisogno _____

_____.

4. I miei amici e io andavamo _____

_____.

5. Potevo _____

e non avevo paura _____

_____.

Bei tempi!

The verbs *essere* and *stare* can both translate as *to be*, though they have very specific uses and are not usually interchangeable.

Essere is used to indicate permanent aspects of people or things, such as identity, profession, origin, nationality, religious or political affiliation, physical aspects, qualities or characteristics, and conditions or emotions that are subject to change.

> *Luigi **è** un architetto, **è** italiano ed **è** alto come un giocatore di pallacanestro. **È** un uomo felice.*
> Luigi **is** an architect, **is** Italian, and **is** as tall as a basketball player. He **is** a happy man.

Essere is also used to indicate possession, time of day or date, and location.

> ***Sono** le cinque e mezzo.*
> It **is** five thirty.

Eccezione

In sentences referring to a location, *stare* is used instead of *essere* to express *to stay* or *to remain*.

> *Oggi **sto** a casa. **Sono** troppo stanco per uscire.*
> Today I'll **stay** home. I **am** too tired to go out.

Parole Quotidiane

Though grammatically incorrect, *stare* is sometimes used instead of *essere* to indicate location. This use is particularly widespread in the south of Italy.

> *La sedia **è** in cucina. ≠ La sedia **sta** in cucina.*
> The chair **is** in the kitchen.

Stare is used in progressive tenses to indicate general physical and emotional conditions.

> *Marco **sta** bene; quando l'ho chiamato **stava** passeggiando nel parco.*
> Marco **is doing** fine; when I called him he **was** walking in the park.

Attenzione!

The verb *stare* is often used instead of *essere*, particularly when describing someone's behavior or state of mind or when giving an order or exhortation. In these cases, either verb is correct. In all other cases, *essere* and *stare* are not interchangeable.

> *Non **stare** troppo in ansia.*
> Don't be too anxious.

> *Non **essere** troppo in ansia.*
> Don't be too anxious.

Stare is used in several idiomatic expressions.

non sta né in cielo né in terra	this is ridiculous
sta con	to be with someone, in a romantic sense
starci male	to suffer/to be in pain because of a situation
stare addosso a qualcuno	to suffocate someone
stare stretto	to feel too tight/ uncomfortable
stare da Dio/una meraviglia	to feel/look great
star fermo	to keep still
star zitto	to keep quiet
stare a guardare il capello	to be too picky
le cose stanno così	this is how it is

> ***Le cose stanno così,** e non ci possiamo fare niente.*
> **This is how it is,** and there's nothing we can do about it.

Exercise 1

Complete the following dialogue using *essere* or *stare* appropriately.

—Ciao, Claudia, come _____?

—_____ bene, grazie, e tu?

—Così così. _____ un po' malata.

—Cos'hai?

—_____ raffreddata e ho anche un po' di febbre.

—Oh, povera. Hai visto un medico?

—Ci _____ andando proprio adesso.

—A piedi?

—_____ in bicicletta.

—Ma sei matta? Raffreddata e in bici? Sali subito in macchina, ti do un passaggio.

—Ma non vorrei …

—_____ zitta e monta. In due minuti

_____ lì.

Exercise 2

Read the following sentences and correct the use of *essere* or *stare* when necessary.

1. Silvia e Gianluca stanno a Torino da due anni.

   _____

   _____

2. Sono due studenti del Politecnico, stanno fidanzati da sei mesi e stanno bene insieme.

   _____

   _____

3. Ogni sera sono a teatro e molto raramente stanno a casa.

   _____

   _____

4. Ora, per esempio, sono andando a una prima al Teatro Regio.

   _____

   _____

5. Ma si devono sbrigare: stanno le otto e mezzo e lo spettacolo è per iniziare!

   _____

   _____

Exercise 3

Translate the following passage, deciding between *essere* and *stare*.

Federica is a Swiss painter whom I met last summer. She was in Venice to study the paintings of the Renaissance. I saw her on a bridge and I approached her while she was painting the balcony of a palace. Her painting was lively, precise, and it was very different from all the paintings I had seen until that moment.

"How are you?" Federica asked when she noticed me.

I stayed there chatting with her for an hour, and then I left. But before leaving her to the cold of the night, I shook her hand and told her: "Be careful. Venice is a town full of magic, but of humidity too." I wish I had told her something more intelligent.

_____

_____

_____

_____

_____

_____

_____

_____

_____

_____

_____

_____

_____

_____

_____

_____

85

The third person conjugation of *essere* is used in the expressions *c'è* (from *ci* + *è*) and *ci sono*, which correspond to the English phrases *there is* and *there are.* They state the existence or presence of something or someone.

> *Non* **c'è** *niente da mangiare.*
> **There's** nothing to eat.

> *Nel mio ufficio* **ci sono** *due ragazze islandesi.*
> In my office **there are** two Icelandic girls.

Attenzione!

C'è and *ci sono* should not be confused with *ecco*, which is translated with *here is/here are. Ecco* is used to drawing attention to something or someone.

> **Ecco** *tuo fratello!*
> **Here's** your brother!

C'è and *ci sono* is also used to express the concept of *being in* something or *being here/there.*

> *Buongiorno,* **c'è** *Franca?*
> Good morning, **is** Franca **in**?

Attenzione!

C'è should not be confused with the singular third person conjugation of *essere* (*è*), which describes qualities and characteristics of people or things, such as identity, profession, origin, nationality, religious or political affiliation, physical aspects, and conditions or emotions.

> *C'è un uomo in questa stanza che è un attore famoso.*
> **There is** a man in this room who **is** a famous actor.

Come is used with all persons of *essere* to ask what people or things are like.

> *Com'è questa mostra?*
> **How is** this exhibition?

> *Come sono queste zeppole?*
> **How are** these zeppoles?

Attenzione!

To ask about someone's mental or physical condition, the verb *stare* is used instead of *essere.*

> **Come sta** *zia Maria?*
> **How is** Aunt Maria?

Come is often used with *essere* + adjective to make exclamations. When the subject is expressed, it is placed at the end of the sentence.

> *Com'è bello Paolo!*
> **How handsome** Paolo **is**!

Parole Quotidiane

Exclamations using *come* are more common in Italian than they are in English. In English, these exclamations would translate without *how.*

> *Com'è bella questa casa!*
> **This is a really nice** house! = **What a lovely** house!

Attenzione!

In exclamations, *come* can be replaced by *quanto* or *che* (followed by an adjective or a noun).

> **Quanto** *sono dolci questi cioccolatini!* = **Che** *dolci questi cioccolatini!*
> **How** sweet these chocolates are!

Exercise 1

Form logical sentences by connecting the elements from column A and column B.

A	B
_____ **1.** C'è …	a. l'uomo più bello del mondo!
_____ **2.** Come sono …	b. viaggiare con tua madre?
_____ **3.** Ecco …	c. questi agnolotti?
_____ **4.** Com'è …	d. molti americani a Firenze.
_____ **5.** Ci sono …	e. molta gente stasera.

Exercise 2

Complete the following sentences with *c'è, ci sono, com'è, come sono, come sta,* or *come stanno.*

1. _____ molti turisti a Venezia.

2. _____ i tuoi genitori?

3. _____ una bellissima mostra di Tintoretto al Museo Correr.

4. _____ il tempo oggi?

5. _____ i treni italiani?

Exercise 3

Answer the following questions.

1. Come sta Lucia?

   _____

   _____

2. Com'è il figlio di Marco?

   _____

   _____

3. C'è Sofia?

   _____

   _____

4. Come sono i tuoi cuginetti?

   _____

   _____

5. Ci sono le tue sorelle stasera?

   _____

   _____

86

Sapere and *conoscere* both mean *to know,* but they are used to describe different types of knowledge.

Conoscere is regular in all forms except its past participle (*conosciuto*). Sapere is irregular in the present tense.

	Singular	Plural
	*io **so*** I know	*noi **sappiamo*** we know
sapere (to know)	*tu **sai*** you know	*voi **sapete*** you know
	*lui/lei **sa*** he/she/it/you f. knows	*loro **sanno*** they know

Sapere means to know a fact or to have knowledge of something.

> **Sa** *dov'è il ristorante La Grotta?*
> Do you **know** where the restaurant La Grotta is?

Sapere is followed by the infinitive of a verb to express *knowing how to* do something.

> *Tina **sa sciare.***
> Tina **knows how to ski.**

Attenzione!

The direct object pronoun *lo* (it) must be used with *sapere* to express the object of the verb. The object is often implied in English.

> —**Sapete** *dov'è Riccione?*
> —Do you **know** where Riccione is?

> —*No, non **lo sappiamo.***
> —No, we don't **know (it).**

Conoscere means *to be acquainted* or *to be familiar* with someone or something. Conoscere is often used when talking about people, places, subjects, and languages.

> —**Conosci** *la storia di Lucia?*
> —Do you **know** Lucia's story?

> —*No, ma **conosco** Lucia.*
> —No, but I **know** Lucia.

Attenzione!

In the present perfect tense, *sapere* and *conoscere* have more precise meanings: *Sapere* means *to find out,* and *conoscere* means *to meet.*

> **Hai saputo** *cos'è successo? Franco **ha** finalmente **conosciuto** Paola!*
> Did you **find out** what happened? Franco finally **met** Paola!

Exercise 1

Decide whether *sapere* or *conoscere* should be used to fill in the dialogue below.

—(Conosci/Sai)_____ cos'è successo?

—No, non lo (conosco/so)_____ .

—(Ho conosciuto/saputo)_____ che Marta si è sposata!

—Marta? E con chi?

—Un tizio che (ha conosciuto/saputo)_____ in vacanza alle Baleari.

—Ma stai scherzando? E come lo (conosci/sai)

_____ ?

—Me l'ha detto Gina che l'ha (conosciuto/saputo)

_____ da Liliana.

—Ma dai! Chi l'avrebbe mai detto … e questo marito com'è?

—Non lo (conosce/sa)_____ nessuno … pare che abiti in un castello in Francia e che si siano trasferiti lì.

—Ma è anche ricco?

—(Ho conosciuto/saputo)_____ un suo amico … pare che sia ricchissimo …

—Non (conosci/sai)_____ se per caso ha un fratello?

Exercise 2

Use *sapere* or *conoscere* to form complete sentences with the elements below.

1. Il numero di telefono di tua cugina

_____

_____

_____

2. La storia d'Italia

_____

_____

_____

3. Marcello Mastroianni

_____

_____

_____

4. Ballare la pizzica

_____

_____

_____

5. I nomi dei sette Re di Roma

_____

_____

_____

Exercise 3

Translate the following sentences using *sapere* or *conoscere* correctly.

1. Last night Silvana met a very interesting guy.

_____

_____

2. His name is Sandro and he is a dancer. But he also knows how to play guitar very well.

_____

_____

_____

3. Silvana found out from a mutual friend that Sandro is from Argentina.

_____

_____

_____

4. Silvana doesn't know Argentina, and she doesn't understand what he's doing here.

_____

_____

_____

5. But Sandro explained that knowing where someone is from is important to be able to know them better.

_____

_____

_____

87

The verbs *volerci* and *metterci* both mean *to take,* and both express the amount of time required to do something. However, they are not interchangeable, as they take different subjects.

Volerci and *metterci* are always conjugated with the pronoun *ci* (it).

*Quanto **ci vuole**?*
How long does **it take**?

The subject of *volerci* is the amount of time required to do something. *Volerci* is singular when the time required is singular and plural when the time required is plural. *Volerci* can be conjugated in all tenses, but it can only be conjugated in the third singular and plural forms.

***Ci vuole** un'ora per raggiungere Aosta, ma poi **ci vogliono** due ore per arrivare a Torino.*
It takes one hour to reach Aosta, but then **it takes** two hours to arrive in Turin.

Attenzione!

Volerci takes *essere* as an auxiliary in all compound tenses.

*Gli **ci sono volute** due ore per arrivare.*
It took him two hours to arrive.

Volerci can also express the number of people or things needed to do something.

***Ci vuole** un chilo di pasta per saziarli.*
It takes one kilo of pasta to fill them up.

Parole Quotidiane

The common expression *E che ci vuole?* does not have a precise English equivalent, but it can be translated as *So what?,* or *What does it take?* Its negative form, *Non ci vuol niente,* is literally translated as *It takes nothing.*

*Dobbiamo traslocare tutta questa roba. **E che ci vuole**? Siamo in dodici.*
We have to move all this stuff. **So what**? We are twelve people.

***Non ci vuol niente** a farti felice.*
It is easy to make you happy. (Literally: **It takes nothing** to make you happy.)

Attenzione!

The English construction *it takes* + indirect object pronoun is translated with indirect object pronoun + *volerci.*

***Le ci vogliono** dieci minuti per conoscere gente nuova.*
It takes her ten minutes to meet new people.

The subject of *metterci* is the person performing the action. *Metterci* can be conjugated in all tenses and persons.

*Quanto **ci metti** da casa mia a casa tua?*
How long **do you take** (to get) from my place to yours?

Attenzione!

Metterci takes *avere* as an auxiliary in all compound tenses.

*In treno **ci hanno messo** sette ore per arrivare.*
They took seven hours to arrive by train.

Attenzione!

The preferred preposition after *metterci* is *a* (+ infinitive). The preferred preposition after *volerci* is *per* (+ infinitive). These prepositions can be interchangeable in different areas of Italy or in colloquial speech.

*Quanto ci metti **a vestirti**?*
How long do you take **to get dressed**?

*Ci vogliono due minuti **per infilarsi** un abito.*
It takes two minutes **to put on** a dress.

Attenzione!

Metterci should not be confused with the verb *mettersi,* which means *to start doing something* (when followed by *a* + infinitive).

Exercise 1

Use the correct form of *volerci* or *metterci* to complete the sentences below.

1. _____ tre ore da Milano a Firenze, ma io

   _____ due ore e mezzo.

2. Lo scorso Natale _____ tre persone per addobbare l'albero.

3. —Finalmente! Ma quanto _____?

   —_____ una vita … il supermercato era pieno di gente.

4. Coraggio, che alla tua età a cominciare tutto da capo

   _____ niente!

5. —Quanti mesi ti _____ per ambientarti?

   —_____ due anni.

Exercise 2

Circle the singular or plural form of the verb in parentheses to complete each sentence below.

1. Sara (ci mette / ci mettono) tre ore per fare gli agnolotti.

2. I suoi fratelli (ci mette / ci mettono) cinque minuti a divorarli.

3. E poi (ci vuole / ci vogliono) mesi prima che le torni la voglia di cucinare.

4. A quel punto, (ci vuole / ci vogliono) una mattina intera per convincerla.

5. E come sempre, Giacomo e Luigi (ci metterà / ci metteranno) pochi minuti a mangiare tutto.

Exercise 3

How long does it take to do the following things? Form complete sentences using *volerci* and *metterci* as indicated by the parentheses.

1. preparare la colazione (metterci)

   _____

   _____

2. riordinare la stanza (volerci)

   _____

   _____

3. andare in ufficio (metterci)

   _____

   _____

4. crescere un bambino (volerci)

   _____

   _____

5. fare la pasta in casa (metterci)

   _____

   _____

88

The verb *piacere* translates in English as *to like,* though its literal translation is closer to *to be pleasing to.*

In sentences using *piacere,* the subject is the person or thing that is liked. The indirect object is the person or thing that likes. *Piacere* agrees with the subject and is therefore often conjugated in the third person.

*A noi **piace** la tua casa.*
We **like** your house.

*Ti **piacciono** questi quadri?*
Do you **like** these paintings?

Attenzione!

The expressions *Do you like it?* and *Do you like them?* are translated in Italian as *Ti piace?* and *Ti piacciono?* The pronouns *it* and *them* are not translated.

*Guarda questa sciarpa. **Ti piace**?*
Look at this scarf. **Do you like it**?

In sentences using *piacere,* the indirect object structure *a* + pronoun is generally replaced by an indirect object pronoun, though both are correct.

***A voi** piacciono i pomodori. = **Vi** piacciono i pomodori.*
You **like** tomatoes.

Eccezione!

When the indirect object is a noun, it is preceded by the preposition *a.*

***A** Claudio piace il pesto.*
Claudio likes pesto.

In the present perfect, *piacere* is always conjugated with *essere.* Both *essere* and the past participle of *piacere* agree in gender and number with what was liked.

*Mi **sono piaciute le verdure** che hai fatto ieri, ma non mi **è piaciuta la pasta**.*
I **liked the vegetables** you made yesterday, but I **didn't like the pasta.**

When the thing that is liked is an infinitive, *piacere* is conjugated in the third singular person. *Piacere* remains in the singular even when multiple infinitives are referred to.

*Mi **piace** mangiare, bere, e dormire.*
I **like** to eat, to drink, and to sleep.

The negative of *piacere* is *non piacere,* which means *to dislike. Dispiacere* (the prefix *dis-* + *piacere*) means *to be sorry* and can only be conjugated in the third person singular form.

*Mi **dispiace, non** mi **piace** il panettone.*
I'm **sorry, I don't like** panettone.

*Ci **è dispiaciuto** non poter venire.*
We **are sorry** we couldn't come.

Attenzione!

To express general likes and dislikes, always use the definite article.

*Le piace **il** pane, ma non le piace **la** focaccia.*
She likes bread, but she doesn't like focaccia.

Parole Quotidiane

It is common, especially among children, to use too many pronouns with *piacere.* Construcions such as *A me mi piace* (literally, *to me, it is liked by me*) or *A te ti piace* (literally, *to you, it is liked by you*) are incorrect and should be avoided.

Exercise 1

Use *no* to say that you dislike the following things. Then say what you do like.

1. Ti piace il mango?

No,_____

_____

_____

2. Ti piacciono gli spaghetti?

No,_____

_____

_____

3. Ti piacciono i cani?

No,_____

_____

_____ .

4. Ti piace viaggiare?

No,_____

_____

_____ .

5. Ti piace tua suocera?

No,_____

_____

_____ .

Exercise 2

Use *piacere* with the elements provided to construct logical sentences in the present and past forms.

Esempio: I bambini/i cartoni animati
Ai bambini piacciono/sono piaciuti i cartoni animati.

1. mio fratello/la pasta all'amatriciana

_____

_____

2. i tuoi amici/le mie amiche

_____

_____

3. tu/quei documentari americani

_____

_____

4. lei/fare la maglia

_____

_____

5. loro/il concerto

_____

_____

Exercise 3

You have just come back from a trip to Italy. Write a paragraph using *piacere* in the present perfect form to tell your friends what you liked and disliked. Choose from the nouns provided below for your answer.

cibo, gallerie d'arte, musei, pappardelle, trippa, trasporti, vini locali

_____

_____

_____

_____

_____

_____

_____

_____

_____

_____

_____

_____

_____

_____

_____

89

90 Special Verbs To Leave

The English verb *to leave* can be translated with several different Italian verbs. The usage for each verb varies greatly, and the verbs are not interchangeable.

To depart is expressed with either the verb *partire* or *andare via*.

Partiamo alle otto.
We **are leaving** at eight.

È andato via due ore fa.
He **left** two hours ago.

Attenzione!

The verb *partire* translates as *to depart* only when the idea of a trip or a journey is implied. Otherwise, this action is expressed with *andare via*.

—Basta, **vado via**.
—That's it, **I'm leaving.**

—**Parti**?
—Are you taking a trip?

—No, vado solo a casa.
—No, I'm just going home.

To go out is expressed with the verb *uscire*.

Usciamo di casa alle dieci.
We **leave** the house at ten.

To let is expressed with either the verb *lasciare che* or *consentire*.

Lascialo giocare con le mie chiavi.
Let him play with my keys.

Consentigli di rimanere ancora.
Let him stay longer.

To leave somebody or something is expressed with the verb *lasciare*.

Ho **lasciato** mio marito.
I **left** my husband.

Parole Quotidiane

Several common idiomatic expressions that use *to leave* in English are translated in Italian with different compound verbs.

to leave alone	lasciar tranquillo, in pace
to leave be	lascia che sia
to leave behind	lasciarsi dietro, abbandonare, dimenticare
to go on leave	andare in licenza
to leave home	andare via di casa
to leave in	lasciare (dentro)
to leave it to someone	lasciar fare qualcosa a qualcuno
to leave no stone unturned	non lasciare nulla di intentato
to leave no trace	non lasciar traccia
to leave off	andarsene, smettere di, ritirarsi
to leave out	omettere, tralasciare
to leave over	rimanere
to leave the country	lasciare il paese
to leave the door open	lasciare la porta aperta
to leave your mark	lasciare la propria traccia, il segno

Exercise 1

Complete the following dialogue by inserting the correct form of the *to leave* verbs below.

lasciare, partire, andare via

—Ciao Simona, hai visto Letizia?

—_____ mezz'ora fa.

—Cosa? Dovevamo andare insieme all'agenzia di viaggi!

—Ah, sì? _____?

—Sì, _____ la città per due settimane e scappiamo in Africa.

—Che bello! Quando _____?

—Domenica. Ma ho bisogno di Simona per fare le prenotazioni!

180

—_____ stare, se ne sarà dimenticata. È molto distratta ultimamente.

—Lo so, da quando Nino l'_____, non è più la stessa.

—È per questo che _____: voglio che si diverta e pensi ad altro.

—Allora _____ fare a me, la cerco al telefono e appena la trovo te la mando in agenzia.

Exercise 2

Translate the following passage using the correct translation for _to leave_.

Last summer we wanted to experience something new. So Claudia and I left our apartment with a couple of English friends and left for Europe. We didn't know where we wanted to go, and let our instincts lead us. We left on a bright spring Sunday, and chose Portugal as our first destination. As soon as we walked in the hostel, we left our luggage in the room and went out to see the city. That night we met many different people who, just like us, had left their homes to go see the world.

_____

_____

_____

_____

_____

_____

_____

_____

_____

_____

Exercise 3

Complete the crossword puzzle below by giving the correct translations of each expression.

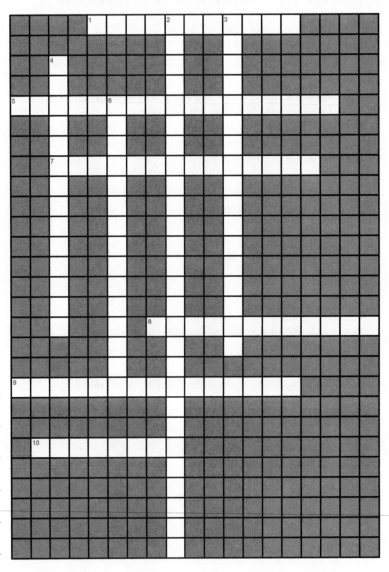

Across

1. leave behind
5. leave it to you
7. to go on leave
8. leave be
9. leave your mark
10. leave out

Down

2. leave no stone unturned
3. leave no trace
4. leave alone
6. leave home

90

The English verb *to look* can be translated with several different Italian verbs. The usage for each verb varies greatly, and the verbs are not interchangeable.

To look at or **to watch** **can be expressed with the verb** *guardare.*

>*Guarda* quei cigni.
>**Look at** those swans.

To appear or **to seem, as in a condition or state of being, can be expressed with the verb** *sembrare.*

>*Sembri* stanco; stai bene?
>You **seem** tired; are you all right?

To look like or **to resemble can be expressed with the verb** *somigliare* or *assomigliare.*

>*Assomiglia/Somiglia* a suo padre.
>She **looks like** her father.

Parole Quotidiane

Several common idiomatic expressions that use *to look* in English are translated in Italian with different compound verbs or verb + preposition constructions.

(an) angry look	*sguardo arrabbiato*
to have a look at	*dare un'occhiata a*
to have the look of (something)	*sembrare; avere l'apparenza/aspetto di*
to look a mess	*sembrare un casino*
to look after	*occuparsi di, badare a*
to look ahead	*guardare avanti*
to look alive	*sembrare vivo*
to look around	*guardarsi attorno*
to look away	*distogliere lo sguardo*
to look back	*guardarsi indietro*
to look back on	*ricordare (rimembrare)*
to look bad	*sembrare cattivo*
to look beautiful/good	*avere un bell'aspetto, stare bene*
look before you leap	*pensa prima di agire*
to look beyond	*guardare oltre*
to look/appear huge	*sembrare grande*
to look closely at	*guardare/considerare molto attentamente*
to look down	*guardar giù*
to look down on	*guardare dall'alto in basso*
to look foolish	*sembrare stupido, fare una brutta figura*
to look for	*cercare*
to look forward to	*non vedere l'ora*

to look into/investigate	*investigare/indagare*
to look on/consider	*considerare, ponderare*
to look on the bright side	*vedere il lato positivo*
to be on lookout	*vigilare, stare attenti, in guardia*
to look out for	*stare attento a*
to look over/examine/review	*esaminare, ispezionare*
to look sharp/be alert	*stare all'erta*
to look through	*esaminare*
to look to	*ricorrere a, badare a, contare su*
to look (something) up	*alzare lo sguardo, controllare in un libro, cercare nel dizionario*
to look up to	*ammirare*
to look upon	*considerare, ponderare*
look-alike	*identico, sosia*
(a) quick look	*occhiata*
(a) sharp look	*sguardo attento, acuto*

Exercise 1

Connect the English sentence from column A to the Italian translation in column B.

A	B
_____ **1.** I look forward to seeing you!	a. Dagli un'occhiata e mandamelo.
_____ **2.** Have a quick look and send it to me.	b. Guardati intorno, conosci qualcuno?
_____ **3.** You should look it up.	c. Questa stanza sembra enorme!
_____ **4.** Look around, do you know anybody?	d. Dovresti controllarlo.
_____ **5.** This room looks huge!	e. Non vedo l'ora di vederti!

Exercise 2

Use the Italian translation of the following English verbs to form a logical sentence.

1. to look at

_____

_____

_____

2. to look for

_____

_____

_____

3. to look after

_____

_____

_____

4. to look through

_____

_____

_____

5. to look good

_____

_____

_____

Exercise 3

Read the following passage. Translate the underlined verbs and expressions into English.

Rino è un ragazzo molto gentile. In questo <u>somiglia</u> molto alla madre, anche se per il resto è il <u>sosia</u> di suo padre: stessi occhi neri, stessa altezza, stessa corporatura longilinea, stesso modo di fare. Rino ha una sorella, che <u>sembra</u> figlia di un'altra famiglia: grassoccia, bionda, occhi azzurri. Marcella, la sorellina, <u>ammira</u> molto suo fratello e dice a tutte le sue amichette che adora quando lui <u>bada</u> a lei. Capita spesso infatti che i genitori escano con gli amici e Marcella <u>non vede l'ora</u> che escano e la lascino con lui. Rino <u>sembra</u> sempre <u>arrabbiato</u>, ma si vede che fa piacere anche a lui: vuole molto bene a sua sorella e dice sempre che quando <u>si guarderà indietro</u>, <u>guarderà</u> alla sua giovinezza con grande tenerezza grazie a lei.

_____

_____

_____

_____

_____

_____

_____

_____

_____

_____

_____

_____

_____

_____

_____

_____

_____

The English verb *to miss* can be translated with several different Italian verbs. The usage for each verb varies greatly, and the verbs are not interchangeable.

To express missing a form of transportation (such as a train, bus, or plane), the verb *perdere* is used.

Piero ha **perso** il treno.
Piero **missed** the train.

To express missing a goal, as in failing to do something, either the verb *mancare* or *sbagliare* is used.

È **mancato** all'appuntamento.
He **missed** his appointment.

Ha **sbagliato** l'esercizio più importante dell'esame.
He **failed** the most important exercise in the exam.

To miss somebody or something is expressed with the verb *mancare.*

Mi **manca** Firenze.
I **miss** Florence.

Attenzione!

In the passive voice, the verb *scomparire* can be used to express that something or someone is missed.

Quella bambina è **scomparsa** da tre giorni.
That little girl has been **missing** for three days.

Attenzione!

When *mancare* is used to express missing someone or something, it agrees with the person or thing missed, similar to the verb *piacere.*

—Ti **mancano** i tuoi fratelli?
—Do you **miss** your siblings?

—**Non** mi sono **mai** mancati così tanto.
—I have **never missed** them so much.

Mancare is also used to express a lack of something.

Gli **manca** la forza di volontà.
He **lacks** willpower.

Parole Quotidiane

Several common idiomatic expressions that use *to look* in English are translated in Italian with different compound verbs.

hit and miss (unreliable)	*non affidabile, dai risultati alterni*
to be hit or miss (random)	*fare qualcosa a casaccio*
to miss an opportunity	*perdere un'opportunità/ occasione*
to miss out	*tralasciare, perdere, mancare*
to miss the point	*non afferrare il punto*
(a) near miss	*incidente sfiorato, poco ci mancava*

Exercise 1

Fill in the blanks below with the correct *to miss* verb.

1. Accidenti! È tardissimo! Ho paura di _____ (miss) il treno!

2. A che ora sei passato? Ti ho _____ (missed) per un minuto.

3. _____ (I miss) molto le mie amiche.

4. Non devi assolutamente _____ (miss) questo film!

5. Il mio bagaglio è _____ (missing), cosa devo fare?

Exercise 2

Provide an idiomatic English phrase to express each situation described below.

Giovanni è una persona molto pigra e disattenta …

1. L'altro giorno per poco non causa un disastro

_____

_____

2. Stava sistemando l'altalena in giardino, ma lavorava con disattenzione

_____

_____

3. Verso le 4 è passato il suo amico, lui ha lasciato lì tutto ed è andato al bar con lui. Mai una volta che dica di no al divertimento!

_____

_____

4. Il problema è che la piccola Silvia è salita sull'altalena che Giovanni non ha finito di fissare ed è caduta. Per fortuna non si è fatta troppo male, ma a momenti finisce all'ospedale!

_____

_____

5. E lui? Lui è tornato a casa verso sera, tutto contento, e non ha capito assolutamente niente!

_____

_____

Exercise 3

Translate the following sentences using the correct verb for _to miss_ in both the present and past tenses.

1. He misses his parents.

Present: _____

_____

Past: _____

_____

2. I lack the energy.

Present: _____

_____

Past: _____

_____

3. We miss you, Matteo and Giuliano.

Present: _____

_____

Past: _____

_____

4. She misses her aunt.

Present: _____

_____

Past: _____

_____

92

The English verb *to return* can be translated with several different Italian verbs. The usage for each verb varies greatly, and the verbs are not interchangeable.

To go back is expressed with the verb *tornare* or *ritornare*.

> *Torno più tardi.*
> I'll **return** later.

To return/give back something is expressed with the verbs *restituire, rendere, riportare,* or *ridare*.

> *Mi ha **restituito** il mio libro.*
> He **returned** my book.

> *Mi devi **rendere** la gonna che ti ho prestato.*
> You have to **return** the skirt I lent you.

> ***Ridammi** i miei stivali.*
> **Give** me my boots **back.**

> ***Riporta** questi guanti a Maria.*
> **Return** these gloves to Maria.

To bring in, in the sense of a gain, is expressed with the verb *rendere*.

> *Questa proprietà **rende** poco.*
> This estate **returns** little money.

When the thing returned is a favor or a gesture, either the verb *ricambiare* or *contraccambiare* is used.

> *Vorrei **ricambiare** la tua gentilezza.*
> I'd like **to return** your kindness.

> *Come posso **contraccambiare** il favore?*
> How can I **return** the favor?

To refund is expressed with the verb *ripagare*.

> *Sono stato **ripagato** immediatamente.*
> I was immediately **refunded.**

To put back into place is expressed with the verb *ripristinare*.

> *L'ordine è stato **ripristinato**.*
> The order has been **returned.**

To reply is expressed with the verbs *replicare* or *rispondere*.

> ***Rispondo** al tuo messaggio.*
> I **am returning** your message.

> *Il Presidente ha **replicato** con grande convinzione.*
> The President **replied** with great conviction.

To refer, or to communicate in an official sense, is expressed with the verb *riferire*.

> *La lista delle vittime è stata **riferita** stamattina.*
> The list of the wounded has been **returned** this morning.

Parole Quotidiane

Several common idiomatic expressions that use *to return* in English are translated in Italian with different compound verbs.

by return mail	*a giro di posta*
in return (for)	*in cambio*
point of no return	*punto di non ritorno*
return address	*mittente*
return receipt	*ricevuta di ritorno*
return to life (resuscitate)	*ritorno alla vita / riportare in vita*
tax return	*dichiarazione dei redditi*

Exercise 1

Identify the idiomatic expression being used below and answer each question accordingly.

1. Ogni anno si compila per dare altri soldi allo Stato. Cos'è?

_____

_____

2. È il tuo indirizzo quando mandi una lettera a qualcuno. Cos'è?

_____

_____

3. Come si chiama il "luogo" da cui non si torna indietro?

_____

_____

4. Dopo un periodo di depressione c'è ...?

_____

_____.

Exercise 2

Replace the incorrect _to return_ verbs in the paragraph below with the correct verbs.

(**1.**) Ieri ho comprato un paio di pantaloni, ma erano troppo grandi, così li ho **ripagati** _____ al negozio.

(**2.**) La commessa, quando mi ha visto **replicare**

_____, mi ha chiesto: "Cosa c'è che non va?", e io ho **rigirato** _____: "Vorrei **riportare**

_____ questi pantaloni, sono grandi". La commessa mi ha guardato male, e le ho chiesto: "Scusi, ma perché si offende?" (**3.**) Lei è diventata rossa come un peperone, è andata nel retro ed è **restituita**

_____ con un paio di pantaloni di una taglia in meno. (**4.**) Io l'ho salutata educatamente, ma ho deciso

che non **tornerò** _____ mai più in quel negozio.

Exercise 3

Create logical sentences using the elements provided and the correct translation of _to return._

1. Maria/bicicletta/Guido/un'ora fa.

_____

_____.

2. i loro nonni/vecchia casa/vacanze.

_____

_____.

3. la segretaria/telefonate/tutta la mattina.

_____

_____.

4. il mio sforzo/una platea entusiasta.

_____

_____.

5. pace/Medio Oriente/dieci anni.

_____

_____.

Potere, sapere, essere in grado, essere capace, and *riuscire a* all express *can* or *may* when describing an ability to do something.

Essere capace and **essere in grado** are compound expressions that both translate as *to be able*. **Essere capace** refers to one's personal skills and implies the idea of *being capable of doing something.* **Essere in grado** indicates a more general possibility that something can be done.

> **Siete capaci** *di lavorare a maglia?*
> **Can** you knit?

> **Siete in grado** *di arrivare in centro da soli?*
> **Are you able to** you get downtown by yourselves?

Attenzione!

In grado never changes. *Capace* is an adjective and changes according to the gender and number of the subject. However, since *capace* ends with *-e,* its masculine and feminine forms are identical.

Both **essere capace** and **essere in grado** require the preposition *di* when followed by an infinitive.

> *Siete capaci* **di pilotare** *un aereo?*
> Can you **pilot** an airplane?

> *No, non siamo in grado nemmeno* **di guidare** *un camioncino.*
> No, we can't **drive** a van either.

Potere generally translates as *can* or *may.* Both **potere** and **essere in grado** express *to be allowed to* (do something), *to be free to* (do something), or *to have time to* (do something). **Essere capace** clearly reflects personal skills.

> **Sei in grado** *di finire questa relazione?*
> **Can** you finish this report?

> *No, non* **posso.**
> No, I **can't.** (Meaning: I am **not able,** or I **may not.**)

> *No, non* **sono in grado/***non* **sono capace.**
> No, I am not **able to/**I am not **capable** (of finishing).

When the subject's ability or skill at performing an action is emphasized, the verb *sapere* + infinitive can be used.

> **Sai** *scrivere una lettera commerciale?*
> **Can you/Are you capable to/Do you know how to** write a commercial letter?

Riuscire a + an infinitive means *to succeed at/to attempt/ to be able to* do an action. *Riuscire a* expresses an attempt to perform something (whether or not it is successful).

> —**Riesci a** *passare da me prima di andare in ufficio?*
> —**Can** you come by my place before going to the office?

> —*Sì,* **riesco a** *venire.*
> —Yes, I **can** come/I'll **make** it.

> —*No, non* **riesco a** *venire.*
> —No, I **can't** come/I won't **be able to make** it.

Attenzione!

English speakers commonly translate *to be able* with *potere* rather than *essere in grado/capace, sapere,* or *riuscire a.* However, *potere* doesn't imply personal skill, capacity, or the ability to succeed at an action.

Non **riesco** *mai* **a ricordare** *questa regola.*
I **can** never **remember** this rule.

Exercise 1

Fill in the blanks with the correct forms of the following expressions or verbs.

potere, sapere, essere in grado, essere capace, riuscire a

1. Stamattina Piera si è svegliata con un brutto raffreddore e

   non _____ andare a sciare.

2. Le dispiace molto, ma quando non sta bene

   _____ fare niente.

3. Le capita ogni tanto di avere mal di testa, e non

   _____ prendere nemmeno una penna
   in mano.

4. Ma si _____ essere così deboli?

5. Io, anche se sto male, _____ scalare una
   montagna, se necessario.

Exercise 2

Use *potere, sapere, essere in grado, essere capace,* or *riuscire a* to compete the sentences below expressing what you can do, may do, or are able to do.

1. La domenica mattina _____

   _____

   _____

2. La prossima estate _____

   _____

   _____

3. In una situazione di pericolo _____

   _____

   _____

4. In inverno _____

   _____

   _____

5. Quando sono stressato/a _____

   _____

   _____

Exercise 3

Create logical sentences by combining the elements in column A with column B.

A	B
_____ **1.** Puoi …	a. fare niente, oggi.
_____ **2.** Siete capaci di …	b. cucinare meglio di voi.
_____ **3.** Luigi e Pia non sono in grado di …	c. venire da me stasera?
_____ **4.** Sappiamo …	d. rispondere alla tua mail, scusa.
_____ **5.** Non sono riuscito a …	e. andare in bicicletta ad occhi chiusi?

94

Several idiomatic expressions in Italian use the verb *fare* (to do) + a noun.

fare buon viaggio	to have a good trip
fare colazione	to have breakfast
fare spese/compere	to go shopping
fare la spesa	to go grocery shopping
fare (due, tre) miglia	to cover two, three miles
fare gli auguri	to give one's wishes
fare il bagno/la doccia	to take a bath/shower
fare il biglietto	to get a ticket
fare il conto	to add up the total
fare la conoscenza di	to meet, make the acquaintance of
fare lo spiritoso	to joke around
fare le valige	to pack
fare male	to hurt, to ache
fare una conferenza	to give a lecture
fare una sorpresa	to surprise
fare un regalo	to give a present
fare una passeggiata	to take a walk
fare una telefonata	to make a call
fare una visita	to pay a visit
fare un favore	to do a favor
fare un giro	to take a tour
far(e) vedere	to show
fare un viaggio	to take a trip
fare una fotografia	to take a photograph

The third person singular form of *fare* can be used to describe the weather.

fare bello (to be nice → to have good weather)
fare brutto (to be bad → to have bad weather)
fare caldo (to be hot/warm → to have hot/warm weather)
fare freddo (to be cold → to have cold weather)
fare fresco (to be cool → to have cool weather).

*Oggi **fa** bello, ma ieri **ha fatto** freddo tutto il giorno.*
Today it **is** nice, but yesterday it **was** cold all day long.

Eccezione

When the word *tempo* (weather) is used in a sentence, the verb *essere* + adjective is used.

*Il **tempo** oggi **è** brutto.*
Today **the weather is** bad.

Parole Quotidiane

Fare is also used in several idiomatic expressions and proverbs.

fai pure!	go ahead!
fare come se niente fosse/ fare finta di niente	to pretend nothing had happened
fare brutta figura	to cut a poor figure/look bad
fare del proprio meglio	to do one's best
fare alla romana	to split the check
fare il pieno	to fill up the gas tank
tutto fa brodo	every little bit helps
l'unione fa la forza	in union there is strength
tra il dire e il fare c'è di mezzo il mare	easier said than done
Roma non fu fatta in un giorno	Rome wasn't built in a day

Exercise 1

Which of these expressions has the wrong verb? Correct the mistakes below. Note: Some sentences contain the correct verb.

1. Prendere una doccia.

2. Fare un regalo.

3. Prendere un viaggio.

4. Prendere una fotografia.

5. Avere pranzo.

_____

_____

3. _____

_____

Exercise 2

Use the _fare_ expressions to describe what is going on in each picture below.

1. _____

_____

2. _____

_____

Exercise 3

Translate the following expressions.

1. Today the weather is nice.

_____

_____

2. Rome wasn't built in a day.

_____

_____

3. The weather is terrible here.

_____

_____

4. Let's fill up the gas tank before leaving.

_____

_____

5. I really did my best, but it was useless.

_____

_____

95

Several common idiomatic expressions describing feelings or physical sensations are formed using the verb *avere* (to have) + a noun.

avere fame	to be hungry
avere sete	to be thirsty
avere freddo	to be cold
avere caldo	to be warm
avere sonno	to be sleepy
avere ragione	to be right
avere torto	to be wrong
avere fretta	to be in a hurry
avere bisogno di	to need (something or to do something)
avere voglia di	to feel like (something or doing something)
avere paura di	to be afraid of (something or doing something)

Attenzione!

The English equivalents of these expressions use the verb *to be*.

—*Hai freddo?*
—**Are** you cold?

—*No, ho molto caldo.*
—No, I **am** very warm.

Attenzione!

The expressions *avere bisogno di, avere voglia di,* and *avere paura di* may be followed either by a noun or an infinitive.

Ho bisogno di **un cappotto,** *ma avrei voglia di* **comprarmi** *un vestito da sera.*
I need **a coat,** but I feel like **buying** a gown.

Avere + number of years is also used to express age.

—*Quanti* **anni hai**?
—How old **are** you? (Literally: **How many** years do you have?)

—**Ho** *diciotto* **anni**.
—I **am** eighteen. (Literally: **I have** eighteen.)

Exercise 1

Write the appropriate *avere* expression for each situation described below.

1. Un cappello di lana.

2. Tanti soldi.

3. I fantasmi.

4. Un litigio.

5. Un gelato al cioccolato.

Exercise 2

Complete the following dialogue with the appropriate expressions with *avere*.

—Ciao, Mauro, che ci fai qui?

—_____ comprare i regali di Natale …

—Adesso? Ma è la vigilia!

—Lo so … e non ne _____!

—Nemmeno io. E poi in questi supermercati c'è sempre un

caos incredibile, _____,

_____, e sono sempre nervoso!

—_____ … cosa devi comprare tu?

—_____tre giocattoli per le mie

nipotine.

—Quanti anni _____?

—Le gemelle _____ due anni, la più

grande _____ sette anni. Ma ho paura

di non comprare niente che gli piacerà …

—Perché?

—Non conosco i loro gusti e non so di cosa

_____.

—Ai nipoti non si regalano mai cose utili … guarda quegli

orsacchiotti, pensi che gli piacerebbero?

Exercise 3

Describe the images below using an appropriate *avere* expression.

1. _____

_____

2. _____

_____

3. _____

_____

96

Declarative sentences in Italian generally use the following construction: subject + verb + object.

When the subject is a pronoun, it is often omitted, since the person who is speaking or performing the action is indicated by the conjugated verb. Subject pronouns are mostly used for emphasis or contrast.

*Davide beve una tazza di tè. **(Lui)** mette poco zucchero.*
Davide drinks a cup of tea. **He** takes little sugar.

General questions often use the same phrasing and word order as declarative sentences. In spoken Italian, they are formed by a rising intonation at the end of the sentence.

Tua madre è già qui?
Is your mother here yet?

To make a question more evident, a tag phrase, such as *no?* or *(non è) vero?* (is that not right?) can be added to the end of a sentence.

*Ti piace viaggiare, **vero**?*
You like traveling, **right**?

Questions can also be formed by placing the subject at the end of the sentence, rather than the beginning.

*Stasera viene anche **Lara**?*
Is **Lara** coming tonight as well?

Attenzione!

The inversion of subject and verb does not necessarily turn a sentence into a question: The inversion is generally used to emphasize the subject.

*Restano molti **quadri** da vedere, ma non abbiamo tempo.*
Many **paintings** are left to be seen, but we don't have time.

Interrogative words (*how, who, what*) are placed at the beginning of a question and replace the subject or object. If the subject is needed for clarity, it usually follows the verb.

Dove va?
Where is he (Paride) going?

*Dove va **Paride**?*
Where is **Paride** going?

Most adjectives are placed after the noun they modify, though some are placed before the noun.

*Quel **bel** ragazzo è uno studente **spagnolo**.*
That **handsome** boy is a Spanish **student**.

Adverbs are placed after the noun. Adverbs of time follow the verb, though in compound tenses they can be placed between the auxiliary verb and the past participle.

*__Questo__ libro è straordinariamente bello; l'ho **già** finito.*
This book is extraordinarily good; I **already** finished it.

Parole Quotidiane

Adverbs of time can also be placed in front of a compound tense. This use is typical in the south of Italy, but is not common in the rest of the country. Though grammatically correct, it is considered improper.

*Questo libro è straordinariamente bello; **già** l'ho finito.*
This book is extraordinarily good; I **already** finished it.

The position of *anche* (also) depends on the word that it refers to. In a regular declarative sentence, *anche* usually refers to the verbs and follows it. When *anche* refers to a pronoun, it precedes that pronoun.

*Mangio le patate e assaggio **anche** la carne.*
I'll eat potatoes, and I'll taste meat **as well**.

__Anche__ lui mangia la carne.
He'll eat meat **too**.

Attenzione!

Inoltre (besides) can be translated as *also*, and, unlike *anche*, it does not modify any word. *Inoltre* can always start a sentence.

*Non mi piace cucinare. **Inoltre**, non sono qui per servirti.*
I don't like to cook. **Also,** I am not here to serve you.

Exercise 1

Arrange the elements provided into the proper order to form complete sentences.

1. ragazza / aiutare / signore / strada

_____

_____

2. Io / sapere / andare / vacanza / amici

_____

_____

3. ristorante / centro / buono / economico

_____

_____

4. corso di inglese / università / estate / frequentare

_____

_____

5. Elezioni / votare / cittadini / anno

_____

_____

Exercise 2

Correct the word order mistakes in the sentences below.

1. Ancora non so che farò Natale questo.

_____

_____

2. Giovanna è una simpatica ragazza che sempre viene a trovarmi.

_____

_____

3. Vuoi cosa da bere? Rosso vino o bianco?

_____

_____

4. Sto leggendo un libro inglese. Anche sto studiando per l'esame di biologia.

_____

_____

Exercise 3

You are exchanging e-mails with a friend who wants to visit a town in Italy that you know very well. Give him some advice on where to go and how to behave "when in Rome."

_____

_____

_____

_____

_____

_____

_____

_____

_____

_____

_____

_____

_____

_____

_____

97

Demonstrative adjectives *questo* (this) and *quello* (that) always precede the noun they qualify.

> **Questo** *cane si chiama Tommy.*
> **This** dog's name is Tommy.

Questo indicates objects that are close to the speaker. It agrees in gender and number with the noun it qualifies.

Singular	Plural
questo libro (this book)	*questi giocattoli* (these toys)
questa scatola (this box)	*queste pere* (these pears)

> **Queste** *scarpe sono troppo grandi.*
> **These** shoes are too big.

Attenzione!

Questo can be shortened to *quest'* before singular nouns beginning with a vowel.

> **Quest'uomo** *è suo zio.*
> **This man** is his uncle.

Quello indicates objects that are far from the speaker. *Quello* agrees in gender and number with the noun it qualifies. Its forms are similar to the definite article *il*.

Singular	Plural
quel foglio (that sheet)	*quei ragazzi* (those boys)
quello stadio (that stadium)	*quegli zaini* (those backpacks)
quell'arco (that arch)	*quegli elefanti* (those elephants)
quella stella (that star)	*quelle calze* (those socks)
quell'isola (that island)	*quelle amiche* (those friends)

> **Quei** *bambini sono di Olga.*
> **Those** children are Olga's.

Attenzione!

Quel becomes *quello* and *quei* becomes *quegli* before a masculine noun starting with *s* + a consonant, *ps, gn, x, y,* or *z. Quel* becomes *quell'* before any singular noun beginning with a vowel, masculine or feminine.

Questo and *quello* can function as pronouns to express *this one* and *that one.* When used as pronouns, they agree in gender and number with the noun they replace.

	Singular	Plural
Masculine	*questo* (this one), *quello* (that one)	*questi* (these ones), *quelli* (those ones)
Feminine	*questa* (this one), *quella* (that one)	*queste* (these ones), *quelle* (those ones)

> *Qual è la tua borsa?* **Questa** *o* **quella**?
> Which one is your purse? **This one** or **that one**?

Exercise 1

Write out each noun pictured below using the correct form of *questo* and *quello*.

1. _____

   _____

2. _____

   _____

3. _____

_____

Exercise 2

Change the following sentences from the singular to the plural using the correct form of the demonstrative adjective.

1. Quest'auto è carissima: costa ventimila euro!

_____

_____

2. Quel ragazzo è uno studente di questa professoressa australiana.

_____

_____

3. Quello zaino verde è di mia sorella.

_____

_____

4. Non so decidere quale gonna scegliere: quella di lana o questa?

_____

_____

5. Quell'amica di Gino è proprio simpatica, ed è anche molto gentile.

_____

_____

Exercise 3

You are at a huge clothing store and have 25,000 euros to spend. Tell the shop assistant what you want to buy using the correct demonstrative adjective.

Voglio ...

_____

_____

_____

_____

_____

_____

_____

_____

_____

_____

_____

_____

_____

_____

_____

_____

_____

_____

_____

_____

_____

_____

98

Italian vowels are never protracted when they are pronounced. The vowels *a, i,* and *u* are always pronounced the same way in every word in which they appear.

Letter	Sounds Like
a	*ah!*
i	"i" in *machine*
u	"u" in *rude*

The vowels *e* and *o* have two sounds, open and closed, that may vary according to their position in a word, as well as the region where the language is spoken.

Letter	Sounds Like
e	"e" in *they* (closed sound) or *met* (open sound)
o	*oh!* (closed sound)

Parole Quotidiane

The pronunciation of the open *o* sound, in words such as *buongiorno* (good morning, hello), changes from region to region.

Single consonants keep an even and plain intonation, while double consonants are usually prolonged and stronger. All consonants except *h* can be doubled.

abitare (a-bee-TA-re)	to live
abbastanza (a-ba-STAN-tza)	enough

nono (NO-no)	ninth
nonno (NON-no)	grandfather

Attenzione!

The letters *j, k, w, x,* and *y* do not belong to the Italian alphabet. They only appear in words of foreign origin, such as *yogurt* (yogurt) and *xilofono* (xylophone).

Some vowels may carry an accent, which is written only when falling on the end of a word. The accent can be **grave** (`) or **acute** (´). When falling on the letter *e,* the accent indicates pronunciation.

è (open *e*)	*perchè* (why/because)
é (closed *e*)	*benché* (although)

Attenzione!

Nouns ending with -*à* (*città*, city) and -*ù* (*virtù*, virtue) are usually feminine, whereas nouns ending with -*ì* (*colibrì*, hummingbird), -*ò* (*risciò*, rickshaw), and -*è* (*caffè*, coffee) are usually masculine.

Attenzione!

An accent at the end of a word draws the stress there.

università (oo-nee-ver-see-**TA**)   university

Italian is pronounced as it is written, though some combinations of letters may be tricky for English speakers.

Syllable	Sounds Like
chi	"ki" in *kilo*
che	"ke" in *keg*
ci	"chi" in *cheese*
ce	"che" in *chess*
cio	"cho" in *chopstick*
gio	"jo" in *Josephine*
cia	"cha" in *Richard*
gia	"ja" in *Java*
sci	"shee" in *sheet*
sce	"che" in *Michelle*
schi	*ski*
sche	"ske" in *skeptical*

When two vowels appear close to each other (such as at the end of one word and at the beginning of the following word), the first vowel is often replaced by an apostrophe. This is most common when using the articles *lo, la,* and *una* with a preposition or another article. This also occurs when the preposition *di* precedes a noun starting with a vowel.

l'amico	the friend
l'acqua	the water
un'isola	an island
sull'albero	on the tree
dell'altro	of the other
d'inverno	in winter

Eccezzione

Le never drops the final *-e*. *Gli* may drop the final *-i* in the spoken language, though this is up to the speaker.

le amiche
the girlfriends

gli amici/gl'amici
the friends

Exercise 1

The Italian words below are spelled incorrectly. Can you correct them?

1. cherchio _____

2. sechio _____

3. jostra _____

4. schia _____

5. scermo _____

Exercise 2

Fill in the missing letters, when necessary, for the Italian words below.

1. Arriv____derci!

2. B____ongiorno!

3. Se____tembre

4. O____tobre

5. Se____dici

Exercise 3

Are the words below masculine or feminine? Indicate gender by placing an M or F in the blank.

1. povertà (poverty) _____

2. comò (chest of drawers) _____

3. tè (tea) _____

4. schiavitù (slavery) _____

5. salmì (stewed) _____

Exercise 4

Rewrite the following pairs of words, adding an apostrophe when necessary.

1. la arteria (the artery) _____

2. un albero (a tree) _____

3. una amaca (a hammock) _____

4. gli occhi (the eyes) _____

5. le orecchie (the ears) _____

99

Because both English and Italian derive from Latin, many words resemble their equivalents in the other language.

Italian	English
animale	animal
appartamento	apartment
architetto	architect
arrivare	to arrive
città	city
famoso	famous
filosofia	philosophy
intelligente	intelligent
interessante	interesting
medicina	medicine
museo	museum
musica	music
possibile	possible
professore	professor
scienza	science
stazione	station
traffico	traffic
università	university

Some Italian words that resemble English words are not cognates, and have completely different meanings. These words are called *false friends.*

Italian Noun	Meaning
attualmente	currently, **not** actually (*in realtà*)
addizione	sum, **not** addiction (*dipendenza, assuefazione*)
annoiato	bored, **not** annoyed (*infastidito*)
argomento	subject, **not** argument (*discussione*)
bravo	good, clever, **not** brave (*coraggioso*)
camera	room, **not** camera (*macchina fotografica*)
cantina	cellar, **not** canteen (*mensa*)
casuale	coincidental, **not** casual (*informale*)
caldo	hot, **not** cold (*freddo*)
collegio	boarding school, **not** college (*università*)

Italian Noun	Meaning
confidenza	intimacy, **not** confidence (*fiducia*)
definitivamente	ultimately, **not** definitely (*certamente*)
delusione	disappointment, **not** delusion (*illusione*)
educato	polite, **not** educated (*colto*)
eventualmente	*possibly*, **not** eventually (*alla fine*)
fattoria (*fabbrica*)	farm, **not** factory
libreria	bookstore, **not** library (*biblioteca*)
morbido (*morboso*)	soft, **not** morbid
noioso	boring, **not** noisy (*rumoroso*)
ostrica	oyster, **not** ostrich (*struzzo*)
pace (*velocità, ritmo*)	peace, **not** pace
parente	relative, **not** parent (*genitore*)
piano	flat, **not** plain (*semplice, chiaro*)
portafoglio	wallet, **not** portfolio (*cartella*)
preservativo	condom, **not** preservative (*conservante*)
presunzione	conceit, **not** presumption (*supposizione*)
recipiente	bowl, **not** recipient (*beneficiario, destinatario*)
rumore (*pettegolezzo*)	noise, **not** rumor
sale	salt, **not** sale (*vendita, saldo*)
sensibile	sensitive, **not** sensible (*sensato, considerevole*)
simpatico	nice, **not** sympathetic (*solidale*)

Exercise 1

Give the correct Italian translation of the following English words.

1. to assume _____

2. a firm _____

3. a cucumber _____

4. to impress _____

5. a vest _____

Exercise 2

Inciate whether the following words are cognates or false friends.

1. popolare _____

2. famoso _____

3. cellulare _____

4. comprensivo _____

5. straniero _____

Exercise 3

Mark is talking to his friend Giada, but not everything he's saying makes sense. Correct the mistakes in the paragraph below.

Giada, non ne posso più! La mia firma è terribile! Tu sai che mi piace tanto parlare, sono volubile, che c'è di male … Così, un giorno, ho iniziato a chiacchierare con uno strano e eventualmente il mio capo è venuto da me a dirmi che dovevo tornare all'officina perché stavo sprecando tempo! È incredibile! Ho deciso di prendere una vacazione e restare per un mese!

_____

_____

_____

_____

_____

_____

_____

_____

_____

_____

_____

_____

_____

_____

_____

100

Note: phonetic pronunciation in parentheses

Adjectives

Bello (BEL-lo): *beautiful, handsome*

Buono (BWO-no): *good*

Adverbs

Adesso (a-DEH-so): *now*

Ancora (an-KO-ra): *still*

Attorno (a-TOR-no): *around*

Bene (BEH-neh): *well*

Contro (CON-tro): *against*

Dentro (DEN-tro): *in, inside*

Dietro (dee-EH-tro): *behind, at the back of*

Di rado (dee RA-do): *rarely*

Domani (do-MA-nee): *tomorrow*

Dopo (DO-po): *then, afterwards*

Dopodomani (do-po-do-MA-nee): *the day after tomorrow*

Durante (doo-RAN-te): *during*

Fuori (FWO-ree): *outside*

Già (ja): *already*

Ieri (YEH-ree): *yesterday*

Inoltre (een-OL-treh): *moreover*

Insieme (een-see-EH-me): *together*

L'altroieri (lal-tro-YEH-ree): *the day before yesterday*

Male (MA-leh): *badly*

Mai (MAI): *never*

Meglio (MEH-lee-o): *better*

Meno (MEH-no): *less*

Peggio (PEH-jo): *worse*

Più (pyoo): *no longer, not anymore*

Oggi (O-jee): *today*

Oltre (OL-treh): *beyond*

Ora (O-ra): *now*

Presto (PREH-sto): *soon, before long*

Prima (PREE-ma): *before*

Sempre (SEM-preh): *always*

Sopra (SO-pra): *above, on top*

Sotto (SO-to): *underneath, below*

Spesso (SPEh-so): *often*

Talvolta (tal-VOL-ta): *sometimes*

Vicino (vee-CEE-no): *nearby, close by*

Comparatives & Superlatives

Maggiore (ma-JO-re): *bigger, biggest/older, oldest*

Massimo (MA-see-mo): *maximum*

Meglio (MEH-lee-o): *better*

Meno (MEH-no): *less*

Migliore (me-LEO-re): *better, best*

Minimo (MEE-nee-mo): *minimum*

Minore (mee-NO-re): *smaller, smallest/younger, youngest*

Ottimo (O-tee-mo): *excellent*

Peggio (PEH-jo): *worse*

Peggiore (peh-JO-re): *worse, worst*

Pessimo (Peh-see-mo): *terrible*

Più (pyoo): *more*

Indefinite Adjectives

Alcuni (al-KOO-nee): *some*

Altro (al-TRO): *other*

Molto (MOL-to): *(sing) much; (pl) many*

Ogni (O-nee): *every*

Poco (PO-ko): *(sing) little); (pl) few*

Qualche (KWAL-keh): *some*

Troppo (TRO-po): *(sing) too much; (pl) too many*

Tutto (TOO-to): *all*

Indefinite Pronouns

Chiunque (kee-OON-kweh): *anybody*

Nessuno (neh-SOO-no): *nobody*

Niente (nee-EN-te): *nothing*

Ognuno (o-NOO-no): *everyone*

Qualcosa (kwal-KO-za): *something*

Qualcuno (kwal-KOO-no): *someone*

Qualunque (kwal-OON-kweh), qualsiasi (kwal-SEE-a-see): *any*

Tutti (TOO-tee): *everybody*

Tutto (TOO-to): *everything*

Interrogative Adjectives & Pronouns

Che (KEH): *what*

Quale (KWA-leh): *which*

Quanto (KWAN-to): *(sing) how much; (pl) how many*

Interrogative Adverbs

Come (KO-meh): *how*

Dove (DO-veh): *where*

Perché (per-KEH): *why*

Quando (KWAN-do): *when*

Negative Expressions

Da niente (da NYEN-teh): *not important*

Di niente (dee NYEN-teh): *you're welcome, not at all*

Mai (MAI): *never*

Né … né (NEH): *neither … nor*

Nessun (ne-SOO-n): *no, any, not …* /nessuno (ne-SOO-no): *nobody*

Niente (NYEN-teh)/nulla (NOO-la): *nothing*

Non … affatto (non … a-FAT-o): *not at all*

Non … ancora (non … an-KO-ra): *not yet*

Non … che (non … keh): *only*

Non … mica (non … MEE-ka): *not at all (in the least)*

Non … neanche (non … ne-AN-KEH)/neppure (ne-POO-reh)/ nemmeno (neh-MEH-no): *not even*

Non … più (non … pyoo): *not anymore*

Per niente (per NYEN-teh): *at all*

Nouns

Amico (a-MEE-ko): *friend*

Apprendista m/f sing (a-pren-DEE-sta): *apprentice*

Artista m/f sing (ar-TEES-ta): *artist*

Autista m/f sing (aw-TEES-ta): *driver*

Barista m/f sing (bar-EES-ta): *barman*

Bici f sing (BEE-cee): *bicycle*

Braccio (BRA-cho): *arm*

Budello (boo-DEL-lo): *(m pl) intestines; (f pl) streets*

Canzone f sing (kan-TZO-neh): *song*

Camionista m/f sing (ka-myo-NEES-ta): *truck driver*

Comunista m/f sing (ko-moo-NEES-ta): *communist*

Ciglio (CHEE-lyo): *(m pl) edges, (f pl) eyelashes*

Classe f sing (KLA-seh): *class*

Dentista m/f sing (den-TEES-ta): *dentist*

Dito (DEE-to): *finger*

Economista m/f sing (eko-no-MEES-ta): *economist*

Elettricista m/f sing (ele-tree-CHEES-ta): *electrician*

Frase f sing (FRA-zeh): *sentence*

Ginocchio (gee-NOK-ee-o): *knee*

Giornale m sing (jor-NA-leh): *newspaper*

Giornalista m/f sing (jor-na-LEES-ta): *journalist*

Greco (GREH-ko): *Greek*

Labbro (LAB-ro): *(m pl) brims; (f pl) lips*

Lenzuolo (len-tzoo-O-lo): *sheet*

Macchinista m/f sing (ma-kee-NEES-ta): *machinist*

Mano f sing (MA-no): *hand*

Moto f sing (MO-to): *motorbike*

Nemico (ne-MEE-ko): *enemy*

Nome m sing (NO-meh): *noun, name*

Notte f sing (NO-teh): *night*

Orecchio (o-REK-ee-o): *ear*

Osso (OSS-o): *bone*

Paio (PA-ee-o): *pair*

Pane m sing (PA-neh): *bread*

Paracadutista m/f sing (pa-ra-ka-doo-TEES-ta): *parachutist*

Porco (POR-ko): *swine, pig, pork*

Radio f sing (RA-dyo): *radio*

Regione f sing (reh-JO-neh): *region*

Registratore m sing (reh-gees-tra-TO-reh): *tape recorder*

Studente m sing (stoo-DEN-teh): *student*

Terrorista m/f sing (teh-ro-REES-ta): *terrorist*

Uomo (OO-o-mo): *man*

Uovo (OO-o-vo): *egg*

Violinista m/f sing (vyo-lee-NEES-ta): *violinist*

Past Participles

Acceso (a-CHE-zo): *turned on*

Aperto (a-PER-to): *open*

Bevuto (beh-VOO-to): *drunk*

Chiesto (KYE-sto): *asked*

Chiuso (KYU-zo): *closed*

Colto (KOL-to): *picked up, grasped*

Cotto (KO-to): *cooked*

Deciso (deh-CHEE-zo): *decided*

Detto (DEH-to): *said*

Discusso (dee-SKU-so): *discussed*

Diviso (dee-VEE-zo): *divided*

Fatto (FA-to): *done, made*

Letto (LEH-to) *read*

Messo (MEH-so): *put*

Morto (MOR-to): *dead*

Nato (NA-to): *born*

Offerto (o-FER-to): *offered*

Perso (PER-so): *lost*

Preso (PRE-zo): *taken*

Rimasto (ree-MA-sto): *stayed*

Risposto (ree-SPO-sto): *answered*

Rotto (RO-to): *broken*

Scelto (SHEH-lto): *chosen*

Sceso (SHEH-zo): *descended*

Scritto (SKRI-to): *written*

Sofferto (so-FER-to): *suffered*

Speso (SPEH-zo): *spent*

Stato (STA-to): *been*

Visto (VEE-sto): *seen*

Venuto (veh-NOO-to): *come*

Vinto (VEE-nto): *won*

Prepositions

Con (kon): *with*

In (in): *in*

Per (per): *for*

Su (soo): *on*

Tra (tra): *between, in (time)*

Fra (fra): *between, in (time)*

Irregular Verbs

Andare (an-DA-reh): *to go*

Andare via (an-DA-reh VEE-a): *to go away*

Avere (a-VEH-reh): *to have*

Bere (BEH-reh): *to drink*

Consentire (con-SEN-tee-reh): *to let*

Contraccambiare (con-tra-cam-BYA-reh): *to return*

Dare (DA-reh): *to give*

Dire (DEE-reh): *to say*

Dovere (do-VEH-reh): *to have to*

Fare (FA-reh): *to do, to make*

Eleggere (e-LEH-jeh-reh): *to elect, to return*

Essere (EHSS-ehreh): *to be*

Essere in grado (EHSS-ehreh een GRA-do): *to be able*

Essere capace (EHSS-ehreh ca-PA-cheh): *to be able (to do something)*

Guardare (gwar-DA-reh): *to look at*

Lasciare (la-SHA-reh): *to leave, to let*

Lasciare che (la-SHA-reh keh): *to let*

Mancare (man-KA-reh): *to miss*

Metterci (meh-TER-chee): *to take (time)*

Partire (par-TEE-reh): *to leave*

Perdere (PER-deh-reh): *to lose, to miss*

Piacere (pya-CHEH-reh): *to like*

Potere (po-TEH-reh): *to be able to*

Rendere (REN-deh-reh): *to make, to return*

Replicare (reh-PLEE-ka-reh): *to reply*

Restituire (reh-stee-TWEE-reh): *to return (to give back)*

Ricambiare (ree-kam-BYA-reh): *to return (favor, gesture)*

Riferire (ree-feh-REE-reh): *to refer*

Rimanere (ree-ma-NEH-reh): *to remain*

Ripagare (ree-pa-GA-reh): *to return (to refund)*

Riportare (ree-por-TA-reh): *to return (to bring back)*

Ripristinare (ree-pree-stee-NA-reh): *to return (to put back into place)*

Rispondere (ree-SPON-deh-reh): *to answer*

Riuscire a (ryu-SHEE-reh a): *to be able to*

Sapere (sa-PEH-reh): *to know*

Sbagliare (sba-LYA-reh): *to make a mistake*

Sembrare (sem-BRA-reh): *to seem, to look*

Somigliare (so-mee-LYA-reh): *to look like*

Stare (STA-reh): *to stay*

Tornare (tor-NA-reh): *to return (to go back)*

Uscire (oo-SHEE-reh): *to go out*

Venire (ve-NEE-reh): *to come*

Volere (vo-LEH-reh): *to want*

Volerci (vo-LER-chee): *to take (time)*

Glossary of Grammar Terms

adjectival: A word or phrase that is related to or functions like an adjective and is used to describe a noun. For example: *The woman **who wrote the book** is my sister*. In this sentence, *who wrote the book* is an adjectival phrase that describes the noun *woman*.

adjective: A word that describes the quality or state of a noun. In the example *the **beautiful** dog, beautiful* is an adjective that describes the quality of *dog*.

adverb: A word that describes or enhances the meaning of a verb, adjective, another adverb, or sentence. An adverb answers *How? Where?* or *When?* In English, most adverbs end in *–ly*. For example: *slowly, hourly, softly*. Other common adverbs include: *there, now, yesterday*.

article: A word used in combination with a noun to indicate if that noun is definite (specific) or indefinite (generic). English has two articles: *the* (definite article) and *a/an* (indefinite article).

auxiliary: A verb that is used in combination with another verb when forming a specific tense or mood. In English, common auxiliary verbs include *to have* and *to be*. For example: *She **is** running, and he **has been** waiting*.

cardinal numbers: Numbers that are used when counting to describe how many of an item are present: *one, two, three ...*

comparative: The form of a word, or the word construction, that is used to compare specific qualities between two things. In English, the comparative is generally formed by adding *–er* or *more/less* to an adjective or adverb. For example: *fast**er**, **more/less** intelligent*.

compound sentence: A sentence that has one main (independent) clause and one or more subordinate (dependent) clauses. *My father is generous* is an independent clause, and it can be part of a compound sentence when combined with a dependent clause: *My father is generous **when he gives me an allowance.***

conditional clause: A sentence or clause that describes a situation that is dependent on a condition explained by another clause or sentence. In English, conditional clauses generally begin with *if, unless,* or another conjunction with a similar meaning. For example: *I'll buy the cake **unless you don't want it.***

conditional mood: The form of a verb used when describing an imaginary situation that would happen in the future if a specific condition is met. In English, the conditional mood is formed with the auxiliaries *would* or *could* and a verb. For example: *I **would go** to the movies if you pay for my ticket. If you have enough time and money, we **could see** two movies.*

conjugation: The possible form a verb can take in a given tense to express person, number, and mood. In English, for example, the present tense conjugation of the verb *to be* is *am, are,* and *is*. The past tense conjugation for *to be* is *was* and *were*.

conjunction: A word that joins two or more words, phrases, or sentences. Conjunctions are either coordinating or subordinating, depending on how the two elements relate to each other. *And, but, because, unless*, and *if* are examples of common conjunctions in English.

coordinating conjunction: A conjunction that joins two elements that are on the same grammatical level, such as noun + noun, adjective + adjective, independent clause + independent clause. The coordinating conjunctions in English are *and, but, or, for, nor, yet,* and *so. The boy **and** the girl are swimming. The house is on fire, **and** the firemen are on the way.*

declarative sentence: A statement of fact or state of being, as opposed to a question, exclamation, or command. For example: *I would like to have pizza. The weather is nice. She has been working hard.*

declension: A group of nouns, pronouns, or adjectives that undergo the same kind of changes according to number, gender, and, in some languages, case.

demonstrative: A word that refers to a noun in terms of its proximity to the speaker. In English, demonstratives include *this, that, these,* and *those*.

dependent clause: See **subordinate clause**

direct object: The direct object in a sentence is usually a noun or pronoun that is directly affected by the action of the verb. The direct object will generally answer the question *what do you do (with the verb)?* In the sentence *I wrote **a letter,*** the noun *letter* is the direct object because it is directly affected by the verb (*wrote*).

disjunctive: A word used to establish a relationship of contrast or opposition between two or more things or events. For example, the preposition *but* is disjunctive: *I am stronger, **but** you are faster.*

future tense: A tense used to refer to events that have not yet occurred but will or are likely to happen. In English, the future tense can be formed in two ways: with the auxiliary *will* + a verb (*I **will read** that book tomorrow*) or with the present of *to be* + *going to* + a verb (*I **am going to read** that book tomorrow*).

future perfect tense: The future perfect refers to an event that is either currently in progress and will be finished in the future or that will begin and be finished in the future. In English, the future perfect is formed with the auxiliary to have in future tense (*will have*) + the past participle of a verb. For example: *I **will have finished** my project by the time you come back.*

gerund: A verb in a form ending in *-ing*. For example: *eat**ing**, writ**ing**, read**ing**.* Gerunds can function as nouns in a sentence (***Smoking** is bad for you*). They are also the verb form used after a preposition (*Thanks **for** calling me back*).

imperative: The form of a verb used to give commands or orders. In the imperative form, the subject is often implied and is therefore omitted. The imperative can be either affirmative or negative. For example: *Go! Come! Don't speak! Don't eat!*

imperfect tense: A past tense form used to discuss repeated, habitual, or continued actions in the past. Though considered a separate tense in some languages, the imperfect tense is not considered a separate tense in English, and it is equivalent to the simple past and past progressive tenses. The imperfect is commonly formed using *used to* or *would*: *I **used to** visit my grandparents every Sunday. I **would** visit them every week.*

indefinite adjective: An adjective that refers to an undefined or inexact number or quantity. Common indefinite adjectives in English are *some, all, many, few, more, most,* and *several.*

independent clause: See **main clause**

indicative mood: The verb form used in declarative sentences or questions. The indicative is the most commonly used mood in most languages. For example: *She bought a cake. Are you OK?*

indirect object: The indirect object of a verb expresses who or what has been affected indirectly by the action of the verb. The indirect object is the receiver or beneficiary of the action and answers the question *To/for whom?* In the sentence *I wrote you a letter,* the pronoun *you* is the indirect object because it benefits from the action (the written letter).

infinitive: The base form of a verb. In English, the infinitive is expressed with the particle *to* + the verb. The infinitive is the form of the verb defined in a dictionary. For example: *to go, to eat, to come, to dance.*

interjections: A single word or phrase that conveys a strong emotion or an attitude, such as shock, surprise, delight, or disgust. Common interjections include *Ouch! Wow! Oh! Yuck!*

interrogative adjective: An adjective used in forming a question, asking for definition or clarification, and distinguishing among various choices. In English, interrogative adjectives include *what, which, who, whom,* and *whose.*

invariable: A word that never changes form, regardless of tense, number, or person. In English, prepositions are invariable. Verbs, however, are not because they change form depending on the tense and, occasionally, subject.

main (independent) clause: A sentence that expresses a complete thought on its own and does not depend on another clause to create meaning. For example: *I like cake. They have been traveling. Math is difficult.*

modal verb: In English, modal verbs are auxiliary verbs that express an attitude (doubt, desire, need) about the event expressed by another verb. Modal verbs are also used to make requests and ask permission. Modal verbs include *can, could, may, might, must, have to, should, shall, will,* and *would.* For example: *I **would** like to go to the movies. I **can** speak French.*

modify/qualify: To use a word or group of words to give further information about another noun or phrase, sometimes resulting in a change of meaning and/or form. Words are considered **modifiers** when they come before the word they alter. Words are considered **qualifiers** when they come after the word they alter. In the sentence *The **yellow** taxi **from New York,*** the adjective *yellow* modifies *taxi* and *from New York* qualifies it.

mood: All sentences are said to be in a specific mood, depending on the attitude and intentions of the speaker. The specific form of a past, present, or future tense verb in a given sentence indicates the mood.

nominal: A word or phrase that is related to or functions like a noun. For example: *I liked **what she gave me.*** In this sentence, *what she gave me* is a nominal phrase or clause because it functions like a noun describing *what I liked.* This nominal phrase is a direct object and can be replaced by a pronoun: *I liked **it.***

noun: A word referring to a person, an animal, a thing, a place, or an abstract idea. For example: *Steve, dog, teacher, book, California, love, freedom.*

object pronoun: Words used in place of the direct object in a sentence. The object pronouns in English are *me, you, him, her, it, us,* and *them.* In the sentence *I like cake,* the noun *cake* is the direct object and can be replaced by the direct object pronoun *it*: *I like **it.***

ordinal numbers: Numbers used when designating the place of items listed in a sequence: *first, second, third, fourth,* and so on.

participle (past and present): A verb form used as an adjective. The present participle is used in progressive tenses with the verb *to be* (*I am*

Glossary of Grammar Terms

reading). The past participle is used in perfect tenses and in the passive voice with the verb *to be* (*the homework was made*). In English, the present participle is formed by adding *-ing* to the verb (*I am **dancing,** they are **walking***), and the past participle is formed by adding either *-ed* to the verb (*danc**ed,** walk**ed***), or *-en* instead (*writt**en,** brok**en***). Some past participles are irregular (*sing/**sung,** eat/**ate***).

partitive adjective: A phrase used to express quantity when distinguishing a piece from the whole or when referring to an uncountable noun. For example: *a piece of cake, a slice of bread, a bunch of grapes, a pinch of salt.*

past tense: The verb tense used to describe events that occurred in the past. For example: *She **walked** to the store. He **ran** to the house.*

past perfect (pluperfect) tense: A past tense form that refers to an event completed in the past, prior to the beginning of another event that also occurred in the past. In English, the pluperfect tense is formed with the auxiliary *to have* in past tense (*had*) + the past participle. For example: *I **had read** the book before you told me the ending.*

possessive adjective: An adjective that indicates ownership or possession. In English, the possessive adjectives are *my, your, his, her, its, our, their.*

possessive pronoun: A pronoun that replaces a possessive adjective and its noun. In English, the possessive pronouns are *mine, yours, his, hers, its, ours, yours, theirs.* For example: *I bought my house. It is **mine.***

preposition: A word used to join nouns, adjectives, and pronouns with other words to indicate ownership, physical location, direction, or time. Prepositions are invariable, meaning they never change form. Some common English prepositions include *about, before, but, for, from, in, at, of,* and *on.* For example: *She sat **on** the bench. I left **before** you got there.*

present tense: The tense that describes an action taking place in present time or an action that is habitual. Present tense can also be used to describe facts or states of being in the present. For example: *She **reads** a book. I **go** to the movies every day. Madrid **is** the capital of Spain.*

present perfect tense: A past tense form that refers to an action that has been completed, occurred within a specific time period, or has results that continue up to a specific point in time. In English, the present perfect is formed with the auxiliary *to have* in present tense (*have, has*) + the past participle. For example: *I **have been** to New York twice. She **has finished** her homework.*

preterite tense: A past tense form used to discuss an action completed in the past, an action that happened only once, or an action that interrupted another in the past. For example: *I **saw** the movie yesterday. I **ran** into you while you were walking.* The preterite is also known as the simple past in English, though in some languages there is a distinction between the preterite and other past tenses.

progressive tenses: A progressive tense expresses an action that is in progress or is developing at a given time. Progressive tenses in English are formed with the auxiliary *to be* + the present participle (*-ing* form of a verb). A progressive action can be expressed in present tense (*I **am reading** a book now*), past (*She **was taking** notes during class*), and future (*We **will be eating** pizza next Saturday*).

pronoun: A word that replaces a noun or a noun phrase. English pronouns come in three forms: subject pronouns (for example, *I* and *we*), object pronouns (*me* and *us*), and possessive pronouns (*my/mine* and *our/ours*).

qualify: See *modify*.

reflexive verb: A verb used to imply that the subject is performing an action on itself. In English, reflexive verbs are expressed with the pronoun *–self* (*myself, herself, themselves,* etc.) or are implied by the verb alone. For example: *I **hurt myself.** I was **shaving.***

relative pronoun: Relative pronouns introduce a sentence or clause that gives additional information about a noun. The relative pronouns in English are *who, whom, whose, which,* and *that.* In the sentence *The man **who** called was my father,* the clause *who called* provides additional information about the noun *man.*

subject pronoun: Pronouns that replace the subject of a sentence. Subject pronouns have the same gender and number as the noun they replace. The subject pronouns in English are *I, you, he, she, it, we, you, they,* and *one.* In the sentence *My mother is nice,* the noun phrase *my mother* can be replaced by the subject pronoun s*he: **She** is nice.*

subjunctive mood: The verb form used to express wishes, desires, emotions, uncertainty, and hypothetical or nonfactual situations. For example: *If I were you, I wouldn't go.*

subordinate (dependent) clause: A clause that does not express a complete idea on its own. A subordinate clause must be used with another clause or sentence (called a **main clause** or **independent clause**). In the sentence *They told me that she was not coming, that she was not coming* is the subordinate clause, since it does not form a complete idea on its own.

subordinating conjunction: A conjunction that joins an independent clause with a dependent clause. Common subordinating conjunctions in English include *after, before, because, since, although, if, unless, until, while,* and *even if. I am going outside **even if** it is cold.*

superlative: The form of a word or the word construction used to show the most or the least in quantity, quality, or intensity. In English, the superlative is formed by adding *–est* or *most/least* to an adjective or adverb. For example: *tall**est**, **most** difficult.*

tense: Tense conveys when in time an event happened, how long it lasted, and whether the event has been completed. All tenses can be divided into one of three groups: present, past, and future. The specific form of a verb in a given sentence indicates the tense.

verb: A word that refers to an action or a state of being. For example: *to eat, to write, to read.*

voice: Voice indicates whether emphasis is placed on the person or thing causing the action or on the person or thing receiving the action. The voice of a sentence is either **active** or **passive.** In the **active voice,** the subject is the person or thing performing the action: ***She visited** the school.* In the **passive voice,** the subject is receiving the action of the verb: ***The school is visited** by her.* Two sentences can be written in different voices but still carry the same meaning. For example: *I ate the cake* (active voice). *The cake was eaten by me* (passive voice).

Answer Key

Workout 1.. p. 2

Exercise 1
(**1.**) Quest'anno ho iniziato **l'**università. (**2.**) Mi piace molto, perché dopo **il** liceo **lo** studente è visto come un adulto e non più come un ragazzino. (**3.**) Ho scelto di studiare biologia perché mi piacciono molto tutti **i** tipi di scienza. (**4.**) Sebbene **la** matematica sia una materia difficile, studio con passione anche quella, e questo semestre spero di passare tutti **gli** esami con dei bei voti. (**5.**) Ho conosciuto molte persone qui, ma **l'**amico che frequento di più è Paolo, che conosco dai tempi del liceo. (**6.**) Lui studia lettere classiche e dice che gli piacciono molto **la** poesia, **la** filologia, e **il** greco. (**7.**) Ha una professoressa molto brava che, oltre a essere considerata **la** migliore insegnante del suo corso, **l'**anno scorso ha anche vinto **il** Premio Strega per la narrativa.

Exercise 2
1. gli occhi
2. lo psicologo
3. l'alba
4. i cellulari
5. l'Artico

Exercise 3
1. lo spazio
2. il tavolo
3. lo zaino
4. gli yogurt
5. i problemi

Exercise 4
1. d
2. e
3. a
4. c
5. b

Exercise 5
1. Mi sono comprato **lo** scooter nuovo.
2. Alla festa voglio indossare **i** jeans nuovi.
3. Questa è **l'**acqua italiana.
4. Ti presento Giacomo, **l'**amico di Tiziano.
5. Quelle non sono **le** mie amiche, sono **le** amiche di Sara.

Workout 2.. p. 4

Exercise 1
1. È un monte/una montagna.
2. È un lago.
3. È una regione.
4. È una città.
5. È un'isola.

Exercise 2
Luca: —Ieri sono andato al canile comunale e ho adottato **un** cucciolo.
Monica: —Davvero? È **un** bastardino?
Luca: —Se mai è **una** bastardina. È **una** femmina. Ho sempre desiderato **un** amico a Quattro zampre. O meglio … **un'**amica! Sai che credo che sia di razza?
Monica: —Ah, sì? **Una** che conosci?
Luca: —Mah, io non ci capisco molto … forse **un** fox terrier?
Monica: —Accidenti! Ma è **un** cane bellissimo! Come l'hai chiamata?
Luca: —Aiuto.
Monica: —Aiuto?
Luca: —Sì. E devi vedere che ridere quando la chiamo per la strada … non c'è **un** passante che non si volti …!
Monica: —Tu hai sempre **una** voglia matta di scherzare, eh? E se prima o poi avessi bisogno di aiuto davvero?
Luca: —In quel caso griderei "Aiutatemi" …

Exercise 3
1. un topo
2. un albero
3. una canna

Exercise 4
Possible answers:
Vicino a me c'è un letto, una pianta, uno scaffale pieno di libri di arte, scienze naturali, storia. Vicino alla porta c'è un vaso di fiori e sotto la finestra un termosifone rosso …

Exercise 5
1. un aereoplano
2. un'amica
3. uno psicologo
4. una strega

Workout 3.. p. 6

Exercise 1
1. pittore, mondo,
2. padre,
3. città, gondoliere
4. giorno, lezione, arte, passione, futuro
5. casa, madre, cuoca

Exercise 2
1. M
2. F
3. M
4. M
5. F
6. M
7. F

Exercise 3

1. scuola, feminine
2. libro, masculine
3. televisione, feminine
4. zia, feminine
5. tradizione, feminine
6. notte, feminine
7. pane, masculine
8. dentista, masculine/feminine

Exercise 4
Possible answers:

1. uomo, libro, bambino, regalo, telefono
2. elefante, eroe, attrice, esame, dottore
3. programma, atleta, dentista, donna, sera
4. animale, telegiornale, fortunale, stivale, boccale
5. lezione, intenzione, vibrazione, colazione, stazione

Workout 4 .... p. 8

Exercise 1

1. the gala
2. the frill
3. the present (time)
4. the letter you're writing
5. the radium
6. the radio
7. the color purple
8. the musical instrument/type of color

Exercise 2

1. M
2. F, F
3. F
4. F
5. F

Exercise 3
Possible answers:

1. Il fine del nostro lavoro è crescere insieme.
   La fine del film è tristissima.
2. I nostri uomini sono al fronte.
   Hai la fronte sudata, stai bene?
3. Allo zoo ho visto un boa spaventoso.
   Arriviamo alla boa e torniamo indietro.
4. Il mio fiore preferito è la rosa.
   Il tuo colore preferito è il rosa.

Exercise 4

1. The end (purpose) justifies the means.
2. Every rose has his thorn.
3. Even one smile lifts the spirit.
4. Who starts en enterprise without the proper equipment is destined to fail.

Exercise 5

1. board game; soul
2. young fascist; Italian car made in the 30s
3. stupid, silly person; Southamerican dance
4. boss; head
5. letter of the alphabet; cape
6. weapon; bishop's hat
7. subject; fear

Workout 5 .... p. 10

Exercise 1

1. giornali
2. orologi
3. idee
4. appartamenti
5. sedie
6. informazioni

Exercise 2

1. zio
2. zia
3. orchidea
4. bar
5. sconto
6. elefante

Exercise 3

1. singular, feminine
2. singular, feminine and masculine
3. singular, masculine
4. plural, feminine
5. singular, masculine
6. plural, feminine
7. singular, masculine
8. singular, masculine

Exercise 4
Possible answers:

1. Quanti orologi hai?
2. Adoro i pub irlandesi.
3. Queste dottoresse sono canadesi.
4. I monti italiani più alti sono in Valle d'Aosta.
5. In questa casa ci sono tre radio e nessuna televisione.

Exercise 5

1. università, calcolatrici
2. cose, penne, quaderni, calendari, computer
3. dollari, articolo

Workout 6 .... p. 12

Exercise 1

Singular	Plural
greco	greci
spiaggia	spiagge
figlio	figli
psicologo	psicologi
amica	amiche

Exercise 2

1. amici, alberghi tedeschi.
2. biblioteche
3. nostalgie
4. bugie
5. spiagge, lunghe, magnifiche, greci
6. medici, psicologi

Exercise 3

1. I radiologi di questo ospedale sono tutti greci.
2. Vorrei dei pantaloni bianchi per camminare sulle spiagge brasiliane.
3. Le conversazioni telefoniche di mia suocera sono sempre troppo lunghe.
4. Le parole "classe" e "fine" sono falsi amici.
5. Suo figlio fa continuamente domande illogiche.

Workout 7 .... p. 14

Exercise 1

1. le labbra
2. le ossa
3. i budelli
4. le uova
5. le mani

Exercise 2

	C								
L	A	B	B	R	O				
	L								
	C	I	G	L	I	A			
	A							D	
	G	I	N	O	C	C	H	I	O
	N			R				T	
	I		L	E	N	Z	U	O	L	O
				C						S
				C						S
				H						I
	U	O	M	I	N	I			
				E						

Exercise 3

1. UOVA   *Translation:* eggs
2. LABBRA   *Translation:* lips
3. LENZUOLA   *Translation:* sheets
4. OSSA   *Translation:* bones

Workout 8 .... p. 16

Exercise 1

1. tempo
2. ora
3. periodo
4. durata
5. volte

Exercise 2

1. È ora di andare.
2. Questo periodo storico copre due secoli.
3. Non ho tempo per queste cose!

Exercise 3

1. Marta è stata all'Opera tre volte, ma non le è mai piaciuta.
2. Questo film ha una durata troppo lunga!
3. C'era un tempo in cui avevo molto tempo a disposizione.
4. A che ora fai colazione di solito?
5. Questo è un periodo nella vita di Sandro in cui succedono molte cose straordinarie.

Exercise 4
Possible answers:

1. Vado a pescare tre volte all'anno, quando fa bel tempo.
2. Non vado mai a fare surf.
3. Vado a sciare ogni inverno, per almeno una settimana all'anno.

Workout 9 .... p. 18

Exercise 1

1. perché, quando
2. e
3. oppure
4. così, però
5. Inoltre, purché, perciò

Exercise 2

1. e
2. a
3. b
4. c
5. d

Exercise 3

1. perché
2. sebbene
3. nemmeno, mentre
4. sebbene
5. come
6. finché, ma, perciò
7. Tranne
8. Dunque

Workout 10 .... p. 20

Exercise 1

1. For God's sake!/My goodness
2. Dear me/ Alas …
3. Hurrah!/Hurray!/Long live …!
4. Cheers!/Bless you!
5. By Jove!

Exercise 2

1. Attenzione!
2. Uff/Ah/Meno male …
3. Prego/Non c'è di che.
4. Me ne frego!
5. Non mi dire!

Exercise 3

1. d
2. e
3. a
4. b
5. c

Exercise 4
Possible answers:

1. Aiuto!
2. Oh …
3. Che schifo!

Exercise 5

Paola: —**Uffa!** Ti ho già detto che in montagna quest'anno non torno!

Marco: —**Santo cielo,** che noia! E perché no?

Paola: —Ma **dai!** Ogni estate?

Marco: —**Beh,** non vedo perché no …

Paola: —E con i tuoi genitori, poi …

Marco: —Che c'entrano loro, scusa? Tantopiù che mia madre cucina sempre e tu non fai mai niente.

Paola: —**Ah** … si tratta di questo? Farti servire dalla mamma?

Marco: —Piantala! Non cercare di cambiare argomento, sai benissimo …

Paola: —Eh, no, **eh!** Tutto, ma la mamma no! **Basta!** Quest'anno si va al mare! E da soli!

Marco: —Ma Paola …

Workout 11 .... p. 22

Exercise 1

1. sei sesti
2. due terzi
3. un ventesimo
4. sette centesimi
5. tre mezzi

Exercise 2

1. una dozzina di uova
2. due cucchiai e mezzo di margarina
3. cinque tazze e mezzo di zucchero
4. mezzo cucchiaino di cannella
5. un terzo di cucchiaino di noce moscata grattugiata
6. una tazza e mezza di farina
7. mezza tazza di burro
8. un terzo di tazza di latte
9. due cucchiai e mezzo di rum

Answer Key

10. quattro cucchiaini e mezzo di estratto di vaniglia
11. un cucchiaino e mezzo di lievito
12. mezzo cucchiaino di sale

Exercise 3
1. una decina di bambini
2. un centinaio di libri
3. un migliaio di parole
4. una quindicina di auto
5. un paio di settimane

Workout 12 .... p. 24

Exercise 1
1. difficile
2. famosi
3. intelligenti
4. antipatiche
5. tranquillo

Exercise 2
1. è bella
2. è bravo
3. è raffinata
4. è rumoroso
5. è colto

Exercise 3
1. Milano è una città **ricca**.
2. L'estate in Italia è una stagione **calda**.
3. Andrea Bocelli e Luciano Pavarotti sono cantanti **inglesi**.
4. I film di Roberto Benigni sono **divertenti**.
5. Danny De Vito è **basso** e **grasso**.

Exercise 4
Possible answer:
Sono un ragazzo simpatico, allegro e divertente. Mi piace viaggiare e passare del tempo con i miei amici. Amo molto stare in mezzo alla gente più diversa: giovani, vecchi, bambini … Penso che sia possibile imparare cose interessanti da ogni persona che incontriamo. Amo anche gli animali. Ho un cane che si chiama Arturo, un bel pastore tedesco, simpatico e sveglio. Ormai è vecchio, siamo cresciuti insieme, e gli voglio bene come a un fratello maggiore …

Workout 13 .... p. 26

Exercise 1
1. ragazzo francese
2. piccolo appartamento
3. vecchio palazzo
4. nido confortevole
5. belle cose
6. gran/grande divano

7. tappeti persiani
8. collezione unica
9. museo polveroso
10. museo decrepito
11. tesori preziosi
12. segreti favolosi
13. nascondiglio privato

Exercise 2
1. No, non è di qualità cattiva, è di buona qualità!
2. No, non è una cantante vecchia, è una cantante giovane!
3. No, non c'è un tragitto lungo, c'è un breve tragitto!
4. No, lui non è il fidanzato nuovo di Sara, è il vecchio fidanzato!
5. No, io non vivo in un appartamento grande a Manhattan, vivo in un piccolo appartamento!

Exercise 3
1. una bella ragazza
2. un attore famoso
3. una domanda comune
4. un vecchio amico
5. un tipo strano

Workout 14 .... p. 28

Exercise 1
1. buon
2. buona/bella
3. bel
4. buoni
5. bella

Exercise 2
1. Il signor Riccardi è un buon uomo: Mr. Riccardi is a good man.
Il signor Riccardi è un **bell**'uomo: Mr. Riccardi is a handsome man.
2. Ecco delle belle cose!: Here are some beautiful things!
Ecco delle **buone** cose!: Here are some good things!
3. Luigi è un buono studente: Luigi is a good student.
Luigi è un **bello** studente: Luigi is a handsome student.

Exercise 3
1. Gli spaghetti al pomodoro sono un buon piatto.
2. Meryl Streep è una buon'attrice.
3. Il *New York Times* è un buon giornale.
4. "La 25a ora" e "21 grammi" sono dei bei film.
5. Il Waldorf Astoria e l'Hilton sono dei begli alberghi.

Workout 15 .... p. 30

Exercise 1
1. I nostri
2. Il loro
3. Tua s
4. I vostri
5. Il suo

Exercise 2
1. Ogni sabato mio fratello esce con i suoi amici.
2. Il loro bambino sa già parlare.
3. Tuo cugino Fausto è simpatico, ma il tuo fratello maggiore è più simpatico.
4. I nostri colleghi ci hanno scritto un bellissimo biglietto.

Exercise 3
1. e
2. c
3. a
4. b
5. d

Exercise 4
1. sua
2. loro
3. nostro
4. i vostri
5. la vostra

Workout 16 .... p. 32

Exercise 1
1. molto
2. tutti i
3. troppa
4. Qualche
5. Tutte

Exercise 2
Possible answers:
1. C'è troppo rumore qui, non riesco a sentire quello che dici!
2. Ogni volta che ti vedo, il mio cuore sussulta.
3. Ho pochi soldi con me ... cerchiamo un ristorante più economico?
4. Alcuni bar, soprattutto in centro, chiudono molto presto.

Exercise 3
1. Non capisco come fai a gestire tutte le tue attività.
2. Ogni mercoledì andiamo in palestra.
3. Metto qualche cucchiaino di zucchero nel caffè.
4. Mi piacciono tutti i frutti tropicali.
5. C'è poca gente/Ci sono poche persone stasera.

Exercise 4
Possible answers:
1. Vado al mare ogni estate.
2. Ho bisogno di qualche uovo e tutto il burro della confezione.
3. Alcuni amici vanno in discoteca tutti i venerdì e ogni sabato vanno in pizzeria.
4. Compro alcuni CD, qualche maglia, poca carne e molta verdura.
5. Ho molti/pochi amici.

Workout 17 .... p. 34

Exercise 1
Possible answers:
1. Quanti fratelli o sorelle hai? Ho due fratelli.
2. Che/Cosa/Che cosa preferisci mangiare? Preferisco mangiare la pizza.
3. Quali ristoranti conosci a New York? Conosco Piola e Le Bernardin.
4. Qual è la tua materia preferita? La letteratura è la mia materia preferita.
5. Che/Cosa/Che cosa fai stasera? Stasera vado a cena da amici.

Exercise 2
Possible answers:
1. Che/Cosa/Che cosa hai fatto ieri?
2. Quale frutta preferisci?
3. Qual è il tuo scrittore preferito?
4. Quanto costa (questa maglia)?
5. Quanti figli hai?

Exercise 3
Possible answers:
Io: —Martina, quante bibite vuoi comprare?
Martina: —Che bibite?
Io: —Non so, Coca, Fanta ...
Guido: —Non dimentichiamo la Sprite, insieme alla birra è ottima!
Io: —Che marca? Quante bottiglie? Quali alter bibite?

Workout 18 .... p. 36

Exercise 1
1. Lui
2. Venite anche voi
3. io, tu
4. Loro
5. Noi

Exercise 2
1. lei
2. voi
3. voi (or loro)

Answer Key

4. noi

5. voi

Exercise 3

Beatrice: —~~Lo~~ sono un'amante della musica italiana.

Sara: —Io di più.

Beatrice: —Chi ti piace?

Sara: —Eros Ramazzotti, Laura Pausini, Giorgia …

Beatrice: —Ma ~~loro~~ sono tremendi!

Sara: —Perché? Io e il mio ragazzo li adoriamo.

Beatrice: —~~Voi~~ non capite niente di musica!

Sara: —Ah, sì? E sentiamo, chi ascolti tu?

Beatrice: —I Subsonica, gli Avion Travel … Voi preferite la musica più popolare.

Sara: —A noi non piace per niente la musica popolare! Eros è bravissimo!

Beatrice: —Mah … Io penso che sia una pizza infinita, ma se a voi piace …

Exercise 4

Possible answers:

Il mio migliore amico si chiama Luca ed è una persona molto interessante. Siamo due persone molto diverse e a volte la gente ci chiede cosa mai abbiamo in commune lui e io. Lui ama molto sciare, mentre io preferisco andare al mare …

Workout 19 .... p. 38

Exercise 1

1. Sì, ho un appuntamento con lui.

2. Sì, è per lei.

3. Sì, voglio parlare con te.

4. Sì, abitano sotto di me.

5. Sì, passerò il Natale con loro.

6. Sì, verrò in Brasile con voi.

7. Sì, fanno sempre tutto da sé.

Exercise 2

1. e

2. d

3. a

4. c

5. b

Exercise 3

1. te

2. loro

3. me

4. lei, voi

5. noi

6. lui

Workout 20 .... p. 40

Exercise 1

1. Non li leggo mai.

2. Non ti vedo spesso.

3. Lei non le legge.

4. Lo faccio.

5. Non ci vedi? Siamo qui!

Exercise 2

1. a

2. c

3. c

4. a

5. c

Exercise 3

1. c

2. a

3. e

4. b

5. d

Exercise 4

Possible answers:

1. Sì, la desidero.

2. No, non lo desidero.

3. Sì, li desidero.

4. Sì, la desidero.

5. No, non li desidero.

Workout 21 .... p. 42

Exercise 1

1. Mi piace ordinarla spesso.

2. Mi piace berlo.

3. Desidero conoscerli.

4. Mi piace vederle.

5. Desidero vederti ogni settimana.

Exercise 2

1. La voglio ordinare./Voglio ordinarla spesso.

2. Lo posso bere./Posso berlo.

3. Li devo conoscere./Devo conoscerli.

4. Le voglio vedere./Voglio vederle.

5. Ti posso vedere./Posso vederti.

Exercise 3

1. b

2. c

3. a

4. a

5. b

Exercise 4

1. Ogni mattina ho bisogno di berlo.
2. Ho proprio bisogno di visitarla.
3. Non vedo l'ora di mangiarli.
4. Ho paura del buio, non lo posso sopportare/non posso sopportarlo.
5. Ho bisogno di trovarlo.

Exercise 5

(bere il caffè)	Non	lo	posso	bere.
(mangiare la peperonata)	I tuoi genitori	non	vogliono	mangiarla.
(parcheggiare l'auto)	Siamo in ritardo.	Abbiamo bisogno di	parcheggiarla	subito.
(guidare la Vespa)	Arriva l'estate!	Ho sempre voglia di	guidarla	per le strade.
(studiare le poesie)	Che noia!	Per domani	dobbiamo	studiarle.

Exercise 6
Possible answers:

- Pronto, Lisa? Ti disturbo? Ciao ... Ti chiamo perché domani Simona compie gli anni e voglio organizzare una festa per festeggiarla. Hai voglia di organizzarla insieme a me? Bene! Pensi che dovremmo farla a casa o in un locale? In un locale? Vediamo ... Conosci Mario? È il proprietario della Luna Piena, quella discoteca che piace tanto a Simona ... lo conosci? Potremmo chiedere a Mario se possiamo affittarla e farla lì, che ne pensi? (...)

Workout 22 .... p. 44

Exercise 1

1. L'ho vista ogni giorno.
2. Li ho guardati spesso in televisione.
3. Ci hai chiamato/i domattina?
4. Ti ho sognato/a spesso.
5. Le ho comprate al mercato.

Exercise 2

1. Ho visto dei buonissimi cioccolatini e li ho comprati.
2. Ho visto una bellissima Ferrari e l'ho comprata.
3. Ho visto delle bellissime cravatte e le ho comprate.
4. Ho visto un bellissimo iPod e l'ho comprato.

Exercise 3

1. Sì, le ho riordinate.
2. No, non l'ho vista.
3. No, non ci avete invitato/i.
4. Sì, ho potuto trovarli. ≠ Sì, li ho potuti trovare.

5. Sì, ho dovuto invitarla./L'ho dovuta invitare.

Exercise 4

1. Hanno voluto studiarla./L'hanno voluta studiare.
2. Avete potuto vederli?/Li avete potuti vedere?
3. Ho dovuto aspettarle./Le ho dovute aspettare.
4. Abbiamo dovuto cercarlo./L'abbiamo dovuto cercare.
5. Ha voluto venderla./L'ha voluta vendere.

Workout 23 .... p. 46

Exercise 1

1. Le presto il maglione.
2. Gli presto il rasoio.
3. Vi presto il lettore CD.
4. Gli presto/Presto loro il dentifricio.
5. Ti presto le forbicine.

Exercise 2

1. Sì, le telefono spesso.
2. Sì, gli regalo/regalo loro i miei vestiti vecchi.
3. Sì, ogni tanto gli compro le caramelle.
4. Sì, vi rispondo entro stasera.
5. Sì, gli scrivo/scrivo loro quando vado in vacanza.

Exercise 3

—Ciao, Stefano, come stai?
—Ciao, Carolina. Bene, e tu?
—Io bene, ma sto andando a trovare Giulia.
—Giulia? Cosa **le** è successo?
—Ha avuto un incidente.
—Cosa?
—Sì, stava camminando per strada e **le** è caduto in testa un vaso di fiori.
—Oh, signore! E ha denunciato i proprietari?
—Non solo. **Gli** ha chiesto il rimborso di tutte le spese mediche e i danni morali.
—Accidenti ... **Ti** offro un passaggio, se vuoi. Sto andando in quella direzione.
—Grazie, volentieri. Sicuro che non **ti** dia problemi?
—Figurati, così chiacchieriamo ancora un po'. Anzi, sai che **ti** dico? Quando Giulia sta meglio, **ti/vi** telefono e **vi** porto tutte e due in un bel ristorantino a festeggiare la guarigione, che ne dici?
—Che è un'ottima idea! **Le** dirò che **ci** hai invitate. Grazie!

Answer Key

Workout 24 .... p. 48

Exercise 1

Lunedì	Martedì	Mercoledì	Giovedì
	devo andare in lavanderia		
devo andare in ufficio			
		devo pagare le bollette	

Venerdì	Sabato	Domenica
	posso fare un giro in bicicletta	voglio svegliarmi presto
	devo fare la spesa	voglio pranzare con gli amici
devo passare in biblioteca		posso dormire fino a tardi

Exercise 2
1. Posso chiederle molti aperitivi.
2. Voglio offrimi una cena in riva al mare.
3. Non devo spiegargli/spiegare loro le lezioni che non capiscono.
4. Devo dedicarti più tempo.
5. Posso concederci qualche piccolo lusso.

Exercise 3
1. d
2. a
3. e
4. b
5. c

Exercise 4
1. Ho voglia di dargli un bacio.
2. Ho bisogno di comprarti un cappotto.
3. Devo proprio mandarvi una lettera.
4. Non ho nessuna voglia di cucinarci una pasta.

Workout 25 .... p. 50

Exercise 1
Possible answers:
1. No, non ci vado mai.
2. Sì, ci vado ogni domenica.

Exercise 2
1. Ne ho tre.
2. Ne ho comprati un centinaio.
3. No, non ne ho.
4. Sì, ne ho un paio.

Exercise 3
1. a
2. a
3. a
4. b
5. a

Exercise 4
1. No, non ne vogliamo.
2. No, non ci vogliamo venire/vogliamo venirci.
3. No, non ci credo.

Workout 26 .... p. 52

Exercise 1
1. Me le prepari.
2. Ce la raccontano.
3. Glieli presto./Li presto loro.
4. Te lo presentiamo.
5. Glielo portate./Lo portate loro.

Exercise 2
1. gliele spediamo/le spediamo loro
2. te lo porti
3. te ne ho parlato
4. te la presenti
5. raccontartelo

Exercise 3
1. Ho preso la patente. Quando vedo Andrea devo dirglielo!
2. Questa sciarpa è di Laura. Devo restituirgliela.
3. A Monica piace questo anello. Mi piacerebbe tanto comprarglielo.
4. Non sono problemi tuoi, quindi non curartene.
5. Mi piace questo regista. Tu che ne pensi?

Workout 27 .... p. 54

Exercise 1
1. Non darglielo!/Non glielo dare!
2. Non darglieli!/Non glieli dare!

Exercise 2
1. Non glielo dia!
2. Non glieli dia!

Exercise 3

1. Non dirmelo!/Non me lo dire!
2. Non ce lo mandi!
3. Non spiegategliela!
4. Non controlliamoglielo!
5. Non me lo assicuri!

Exercise 4

1. c
2. a
3. b
4. a or b
5. c

Workout 28 .... p. 56

Exercise 1

1. dove/in cui, su cui
2. che, che
3. che, di cui
4. che, su cui
5. dove/in cui
6. che, che

Exercise 2

1. con
2. (none)
3. in
4. per
5. da

Exercise 3
Possible answers:

1. Mi piacciono le città che hanno tante fontane.
2. Mi piacciono i film in cui si piange molto.
3. Mi piacciono le persone con cui si può parlare.
4. Mi piacciono i ristoranti che hanno il giardino.
5. Mi piacciono gli amici che ho.

Exercise 4
Possible answers:

1. Il vino con cui brindiamo è francese.
2. Il cane che ti ha morso ha la rabbia.

Workout 29 .... p. 58

Exercise 1

1. Mi piace tutto in questo negozio.
2. Non voglio vedere nessuno.
3. "Ti piacciono le nuove professoresse?" "Qualcuna sì, le altre no".
4. Ognuno dica quel che deve dire!
5. Sono venuti tutti, hai visto?

Exercise 2

1. qualcuno
2. Qualsiasi
3. Chiunque
4. tutto
5. qualcuno

Exercise 3
Possible answers:

1. No, non vedo niente.
2. No, non conosco nessuno.
3. Sì, riconosco qualcuno.

Exercise 4

1. Non preparo niente da mangiare.
2. Questo weekend non hai fatto niente di bello.
3. Non ho niente da fare oggi.
4. Nessuno viene qui da mesi.
5. Non voglio niente!

Workout 30 .... p. 60

Exercise 1

Sandro: —Ciao, Pino! Come stai? Con **chi** sei venuto?
Pino: —Sandro, che sorpresa! Sono con la mia ragazza.
Sandro: —La tua ragazza? E da **quanto** sei fidanzato?
Pino: —Da due mesi.
Sandro: —È qui?
Pino: —Sì, è qui, da qualche parte, in mezzo a queste ragazze …
Sandro: —**Chi** è?
Pino: —Eccola!
Sandro: —È Tiziana?
Pino: —Sì. Beh … **Che** ne pensi?
Sandro: —È una bravissima ragazza, sono molto contento per te.

Exercise 2
Possible answers:

1. Ma che hai?
2. Quante camicie! Quale metti?
3. Quanto ci vuole da qui a Milano?
4. Che hai detto?
5. Quanto hai pagato questo maglione?

Exercise 3

1. —Buongiorno, vorrei dei francobolli, per favore.
   —Certo, quanti ne vuole?
2. —Ieri mi ha telefonato il mio ex-ragazzo.
   —Davvero? E che ti ha detto?
3. —Ci sono troppi gusti … tu quale preferisci?
   —Il cioccolato.

Answer Key

Workout 31 p. 62

Exercise 1
1. Disperatamente
2. Finalmente
3. Allegramente
4. Attentamente
5. Facilmente

Exercise 2
Possible answers:
1. serenamente
2. voracemente
3. velocemente

Exercise 3
1. spessamente
2. (correct)
3. tardamente
4. cattivamente
5. (correct)

Workout 32 p. 64

Exercise 1
1. mai, talvolta
2. adesso, fuori
3. sempre, sotto, oltre
4. ieri, presto, sopra
5. più, davvero
6. Inoltre

Exercise 2
1. più
2. L'altroieri
3. vicino
4. sotto
5. mai

Exercise 3
Possible answers:
1. Ma perché metti sempre tutto sottosopra?
2. stai fuori o vieni dentro, deciditi!
3. Ieri il tempo era splendido, oggi è terribile.
4. Quando ti vedo non capisco se sto bene o male.

Exercise 4
Possible answers:
1. Sto abbastanza bene, grazie.
2. Ci vado raramente.
3. Sono andato fuori città.
4. No, non la frequento più.
5. Abbondantemente.

Workout 33 p. 66

Exercise 1
1. Come
2. Perché/Come mai
3. Quando
4. Dove
5. Com'è

Exercise 2
Possible answers:
1. Dov'è il tuo ufficio?
2. Come vai a Roma?
3. Perché non esci stasera?
4. Quando vai a trovare i tuoi genitori?
5. Come stai?

Exercise 3
Possible answers:
1. Dove sono queste persone?
2. Perché sono lì?
3. Com'è il tempo?
4. Perché stanno applaudendo?

Workout 34 p. 68

Exercise 1
Possible answers:
1. Questo cane è tanto/così simpatico quanto/come il mio.
2. La cucina è tanto/così piccola quanto/come uno sgabuzzino.
3. Nicola guida tanto/così velocemente quanto/come un pilota di Formula 1.
4. Mangio fuori tanto/così raramente quanto/come un monaco.
5. Questi bambini tanto/così rumorosi quanto/come un intero asilo.

Exercise 2
Possible answers:
1. Il cioccolato è più grasso della frutta.
2. Alessandro Gassman è più bello di Brad Pitt.
3. Pittsburgh è meno grande di New York.

Exercise 3
Possible answers:
1. Monica Bellucci è più procace di Margherita Buy.
2. Margherita Buy è meno giovane di Monica Bellucci.
3. Margherita Buy è più intelligente di Monica Bellucci.

Exercise 4
Possible answers:
1. Mio fratello è più avido di Paperon de' Paperoni.
2. Mia sorella è più dolce del cioccolato.
3. I miei amici sono meno intelligenti di un professore.

Workout 35 . . . . p. 70

Exercise 1
Possible answers:
1. Luciano Pavarotti è il cantante d'opera più famoso del XX secolo.
2. Margaret Mazzantini è la scrittrice più conosciuta della sua generazione.
3. Silvio Berlusconi è l'uomo meno povero del mondo.
4. I Subsonica sono il gruppo rock più conosciuto degli anni Novanta.
5. Margherita Hack è la donna più intelligente del mondo scientifico.

Exercise 2
Possible answers:
1. Criptodent, il dentifricio più spaziale dell'universo!
2. Pulicar, l'automobile pulitissima che rende la Terra felicissima.
3. Compra Bimbofelix, il passeggino intelligentissimo per il tuo bimbo modernissimo!
4. Brillacasa, per fare di te la donna più felice del quartiere.
5. Microcoffee, per chi non può fare a meno dell'aroma profumatissimo del caffè.

Exercise 3
Possible answers:
1. L'università di Roma è grandissima.
2. Questo ristorante cinese è carissimo.
3. Michelangelo è famosissimo.
4. La nave è velocissima.
5. Central Park è conosciutissimo.

Exercise 4
Possible answers:
1. L'università di Roma è più grande di quella di Pisa.
2. Questo ristorante cinese è meno caro di quel ristorante italiano.
3. Michelangelo è più famoso di Rodin.
4. La nave è meno veloce dell'aereo.
5. Central Park è più conosciuto di Prospect Park.

Exercise 5
1. d
2. a
3. e
4. c
5. b

Workout 36 . . . . p. 72

Exercise 1
1. buonissimo/ottimo
2. migliore/peggiore
3. meno, meglio
4. meglio
5. peggiore

Exercise 2
Possible answers:
1. I cioccolatini sono impecchettati meglio dei lecca-lecca.
2. I lecca-lecca si digeriscono peggio dei cioccolatini.
3. I cioccolatini sono più dei lecca-lecca.
4. I lecca-lecca mi piacciono meno dei cioccolatini.

Exercise 3
Possible answers:
1. Rossana è una candidata migliore di Franca.
2. Ho meno fame di te.
3. Il filetto è migliore/meglio della bistecca.
4. Laura ha più energia di Claudia.

Exercise 4
Possible answers:
1. Questo vino è davvero ottimo, cos'è?
2. Il pane, invece, è pessimo.
3. Il massimo che possa chiedere è sposare un principe.

Workout 37 . . . . p. 74

Exercise 1
1. né, né
2. affatto
3. più
4. mai
5. ancora

Exercise 2
Possible answers:
1. Non vado mai al ristorante.
2. Non voglio assaggiare niente, neanche/nemmeno/neppure il pane!
3. Non ti voglio più bene.
4. Mio figlio non parla mai con nessuno, nemmeno con i vicini.
5. Non sono più andato al cinema.

Exercise 3
Possible answers:
1. No, non vivo più con la mia famiglia.
2. No, non mi piace affatto prendere la metropolitana.
3. No, non mangio né carote né broccoli ogni giorno.
4. No, non vado mai a teatro.
5. Davvero, neppure il cioccolato.

Exercise 4
1. b
2. c
3. a

Answer Key

Workout 38 .... p. 76

Exercise 1
1. in
2. a, in
3. In, Nel
4. A, A
5. a

Exercise 2
Possible answers:
1. Ogni giorno vado in ufficio in metropolitana.
2. La mia banca è in centro.
3. Sono andata a Parigi la prima volta nel 2005.
4. Non riesco a passare in farmacia, puoi andare tu?
5. Provo a telefonare a Silvia da un'ora, ma non risponde,

Exercise 3
1. a
2. a
3. c
4. b
5. c

Workout 39 .... p. 78

Exercise 1
1. da
2. di, d'
3. di, dalla, di, d'
4. di, di, da, di
5. Da, da

Exercise 2
1. a
2. a
3. b
4. b
5. b

Exercise 3
1. "Cosa pensi di fare stasera?" "Non lo so, forse vado da Giulia".
2. Quella donna indossa perle molto care che vengono dal Giappone.
3. Stasera sarò in palestra dale 8 alle 9.
4. Sono le dieci di sera e dormi già?
5. Oggi è una bellissima giornata d'autunno.

Workout 40 .... p. 80

Exercise 1
1. da
2. da, di

3. per
4. di, dei, a
5. per, con, di

Exercise 2
1. nel
2. a
3. da
4. a
5. di
6. per
7. in
8. per

Exercise 3
1. b
2. f
3. g
4. i
5. a
6. j
7. c
8. d
9. e
10. k
11. g

Workout 41 .... p. 82

Exercise 1

1. alle, con, per, in
2. alla, sull', nel
3. nella, alle, di, agli, in
4. al, di
5. dalla, allo, dagli, alle, dal, alle
6. In, dall'

Exercise 2
1. b
2. a
3. b
4. c
5. c

Exercise 3
Possible answers:
1. Questi regali sono tutti per me!
2. C'è una banca vicino a casa tua?
3. La donna con mia sorella è la sua migliore amica.

Workout 42 .... p. 84

Exercise 1
1. Ho comprato delle bottiglie di spumante.
2. Carla e Mario vorrebbero dei figli.
3. Marta dà lezioni a degli studenti di fisica.
4. Abbiamo passato delle bellissime giornate al mare.
5. Ci sono dei bar centro che sono molto carini.

Exercise 2
—Buongiorno, signora. Vuole ordinare?
—Sì, grazie. Come primo piatto, vorrei della pasta.
—Preferisce delle penne o delle linguine?
—Penne, per favore. Anzi … avete fusilli?
—No, ma abbiamo dei rigatoni fatti in casa.
—Benissimo, prendo quelli.
—Desidera un secondo?
—Dipende … avete del pesce?
—Certo! Le proporrei alcuni gamberi alla griglia.
—Perfetto.
—Posso portarle del vino?
—No, non bevo mai vino.
—Le porto del pane?
—Volentieri, grazie. Una fetta di pane la mangio sempre volentieri.

Exercise 3
Possible answers:

Per la pasta mi servono …
alcuni pomodori
del parmigiano
un po' di basilico
alcune foglie di alloro
delle tagliatelle
un po' di vino bianco
alcune olive
dell'olio
un po' di sale
un po' di pepe

E per l'insalata mi servono …
del lattughino
un po' di rucola
della scarola
dei finocchi
un po' di noci
del formaggio di capra
dell'aceto balsamico
un po' di olio d'oliva
alcuni pinoli

Workout 43 .... p. 86

Exercise 1
1. Con
2. Da
3. Di
4. Su
5. Per

Exercise 2
1. Con chi va in Brasile Gianna l'anno prossimo?
2. Per chi lavora Stefano?
3. Da chi studiano i tuoi figli?
4. Per quanto tempo Giacomo ha lavorato alle Nazioni Unite?
5. Da quanto tempo Gianni ha lasciato la Rai?

Exercise 3
1. b
2. a
3. c
4. a
5. c

Workout 44 .... p. 88

Exercise 1
1. Conosce, stringe
2. abita, vivono, telefonano, prendono, partono, passano
3. crede, ama
4. Preferisce, offre

Exercise 2
1. I ristoranti in centro di solito aprono alle 7:30 di sera e chiudono a mezzanotte.
2. Il professore parla molto velocemente e spesso non capisco quello che spiega.
3. Leggete il menù, ma suggerisco di prendere quattro piatti diversi, così li dividiamo.
4. Ogni giorno mio fratello scrive e riceve molte e-mail dai suoi amici dell'università.
5. Mentre aspetto l'autobus, di solito leggo un libro.

Exercise 3
1. Venerdì pulisco la casa e poi passeggio per un'ora nel parco.
2. Paolo guarda un quadro di Modigliani e pensa che è bellissimo.
3. Viaggio spesso con i miei amici, e quest'anno decido di partire da solo.
4. Lucia vede una gonna che le piace e spende cento euro per comprarla.
5. Mi piacere prendere l'aereo per visitare nuovi paesi.

Answer Key

Exercise 1

—Ciao Grazia, come **stai**?

—Abbastanza bene, e tu?

—**Va** tutto benissimo. Stasera **vado** a un concerto magnifico.

—Ah, sì? Di chi?

—Degli Avion Travel, li conosci?

—Certo! Li adoro!

—Vuoi **venire** con me? Ho un biglietto in più.

—Vorrei, ma non posso proprio … domani devo **dare** un esame pazzesco.

—Ma è un'occasione unica! **Dai**!

—Mi piacerebbe molto **venire** … che peccato, accidenti.

—**Stai** su, il tuo esame andrà benissimo e poi io ti racconto tutto del concerto. Sono sicuro che gli Avion Travel **vengono** di nuovo in città prima della fine dell'anno.

—E allora **andiamo** insieme a sentirli, d'accordo?

—D'accordo!

Exercise 2
Possible answers:

1. Quando piove sto a casa.
2. Andiamo a mangiare nel migliore ristorante della città.
3. Sto da amici oppure in albergo.
4. Certo che mi va! Cosa porto?
5. Vengo a trovarti, ti va?

Exercise 3
Possible answers:

1. Stare attento.
2. Starsene da parte.

Exercise 1

1. svii
2. mangiamo
3. Scii
4. spiano
5. inizi

Exercise 2

Exercise 3

—Ciao, Olga. Da quanto termpo non ci vediamo! Come stai?

—Ciao, Wendy! Sto bene, grazie. E tu?

—Sto benissimo. Novità?

—Inizio un nuovo lavoro.

—Inizi un nuovo lavoro? Accidenti! Allora non insegni più a scuola?

—Insegno ancora, ma come lettrice all'università.

—Complimenti! E quando cominci?

—Domani.

—Questo nuovo lavoro paga bene?

—Dimentichi che non sono una professoressa …

—E allora? Non è un buono stipendio?

—No, è abbastanza buono, ma con quello stipendio paghi l'affitto e basta. Per il resto dovrò iniziare delle lezioni private. Studi ancora italiano?

—Perché … vuoi diventare la mia insegnante?

—Dipende da quanto paghi …

Exercise 1

1. Non mi piace prendere la metropolitana quando vado al lavoro.
2. Marco e Claudia desiderano andare al mare quest'estate.
3. Non hai voglia di studiare.

Exercise 2

1. Mia madre vuole partire per un viaggio.
2. Tuo cugino ha paura di dormire al buio.
3. Lorena e Filippo desiderano bere un caffè.
4. Noi dobbiamo pagare le bollette.
5. Mi piace andare in bicicletta al parco.

Exercise 3
Possible answers:

1. Mi piace mangiare, andare al cinema, chiacchierare con gli amici.
2. Ho paura di non vivere abbastanza intensamente ogni giorno della mia vita.
3. Ho bisogno di dormire a lungo.
4. Desidero fare un viaggio in Brasile e trascorrere un mese al mare in Liguria.

Workout 48 .... p. 96

Exercise 1

1. Gloria sta iniziando la sua giornata.
2. Sta facendo colazione e sta guardando le notizie in televisione.
3. Sta portando fuori il cane.

Exercise 2
Possible answers:

1. Mi stavo riposando a casa.
2. Stavo cucinando per me e per la mia famiglia.
3. Stavo andando al lavoro in autobus.

Exercise 3
Possible answers:

1. Vado al mercato a fare la spesa.
2. Sto facendo gli esercizi di italiano.
3. Bevo un bicchiere di vino bianco.

Workout 49 .... p. 98

Exercise 1

1. Ogni giorno Susanna si alza alle 7.
2. Si fa una doccia, si veste e fa colazione.
3. Poi si prepara per uscire, ma soltanto dopo un caffè molto forte.
4. Quando arriva in ufficio, si siede alla scrivania e si mette a fare telefonate.
5. La sera, torna a casa molto stanca e di solito si addormenta alle dieci.

Exercise 2

1. divertirsi
2. preoccuparsi/agitarsi
3. sentirsi bene

4. addormentarsi
5. laurearsi

Exercise 3
Possible answer:

Ciao Cristiano! Come sai, mi chiamo Anna e sono una studentessa dell'Università di Firenze. Mi sono iscritta all'università tre anni fa, ma sono una studentessa molto lenta: per ogni esame mi preparo con estrema cura e non mi accorgo che il tempo passa … però non mi dispiace: da quando ho finito il liceo mi alzo quando voglio, mi diverto un sacco e non mi annoio mai! …

Workout 50 .... p. 100

Exercise 1

1. si conoscono
2. Si vedono, si danno
3. si incontrano, si chiamano/telefonano.
4. vogliono sposarsi/si vogliono sposare

Exercise 2

1. Tu e io ci conosciamo bene.
2. Marco e Silvana si dicono tutto.
3. Tu e Monica vi vedete ogni giorno.

Exercise 3
Possible answer:

Romeo e Giulietta si sono conosciuti in un garage durante una festa di compleanno. Si sono piaciuti immediatamente e si sono dati appuntamento il giorno dopo per una pizza. I genitori di lei non volevano, perché Romeo è uno spiantato che non ha nessuna voglia di studiare, ma a Giulietta non interessa: lei e Romeo si sono innamorati guardandosi negli occhi, e hanno deciso di sposarsi …

Workout 51 .... p. 102

Exercise 1

1. Si parla moltissimo di te.
2. Non si sa mai cosa pensare in queste situazioni.
3. Non si capisce niente!

Exercise 2
Possible answers:

1. Dove si comprano le aspirine? In farmacia.
2. Dove si comprano i francobolli? Dal tabaccaio.

Exercise 3
Possible answer:

Cari amici,
Firenze è una città straordinaria! Ogni giorno ci si alza prestissimo, si fa colazione—si bevono almeno due

Answer Key

caffè!—e poi ci si incontra in piazza per andare al lavoro. Si fanno tantissime cose ogni giorno! Ieri, per esempio, si è organizzata una gita in campagna ...

Workout 52 .... p. 104

Exercise 1
1. da, per
2. da, per
3. da

Exercise 2
Giada: —Aspetto da un'ora!
Donatella: —Scusa! Sono rimasto imbottigliato nel traffico per quarantacinque minuti!
Giada: —Da quanto tempo guidi?
Donatella: —Guido da un mese ormai. Sai, è più facile che prendere il treno ...
Giada: —Credi? Prendo il treno da otto anni e non sono mai stata in ritardo!
Donatella: —Ho detto che mi dispiace ... Ma non hai davvero aspettato (per) un'ora, vero?
Giada: —Beh, vediamo ... Sono stata qui in piedi (per) 58 minuti.
Donatella: —Va bene, va bene ... andiamo, hai aspettato abbastanza.

Exercise 3
Possible answers:
1. Per quanto tempo hai vissuto a Roma?
2. Da quanto abiti a Bangkok?
3. Da quanto tempo suoni il violino?
4. Per quanto tempo hai giocato a pallanuoto?
5. Da quanto sei sposato?

Workout 53 .... p. 106

Exercise 1
1. Paolo è andato al cinema un'ora fa.
2. La settimana scorsa mi hai fatto un regalo bellissimo.
3. La piccola Nina è nata ieri pomeriggio.

Exercise 2
1. Sono partita la mattina seguente.
2. La settimana dopo abbiamo dato un esame.
3. Il postino era passato un'ora prima.
4. Il sabato prima mi sono divertito molto.
5. Il giorno prima faceva molto caldo.

Exercise 3
Possible answers:
1. Sono stato a teatro tre anni fa.
2. L'ho comprato ieri.
3. Mi sono iscritto al corso di danza africana la settimana scorsa.
4. Ho deciso di studiare l'italiano cinque anni fa.
5. Ho pensato che un corso di taglio e cucito sarebbe stato più semplice stamattina.

Workout 54 .... p. 108

Exercise 1
1. correre, transitive and intransitive
2. dipingere, transitive
3. scrivere, transitive

Exercise 2
1. venire, essere
2. scendere, essere e avere
3. cucinare, avere
4. avere, avere
5. alzarsi, essere

Exercise 3
1. hanno
2. siete
3. abbiamo
4. è
5. sono

Workout 55 .... p. 110

Exercise 1
1. Ascoltata la canzone, canta con me.
2. Sentiti questi interventi, rispondo.
3. Trovate le lettere, me ne vado.
4. Considerati i risultati, penso che tu non abbia studiato.
5. Mangiate tutte le caramelle, ci viene mal di pancia.

Exercise 2
1. avuto
2. andata
3. salita, preferito
4. Arrivata, conosciuto, venduto

Exercise 3
1. b
2. a
3. c
4. b

Workout 56 p. 112

Exercise 1
1. Marta ha aperto la porta.
2. Voleva dirmi che ieri ha perso un telegramma.
3. Il telegramma diceva che oggi è nata Lucia.
4. Marta dice che ha messo le sue cose nell'armadio.
5. Le ho chiesto se sta bene.

Exercise 2
1. Un mese fa ho letto un libro interessantissimo.
2. L'avevo veduto/visto nella vetrina di una libreria in centro.
3. È la storia di un uomo diviso tra due amori.
4. Mi sono messo/a a leggere e non ho più smesso.
5. Ho sofferto tantissimo …!

Exercise 3
1. scritto
2. deciso
3. sceso
4. preso
5. rimasto

Workout 57 p. 114

Exercise 1
1. Ieri sono arrivato/a a casa alle due.
2. Ho preparato un pranzo veloce e ho fatto un pisolino.
3. Quando mi sono alzato/a, ho chiamato Pietro e ho invitato lui e sua moglie fuori a cena.
4. Prima di cena, ho passeggiato un po' per il centro e ho comprato qualcosa.
5. Poi mi sono messo/a la giacca più elegante che ho e sono uscito/a con i miei amici.

Exercise 2
La settimana scorsa ho letto un articolo molto interessante sulle relazioni di coppia, e ho imparato che per essere felici bisogna mantenere una certa distanza dal proprio compagno. Ho chiamato immediatamente il mio ragazzo/la mia ragazza perché ho trovato questo argomento piuttosto interessante, ma lui/lei mi ha detto: "Se vuoi mantenere una distanza, lascia che ti aiuti: stamattina ho traslocato." Ho buttato via l'articolo.

Exercise 3
1. siamo
2. Abbiamo, siamo
3. è, è, è, ha
4. ho, è
5. ha,ha
6. Ha, ha
7. ha
8. hanno, sono

Exercise 4
Possible answer:
La scorsa estate sono andato/a in Liguria, dove ho trascorso un mese con la mia famiglia. Ho mangiato molto, soprattutto pesce, ma ho assaggiato tutto quello che mia madre ha cucinato per me. Il tempo è stato incerto per le prime settimane, quindi non sono sceso/a in spiaggia troppo spesso, però ho fatto delle bellissime passeggiate sul lungomare e un paio di volte mi sono anche spinto/a fino a Genova.

Workout 58 p. 116

Exercise 1
1. aveva invitato
2. aveva incontrato, aveva dimenticato, era riuscito, avevo ricevuto

Exercise 2
1. Stamattina alle 7 ti eri già vestito?
2. Stamattina alle 7 avevi già gatto colazione?
3. Stamattina alle 7 eri già andato al bar?
4. Stamattina alle 7 avevi già letto il giornale?
5. Stamattina alle 7 avevi già telefonato a tua madre?

Exercise 3
Possible answers:
1. Quando è nato Francesco Totti avevo già iniziato le elementari.
2. Quando l'Italia ha vinto i Mondiali di calcio ero già stata al mare.
3. Quando il regista Gabriele Muccino ha girato *L'ultimo bacio* non avevo ancora visto nessun suo film.
4. Quando ho preso la patente avevo già compiuto 35 anni.

Workout 59 p. 118

Exercise 1
1. Non credesti mai a quello che ti raccontai.
2. Insistesti solo a dire che non ti interessò mai sapere niente di quella storia.
3. E poi finisti ogni nostra conversazione scrollando le spalle.
4. Ma io mi stancai e partii il giorno dopo.
5. Non credesti alle tue orecchie, ma finì così.

Exercise 2
Possible answer:
1. Si sposò.
2. Diventò padre.
3. Partì soldato in guerra.

Answer Key

Exercise 3
Possible answer:

Quando il signor Fonte arrivò alla vecchia casa di campagna che ricevette in eredità, si stupì di vedere che non era affatto in rovina come aveva temuto. Tirò fuori le chiavi dalla tasca, entrò e, prima ancora di guardarsi intorno, notò un pezzo di carta sul tavolo. Si avvicinò al tavolo e scoprì che era un telegramma. Faceva freddo, la temperatura in casa era gelida, e il signor Fonte dovè strofinarsi bene le mani prima di riuscire ad aprire il foglio. Quando ci riuscì, iniziò a leggere …

Workout 60 .... p. 120

Exercise 1
1. raccontò: He told
2. disse: He said
3. spiegò: He explained

Exercise 2
Possible answer

Fu un attimo
Venisti a me in un batter d'ali
Come un alito di vento percorresti la mia giornata
E vi posasti la tua grazia.

Nacque così il mio amore per te
Nel rapido e leggero passaggio
Del tuo corpo che si mosse d'un tratto
E corse a me.

Morii nella solitudine
E rinacqui in un nuovo noi
Che non volli prima
Non cercai mai.

Forse attesi te solo/a
Forse piansi così forte
O forse fu solo destino
E ti trovai.

Exercise 3

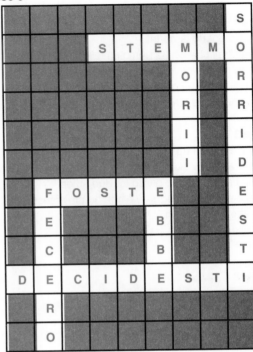

Workout 61 .... p. 122

Exercise 1
1. Guarda!
2. Parlategli!
3. Svegliati!
4. Non dormire!
5. Non vendere l'automobile!
6. Comprala!
7. Non uscire, Maria!

Exercise 2
1. Compra il latte!
2. Non dormite!
3. Usciamo!
4. Non smettere di provarci!
5. Venite!

Exercise 3
Possible answers:
1. Sonia, pulisci la scrivania di tutte quelle cianfrusaglie!
2. Alberto, chiama i vicini e stabilisci dei turni!
3. Monica e Lucio, prendete quei volantini e distribuiteli in giro!
4. Gilda, spedisci subito quel fax!
5. Sandro, organizza il prossimo incontro!

Workout 62 p. 124

Exercise 1
1. **Da'**: *Give credit where credit is due.*
2. **scegli**: *Choose the lesser of two evils.*
3. **non guardare**: *Don't comment on a gift.*
4. **Non svegliare**: *Let sleeping dogs lie.*
5. **Non fare**, **non fare**: *Don't do evil because it's a sin; don't do good because it's wasted.*
6. **Vivi**: *Live and let live.*

Exercise 2
1. Dai!
2. Sii paziente!
3. Abbi fede!
4. Dammi tregua!

Exercise 3
Possible answers:
1. Da' la mano al primo cane che passa!
2. Fa' una capriola in mezzo alla piazza!
3. Di' la verità a tutti quelli che incontri per il resto della giornata!
4. Va' dal macellaio a comprare un bue intero!

Exercise 4
Possible answer:
Pamela, Concetta, siate più sicure di voi stesse! Abbiate il coraggio di andare da questi ragazzi a presentarvi. Tu, Concetta, di' che vieni dalla Sicilia, parla del tuo paese, fa' in modo che il ragazzo che ti piace si interessi. E tu, Pamela, sii audace: quando vedi il tuo inamorato, dagli la mano e digli che conosci un buon ristorantino nei paraggi. Poi dagli il tuo numero di telefono!

Workout 63 p. 126

Exercise 1
1. Stia bene!
2. Sappia che non aspetto più.
3. Venga con noi!
4. Vada via!
5. Roberto, perda la partita!

Exercise 2
Possible answer:
Contessa Finetta, mi permetta di offrirle qualche suggerimento che spero possa soddisfare la sua curiosità. Domattina prenda un taxi e vada a vedere i resti romani di cui la città è tanto fiera. Faccia molte foto, parli con le guide del sito e non dimentichi di comprare le cartoline. Chieda poi del ristorante "Da Arturo": è uno dei migliori ristoranti della città. Mi raccomando, ordini il carpaccio e un piatto di pesce, e beva dell'ottimo vino bianco della casa. Il pomeriggio, faccia un giro al Museo Nazionale e ammiri le opere dei nostri artisti rinascimentali …

Exercise 3
1. Tu: —Chiamino domattina. Signori, chiamate domattina.
2. Tu: —Chiedano pure. Signori, chiedete pure.
3. Tu: —Leggano il contratto, prima. Signori, leggete il contratto, prima.
4. Tu: —Stiano zitti, allora. Signori, state zitti, allora.
5. Tu: —Scelgano un altro architetto. Signori, scegliete un altro architetto.

Workout 64 p. 128

Exercise 1
1. Where there's a will there's a way.
2. There's no getting away from it.
3. Just what the doctor ordered.
4. To hold it against someone.
5. To have had it.

Exercise 2
1. vuole
2. può
3. deve

Exercise 3
Possible answers:

	Devo …	Posso …	Voglio …
Lunedì	lavorare	stare al telefono con mia madre	andare a letto presto
Martedì	fare la spesa	cenare con le amiche	
Mercoledì	vedere Gianni		andare in palestra
Giovedì			leggere un libro
Venerdì	alzarmi alle 6		andare al cinema
Sabato	riposare	fare una passeggiata	rilassarmi
Domenica	preparare un buon pranzo		scrivere un paio di e-mail

Answer Key

Exercise 1

1. mi svegliavo alle nove e andavo in ufficio.
2. Passavo in edicola a prendere il giornale e mi fermavo al bar per un cappuccino.
3. Quando arrivavo, c'era sempre molto lavoro che mi aspettava.
4. Prima di cominciare, facevo un paio di telefonate e salutavo i miei colleghi.

Exercise 2

1. aveva, era
2. Era, aveva
3. aveva, era, era, erano
4. aveva, era
5. aveva, aveva
6. era, era, aveva

Exercise 3
Possible answers:

1. Ieri faceva davvero freddo.
2. Quando ero piccolo/a, non mi piaceva.
3. Ogni inverno la mia famiglia andava in campagna.

Exercise 1

1. La mattina non facevo colazione.
2. Ogni estate andavamo al mare.
3. Quando avevo vent'anni, facevo molti viaggi in Africa.

Exercise 2

1. Suonavi il piano quando ho chiamato la polizia.
2. Marco era innamorato quando gli hai detto addio.
3. Mio padre aveva 25 anni quando si è laureato.

Exercise 3

1. abitava, era
2. Faceva, pioveva, sapeva
3. ha incontrato, ha studiato
4. Hanno fatto, hanno cominciato
5. Andavano, trascorrevano, frequentavano
6. Sono diventati, hanno continuato, hanno lasciato, sono tornati

Exercise 4
Possible answer:

Il giorno più bello della mia vita è successa una cosa straordinaria. Ero a Napoli con le mie amiche, avevo diciotto anni ed eravamo in vacanza. Ogni giorno andavamo al mare e uscivamo la sera, finché un giorno abbiamo incontrato un uomo molto interessante. Faceva il fotografo e ci ha chiesto di fotografarci. Noi abbiamo detto subito di sì e pensavamo solo a divertirci. Dopo qualche giorno, la nostra foto è apparsa su un quotidiano nazionale molto importante, che hanno visto tutti, incluso un famosissimo regista italiano, che mi ha contattata. Mi ha fatto fare un provino e poi mi ha chiesto di fare un film insieme a lui. Ora sono un'attrice famosa. Quello è stato davvero il giorno più bello e importante della mia vita!

Exercise 1

1. No, le scriverò domani.
2. No, le prenderò lunedì.
3. No, gli telefonerò più avanti.
4. No, li chiuderò la settimana prossima.

Exercise 2

1. Leggerai un bel libro appena tornerai dal lavoro.
2. Silvana finirà il golfino se Berta dormirà.
3. Jacopo e Chiara guarderanno un film quando arriveranno a casa.
4. Ci divertiremo appena arriveremo in Grecia.
5. Prenderete l'aereo o viaggerete in nave quando partirete per le ferie?

Exercise 3
Possible answer:

La tua vita comincerà a cambiare quando incontrerai una persona che ti chiederà di seguirla in una splendida avventura. Aspetterai quest'occasione a lungo e finalmente arriverà. Conoscerai questa persona a una festa, la frequenterai per qualche tempo e poi capirai che qualsiasi cosa ti domanderà, tu la farai. Tu e questa persona partirete per un viaggio in qualche posto esotico, forse l'Asia, dove avvierete una piccola attività insieme. Diventerete molto ricchi, e questo vi permetterà di aiutare molte persone intorno a voi. Ma non è tutto …

Exercise 1

Un giorno andrò a Venezia e vivrò in un bellissimo palazzo. Ogni mattina farò colazione in Piazza San Marco, starò ore al sole e mi godrò il gusto di un ottimo caffè. Incontrerò nuovi amici e insieme andremo a visitare le isole di Torcello e Burano. Là, staremo negli alberghetti più accoglienti e la mattina vedremo l'alba sulla Basilica. Quel giorno sarò felice come un re.

Exercise 2
Possible answers:

1. Ci saranno venti studenti.
2. Sarà di Anna.
3. Sarà a casa.
4. Avrà trent'anni.
5. Andrà in bagno.

Exercise 3
Possible answer:

Quando sarò vecchio, abiterò in una bellissima casa insieme a tutti i miei amici. Giovani e vecchi, non sarà importante: divideremo una fattoria o un appartamento immenso in campagna o in mezzo alla città e organizzeremo la nostra vita secondo i ritmi di una piccola comunità. Cucineremo, mangeremo, faremo i lavori di casa, ascolteremo musica e organizzeremo feste. Le mamme del quartiere potranno lasciarci i loro bambini e noi li accudiremo, le giovani famiglie potranno portare le loro piante e i loro animali durante le vacanze, e noi li nutriremo. Formeremo una bellissima comunità amorevole e autonoma, e nessuno di noi si sentirà vecchio o solo.

Workout 69 .... p. 138

Exercise 1
Possible answers:
1. Alessandra cucinerebbe una buona cena, ma non ha fatto la spesa.
2. Elena andrebbe al cinema, ma deve preparare un esame.
3. Roberto comporrebbe le sue sinfonie, ma non ha mai tempo.

Exercise 2
1. Andrei su Plutone.
2. Li venderei e regalerei tutto ai poveri.
3. Lo restituirei alla giungla.

Exercise 3
1. Mi porterebbe il menu?
2. Mi spiegherebbe cos'è questo piatto?
3. Preferirei un vino bianco.
4. Vorrei il pesce spada.

Exercise 4
Possible answers:
1. Inizierei una nuova vita.
2. Scapperei a gambe levate.
3. Direi al mio scrittore preferito che mi ha cambiato la vita.

Workout 70 .... p. 140

Exercise 1
Possible answers:
1. Avrei fatto come lui: sarei diventato un regista importante e bravo.
2. Forse non sarei partita. Ci sarebbe voluto molto coraggio.
3. Avrei denunciato la situazione politica come ha fatto lui, perché avrei capito che avrebbe colpito la coscienza civile della gente.

Exercise 2
Possible answers:
1. Ieri sera sarei potuta andare a dormire presto, ma sono uscita con gli amici dell'università.
2. Stamattina avrei voluto restare a letto, ma ho dovuto alzarmi e andare a lavorare.
3. Da piccola avrei voluto avere le ali per volare via quando volevo, ma ero solo una bambina.

Exercise 3
Possible answers:
1. Sonia ha detto che avrebbe portato lo stereo.
2. Davide ha detto che avrebbe pensato alle bibite.
3. Federico ha detto che avrebbe assunto un DJ.
4. Helga ha detto che sarebbe tornata dalla montagna in tempo.
5. Sabrina ha detto che avrebbe ballato come una pazza.

Workout 71 .... p. 142

Exercise 1
1. La musica è creata dal compositore.
2. L'orchestra è diretta dal direttore.
3. Gli strumenti sono suonati dai musicisti.
4. Il concerto viene ascoltato dagli spettatori.
5. Le recensioni vengono scritte dai giornalisti.

Exercise 2
1. forma attiva
2. forma attiva
3. forma passiva
4. forma attiva
5. forma passiva

Exercise 3
Possible answer:

Io non ho paura è un libro molto bello. È stato scritto da Nicolò Ammaniti e narra la storia di un gruppo di bambini di cui uno in particolare, Michele, è coinvolto nell'episodio di sequestro di un suo coetaneo. Il coetaneo, Filippo, viene rapito e per la sua liberazione viene chiesto un riscatto molto alto. La storia è appassionante ed è portata fino alla fine in un crescendo di tensione. Da questo libro è stato tratto un film altrettanto bello, diretto da Gabriele Salvatores, che è stato premiato da pubblico e critica e che continua a riscuotere molti consensi sia in Italia che all'estero.

Workout 72 .... p. 144

Exercise 1
Possible answers:
1. È importante che i cittadini votino alle elezioni politiche.
2. Penso che oggi le donne ottengano più attenzione.
3. Credo che i lavoratori scioperino per i propri diritti.

Exercise 2

1. si cerchino un lavoro.
2. rispettino la legge.
3. paghino le tasse.
4. si mantengano informati.
5. dedichino tempo al volontariato.

Exercise 3

1. rispetti
2. manchino, buttano, danneggiano
3. influisca, esistano
4. riscoprano, vivono

Exercise 4

Possible answer:

Io credo che la consapevolezza civica del mio paese subisca molti sbalzi e accusi molte mancanze. Al Nord c'è una coscienza civile molto diversa rispetto al Sud, dove però non credo che lo Stato si impegni a sufficienza per portare rinnovamento e benessere. Al momento di votare bisogna che la gente conosca la propria realtà e il programma politico dei candidati, di modo che le cose cambino davvero …

Workout 73 .... p. 146

Exercise 1

1. Voglio che tu faccia quel che ti dico!
2. Voglio che tu sia gentile con tua sorella!
3. Voglio che tu rimanga a casa con me!
4. Voglio che tu venga al cinema stasera!
5. Voglio che tu dica la verità!

Exercise 2

1. pensino
2. abbiano
3. sia
4. sappiano, sia
5. parlassi

Exercise 3

													B
		R				R			V		E
	V	O	L	I		E			O		V
		M				G			G		I
		P		P		A			I		A
D	E	B	B	A	N	O		L		V	I	M
I				S		R	I	C	E	V	A	N	O
C		M		S	I		N		N
A	L	A	S	C	I	A	M	O		G		O
	N		A		A		A
	G		T	N		D
	I		E	I		I
E	S	C	A		A	N	D	I	A	M	O
	T		T
	E		P	R	E	N	D	I	A	T	E

Exercise 4

Possible answer:

Sai, cara, i miei figli sono ancora piccoli, ma spero che crescano forti e sani. Penso che siano tutti e due bambini molto intelligenti, ma ho paura che Sara, la più piccola, sia troppo vivace e che trovi delle difficoltà a inserirsi in classe quando andrà a scuola. Credo che Pietro, invece, non abbia nessun problema a stare in mezzo alla gente: a scuola va d'accordo con tutti e sono sicura che stia bene, sia da solo che con i suoi compagni …

Workout 74 .... p. 148

Exercise 1

1. È bello che siate qui.
2. È necessario che restino calmi.
3. È comprensibile che lei preferisca un'altra sistemazione.
4. Non è bene che io mi ubriachi così spesso.
5. È impossibile che ti dimentichiamo.

Exercise 2

1. è
2. faccia
3. ha
4. voglia
5. interessa

Exercise 3

Possible answers:

1. È importante che i giovani si impegnino in prima persona a cambiare la società in cui vivono.
2. È necessario che i governi occidentali smettano di combattere guerre inutili e investano le proprie energie nella salvaguardia dell'ambiente e nell'aiuto ai paesi più poveri.

3. Non è bene che la natura venga calpestata in questo modo.

4. ...ed è male che l'uomo non si renda conto che la deforestazione e l'inquinamento delle acque sono processi di distruzione irreversibili.

5. Perciò è meglio che noi tutti capiamo quanto è fondamentale partecipare in modo attivo alla preservazione del mondo in cui viviamo e alla creazione di società egualitarie.

Workout 75 .... p. 150

Exercise 1
1. prima che
2. purché
3. senza
4. senza che
5. prima di

Exercise 2
1. prima di
2. purché
3. a condizione che
4. purché
5. senza

Exercise 3
Possible answers:
1. Sto cercando un nuovo lavoro per migliorare la mia vita professionale.
2. Ma cambierò il mio lavoro attuale solo a condizione che la mia situazione finanziaria migliori.
3. Ho intenzione di chiederti una mano purché tu abbia tempo e voglia di aiutarmi.
4. Dopodiché chiederò ciò che desidero sebbene non sia sicuro di poter ottenere quello che voglio.
5. Ma la soddisfazione delle mie richieste professionali è fondamentale in caso in cui trovi davvero un lavoro che mi piaccia.

Exercise 4
Possible answers:
1. Carlo va in banca a condizione che sia aperta.
2. Carlo corre affinché riesca a prendere l'autobus.

Workout 76 .... p. 152

Exercise 1
1. Penso che sua sorella frequenti l'Università a Venezia.
2. So che studia lingue orientali.
3. Temo che non venga mai a trovare suo fratello.
4. Perciò credo che non la possa conoscere.
5. Peccato, sono convito che sia la ragazza perfetta per te.

Exercise 2
1. studi
2. diventi, si laurei, faccia
3. legga, voglia

Exercise 3
Possible answer:
Caro Diego,

Sono contento/a che tu sia arrivato sano e salvo in Giappone. Sono contento/a anche di sapere che il tuo bagaglio è arrivato con te e non è finito chissà dove!

Mi piace che tu sia così felice di questa nuova avventura, anche se mi dispiace che tu non sia più qui a vivere questa nostra comunissima vita di paese.

A volte penso che sia inutile restare, ma ho paura che tu abbia delle energie che io non ho. Sono sicuro che tu sappia perfettamente ciò che vuoi, mentre non so se io possa dire lo stesso di me. So che mi piace la vita che faccio, ma so anche che mi manchi già molto. Torni a Natale, vero?
Io ti aspetto.

In bocca al lupo.

Workout 77 .... p. 154

Exercise 1
1. Credo che ieri Laura sia andata al cinema con Enzo.
2. Penso che abbiano visto un film francese.
3. Mi pare che il film sia durato un'ora e mezzo.
4. Non so se dopo siano andati a bere un bicchiere di vino.
5. Sono contento/a che si siano divertiti molto.

Exercise 2
Possible answers:
1. Penso che sia stata l'esperienza più imbarazzante della mia vita.
2. Non credo che Giulio abbia avuto un'impressione positiva di me.
3. Mi dispiace che non ci siamo più visti, dopo.
4. Temo che abbia pensato che ero un disastro totale.
5. Sono contenta che le cose siano cambiate con gli anni!

Exercise 3
1. siano andati
2. hanno scelto
3. abbia apprezzato
4. hanno passato
5. si siano lasciati

Answer Key

Workout 78.. p. 156

Exercise 1

1. Sembrava che Paolo volesse trasferirsi in Africa.
2. Non pensavo che fosse una decisione avventata.
3. Non volevo che la gente pensasse che Paolo non sapeva quello che faceva.
4. Marta temeva che facesse una sciocchezza.
5. Paolo non sperava che Giulia capisse la sua scelta.

Exercise 2
Possible answers:

1. Non sapevo che il treno fosse in grande ritardo.
2. Temevo che Mario mi aspettasse in stazione.
3. Era possibile che il mio cellulare fosse scarico.
4. Sembrava che non lo potessi avvertire.
5. Speravo che un passeggero mi offrisse il suo.

Exercise 3
Possible answer:

Sono contenta che Helga sia finalmente una mamma. Volevo che si costruisse una famiglia ma non sapevo che René avesse le stesse intenzioni. Invece ora è nata Serena, una bimba bellissima e simpatica! Speravo però che aspettasse un po' a nascere … Helga voleva che io arrivassi in tempo in maternità, ma il primo aereo che ho potuto prendere è atterrato due ore dopo la nascita di Serena. Quando eravamo ragazzine temevo che un figlio la spaventasse troppo, ma ora che l'ho vista so che è perfettamente tranquilla, e lo sono anch'io!

Workout 79.. p. 158

Exercise 1

1. abbiano organizzato
2. fossero, sapessero
3. abbia mai visto, avessero preparato

Exercise 2

1. Credo che Laura e Giovanna abbiano organizzato questa festa perché sono innamorate di Andrea.
2. Comunque, non sapevo che fossero entrambe così innamorate di lui!
3. E non sapevo nemmeno che avevano programmato tutto già un mese fa: posto, ora e numero degli invitati.
4. Chi poteva immaginare che pensassero di fare una festa?
5. Ma so una cosa: penso onestamente che sia folle.

Exercise 3
Possible answers:

1. Non sapevo che avessero organizzato una festa.
2. Come potevo immaginare che avessero deciso di far finta di niente per fargli una sorpresa?
3. Credo che nessuno di loro abbia pensato che avrebbero dovuto avvertirmi.
4. Mi dispiace solo che abbiano fatto tutto inutilmente.

5. Però penso che siano un po' stupidi … Luca è il mio migliore amico!

Workout 80.. p. 160

Exercise 1

1. qualcuno, Chiunque
2. Dovunque, nessuno
3. Qualunque, niente
4. Comunque, qualcosa

Exercise 2

1. d
2. a
3. e
4. b
5. c

Exercise 3

1. conosce
2. faccia, sa
3. essere, nasconderei
4. fosse, sia
5. saprà

Exercise 4
Possible answer:

Marco, tu sei la persona più intelligente che io abbia mai incontrato, e senz'altro la più ricca di iniziativa che io conosca. Non c'è nessuno meglio di te che possa lanciarsi in questo tipo di avventura e avere successo. Qualunque cosa tu abbia deciso di fare fino a oggi si è rivelata un successo e chiunque abbia avuto l'occasione di lavorare con te dice la stessa cosa. Non c'è niente al mondo che possa fermarti e, sebbene io capisca che tu sia spaventato, sono anche convinto che ovunque tu vada e qualunque avventura tu decida di intraprendere, ne uscirai sempre vincitore.

Workout 81.. p. 162

Exercise 1

1. fossimo andati
2. veniste
3. diceste
4. interessasse
5. di venire

Exercise 2

1. faccia, potessero
2. dicessi, fossero
3. preso, avesse badato
4. avessimo, viaggiassero

Exercise 3
Possible answers:
1. Credo che la questione ambientale sia di primaria importanza.
2. È essenziale che l'umanità impari a rispettare la natura e i suoi abitanti.
3. È stato un bene che si siano iniziati a girare documentari e fare concerti a favore di questo argomento, e sul disarmo nucleare, sulla ridistribuzione delle ricchezze, sull'isolamento della nostra società.
4. Sono convinto/a che se ci fossimo fermati a riflettere un po' prima, molte disgrazie non sarebbero successe.
5. La cosa più bella che l'uomo possa fare ora, è prendere coscienza della realtà in cui vive.
6. Sarebbe meglio che tutti quanti decidessimo di fare qualcosa prima che sia troppo tardi.
7. Magari capissimo che siamo ancora in tempo!

Workout 82 .... p. 164

Exercise 1
1. che
2. che
3. di
4. da
5. che

Exercise 2
1. Ho sentito che Marco è malato.
2. Pare che ieri non sia andato al lavoro.
3. Dice di essere a letto con la febbre.
4. So che ha mentito, è andato al supermercato a fare compere.
5. È possibile che abbia visto la sua ex-moglie al supermercato, abbracciata a un altro uomo.
6. Sono certo che ora stia male di sicuro.

Exercise 3
Possible answers:
1. So che Carla ha sofferto molto per la loro separazione.
2. Però penso che sia tempo per lei di trovare qualcun altro.
3. Non sono certo/a che Marco sia altrettanto sereno, invece, e che si sia messo con Agata perché è innamorato di lei.
4. E soprattutto credo che Marco non sappia quel che sta succedendo.
5. Mi dispiace che Marco abbia perso l'occasione di tornare con sua moglie.
6. Ma penso che Carla sia molto più felice adesso.

Workout 83 .... p. 166

Exercise 1
1. bevo
2. chiamateci

3. Mangio
4. Mi preparo
5. passo

Exercise 2
1. Se volessi, verrei con te.
   Se avessi voluto, sarei venuto/a con te.
2. Se avessi tempo, ti cucinerei qualcosa.
   Se avessi avuto tempo, ti avrei cucinato qualcosa.
3. Tornerei a casa, se non ti dispiacesse.
   Sarei tornato/a a casa, se non ti fosse dispiaciuto.
4. Potrei chiamare mio padre, se avessi bisogno di aiuto.
   Avrei potuto chiamare mio padre, se avessi avuto bisogno di aiuto.
5. Se non venissi, mi arrabbierei.
   Se non fossi venuto/a, mi sarei arrabbiato/a.

Exercise 3
Possible answers:
1. Se avessi un'astronave spaziale, viaggerei nello spazio ogni mattina.
2. Se sapessi volare, ti raggiungerei subito.
3. Se adesso fossi a Parigi, farei colazione in un bistro sulla Senna.
4. Se avessi risposto a quella chiamata, a quest'ora sarei sposata.
5. Se non avessi detto di no, avrei fatto un lavoro che non mi piace.

Workout 84 .... p. 168

Exercise 1
1. Marta sa sciare.
2. Giovanni e io ci mettiamo a lavorare subito.
3. I bambini hanno paura del buio.
4. Tu ami bere del buon vino.
5. Voi pensate di partire domani.

Exercise 2
(**1.**) In Italia l'ora dell'aperitivo è diventata una tradizione che i giovani amano rispettare. (**2.**) Finiscono **di** lavorare verso le 6 e poi decidono **di** andare al bar **a** bere un bicchiere di vino. (**3.**) Insieme al vino, vengono serviti molti spuntini come pizzette, focaccine, salatini, ma si può anche trovare piccoli piatti di pasta, risotto e affettati e formaggi vari. (**4.**) Questo piccolo rito quotidiano permette ai giovani **di** chiudere una giornata al lavoro in compagnia, senza dover aspettare il fine settimana per ritrovarsi. (**5.**) E in effetti è molto divertente sedersi ai tavolini, gustare un buon bicchiere di vino rosso o bianco e assaggiare tanti "stuzzichini" mentre si chiacchiera del più e del meno. (**6.**) Spesso si decide **di** fare un altro giro, e a questo punto si continua **a** mangiare fino a sazietà, senza avere bisogno **di** preparare la cena a casa. (**7.**) L'aperitivo riesce in modo piacevole ed economico **a** sostituire cene casalinghe solitarie e riscaldate al microonde!

Answer Key

Exercise 3
Possible answers:

1. I miei genitori non mi permettevano di uscire da solo la sera.
2. Mi divertivo a guardare i cartoni animati.
3. Non c'era nessun bisogno di assumersi delle responsabilità.
4. I miei amici e io andavamo a giocare in cortile per ore.
5. Potevo correre a perdifiato per i campi e non avevo paura di farmi male arrampicandomi sugli alberi.

Workout 85 .... p. 170

Exercise 1
—Ciao, Claudia, come **stai**?
—**Sto** bene, grazie, e tu?
—Così così. **Sono** un po' malata.
—Cos'hai?
—**Sono** raffreddata e ho anche un po' di febbre.
—Oh, povera. Hai visto un medico?
—Ci **sto** andando proprio adesso.
—A piedi?
—**Sono** in bicicletta.
—Ma sei matta? Raffreddata e in bici? Sali subito in macchina, ti do un passaggio.
—Ma non vorrei …
—**Stai** zitta e monta. in due minuti **siamo** lì.

Exercise 2
1. Silvia e Gianluca stanno a Torino da due anni.
2. Sono due studenti del Politecnico, sono fidanzati da sei mesi e stanno bene insieme.
3. Ogni sera sono a teatro e molto raramente stanno a casa.
4. Ora, per esempio, stanno andando a una prima al Teatro Regio.
5. Ma si devono sbrigare: sono le otto e mezzo e lo spettacolo sta per iniziare!

Exercise 3
Federica è una pittrice svizzera che ho conosciuto l'estate scorsa. Era a Venezia per studiare i quadri del Rinascimento. L'ho vista su un ponte e mi sono avvicinata a lei mentre stava dipingendo il balcone di un palazzo. Il suo quadro era vivace, preciso, ed era molto diverso da tutti i quadri che avevo visto fino a quel momento.

"Come stai?" mi ha chiesto Federica quando si è accorta di me.

Sono stata là a chiacchierare con lei per un'ora e poi me ne sono andata. Prima di lasciarla al freddo della sera, però, le ho stretto la mano e le ho detto: "Stai attenta, Venezia è una città piena di magia, ma anche di umidità". Avrei voluto dirle qualcosa di più intelligente.

Workout 86 .... p. 172

Exercise 1
1. e
2. c
3. a
4. b
5. d

Exercise 2
1. Ci sono
2. Come stanno
3. C'è
4. Com'è
5. Come sono

Exercise 3
Possible answers:

1. Lucia sta abbastanza bene.
2. Il figlio di Marco è simpatico e intelligente.
3. No, non c'è. Torna alle otto.
4. Sono due pesti terribili.
5. Sì, ci sono. Non si perderebbero il concerto per niente al mondo.

Workout 87 .... p. 174

Exercise 1
—**Sai** cos'è successo?
—No, non lo **so**.
—**Ho saputo** che Marta si è sposata!
—Marta? E con chi?
—Un tizio che **ha conosciuto** in vacanza alle Baleari.
—Ma stai scherzando? E come lo **sai**?
—Me l'ha detto Gina che l'ha **saputo** da Liliana.
—Ma dai! Chi l'avrebbe mai detto … e questo marito com'è?
—Non lo **conosce/sa** nessuno … pare che abiti in un castello in Francia e che si siano trasferiti lì.
—Ma è anche ricco?
—**Ho conosciuto** un suo amico … pare che sia ricchissimo …
—Non **sai** se per caso ha un fratello?

Exercise 2
1. Sai il numero di telefono di tua cugina?
2. Conosco la storia d'Italia degli ultimi 60 anni.
3. Mia zia ha conosciuto Marcello Mastroianni 20 anni fa a Roma.
4. Ho molti amici pugliesi che sanno ballare la pizzica.
5. Non so i nomi dei sette Re di Roma, e studio storia!

Exercise 3
1. Ieri sera Silvana ha conosciuto un ragazzo molto interessante.
2. Si chiama Sandro e fa il ballerino. Ma sa anche suonare la chitarra molto bene.

3. Silvana ha saputo da un amico comune che Sandro è argentino.

4. Silvana non conosce l'Argentina, e non capisce che ci faccia qui.

5. Ma Sandro le ha spiegato che sapere da dove viene una persona è importante per poterla conoscere meglio.

Workout 88 .... p. 176

Exercise 1
1. Ci vogliono, ci ho messo
2. ci sono volute
3. ci hai messo, C'è voluta/Ci ho messo
4. non ci vuol
5. ci sono voluti, Ci ho messo/Mi ci sono voluti

Exercise 2
1. ci mette
2. ci mettono
3. ci vogliono
4. ci vuole
5. ci metteranno

Exercise 3
Possible answers:
1. Ci metto pochi minuti a preparare la colazione.
2. Ci vogliono tre ore per riordinare la stanza.
3. Ci metto venti minuti ad andare in ufficio.
4. Ci vuole una vita intera per crescere un bambino.
5. Ci metto mezzo pomeriggio a fare la pasta in casa.

Workout 89 .... p. 178

Exercise 1
Possible answers:
1. No, mi piacciono le fragole.
2. No, mi piacciono le tagliatelle.
3. No, mi piacciono i gatti.
4. No, mi piace stare a casa.
5. No, mi piace suo marito.

Exercise 2
1. A mio fratello piace/è piaciuta la pasta all'amatriciana.
2. Ai tuoi amici piacciono/sono piaciute le mie amiche.
3. Ti piacciono/sono piaciuti quei documentari americani.
4. Le piace/è piaciuto fare la maglia.
5. A loro/Gli piace/è piaciuto il concerto.

Exercise 3
Possible answer:
L'Italia è un paese straordinario e pieno di contraddizioni. Mi è piaciuto tantissimo il cibo: mi sono piaciute in particolare delle pappardelle al sugo di funghi che ho mangiato in Toscana, ma non mi è piaciuta affatto la trippa, che ho mangiato a Roma. Mi è poi piaciuto assaggiare i vini locali, così come mi sono piaciute le gallerie d'arte, e mi sono piaciuti anche i musei. Non mi sono piaciuti, invece, i trasporti italiani: i treni sono sporchi e sempre in ritardo. Ma c'è una cosa che mi è piaciuta più di tutte: Rosa!

Workout 90 .... p. 180

Exercise 1
—Ciao Simona, hai visto Letizia?
—**È andata via** mezz'ora fa.
—Cosa? Dovevamo andare insieme all'agenzia di viaggi!
—Ah, sì? **Partite/Andate via**?
—Sì, **lasciamo** la città per due settimane e scappiamo in Africa.
—Che bello! Quando **partite**?
—Domenica. Ma ho bisogno di Simona per fare le prenotazioni!
—**Lascia** stare, se ne sarà dimenticata. È molto distratta ultimamente.
—Lo so, da quando Nino l'**ha lasciata**, non è più la stessa.
—È per questo che **partiamo/andiamo via**: voglio che si diverta e pensi ad altro.
—Allora **lascia** fare a me, la cerco al telefono e appena la trovo te la mando in agenzia.

Exercise 2
L'estate scorsa volevamo provare qualcosa di nuovo. Così Claudia e io abbiamo lasciato il nostro appartamento a una coppia di amici inglesi e siamo partite per l'Europa. Non sapevamo dove volessimo andare, e abbiamo lasciato che il nostro istinto ci guidasse. Siamo partite una chiara domenica di primavera e abbiamo scelto il Portogallo come prima destinazione. Appena siamo entrate nell'ostello abbiamo lasciato il bagaglio in camera e siamo uscite a vedere la città. Quella sera abbiamo conosciuto tante persone diverse che, proprio come noi, avevano lasciato le loro case per andare a vedere il mondo.

Answer Key

Exercise 3

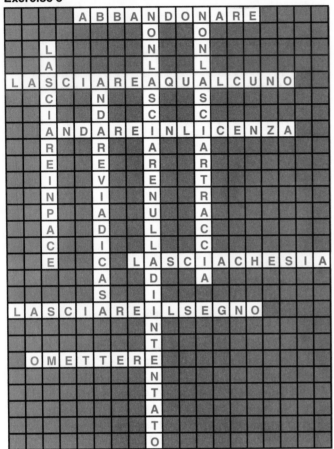

sembra arrabbiato: looks angry
si guarderà indietro: will look back
guarderà: will look at

Workout 92 .... p. 184

Exercise 1
1. perdere
2. mancato
3. Mi mancano
4. perdere
5. scomparso

Exercise 2
1. Near miss
2. Hit or miss
3. Miss out on fun
4. Near miss
5. Miss the point

Exercise 3
1. Gli mancano i suoi genitori.
   Gli sono mancati i suoi genitori.
2. Mi manca l'energia.
   Mi è mancata l'energia.
3. Ci mancate, Matteo e Giuliano.
   Ci siete mancati, Matteo e Giuliano.
4. Le manca sua zia.
   Le è mancata sua zia.

Workout 91 .... p. 182

Exercise 1
1. e
2. a
3. d
4. b
5. c

Exercise 2
Possible answers:
1. Guarda questo quadro, non sembra un falso?
2. Dobbiamo cercare una nuova casa più vicina al centro.
3. Stasera devi badare alla tua sorellina perché noi andiamo all'opera.
4. Esamina questi documenti e poi scrivimi una relazione.
5. Come stai bene! Ti sei tinta i capelli?

Exercise 3
somiglia: looks like
sosia: look-alike
sembra: seems
ammira: looks up
bada: looks after
non vede l'ora: looks forward to

Workout 93 .... p. 186

Exercise 1
1. È la dichiarazione dei redditi.
2. È il mittente.
3. Il punto di non ritorno.
4. … Il ritorno alla vita.

Exercise 2
1. riportati
2. ritornare, risposto, restituire
3. tornata
4. tornerò

Exercise 3
Possible answers:
1. Maria ha riportato/restituito la bicicletta a Guido un'ora fa.
2. I loro nonni sono tornati alla loro vecchia casa per le vacanze.
3. La segretaria ha risposto alle telefonate per tutta la mattina.
4. Il mio sforzo è stato ripagato da una platea entusiasta.
5. Spero che la pace in Medio Oriente venga ripristinata nei prossimi dieci anni.

Workout 94 .... p. 188

Exercise 1
1. è potuta
2. non riesce a
3. è in grado di
4. può
5. sono capace di

Exercise 2
1. La domenica mattina posso dormire fino a tardi.
2. La prossima estate non sarò in grado di prendere ferie.
3. In una situazione di pericolo non riesco a stare calmo/a.
4. In inverno sono capace di dormire 12 ore a notte.
5. Quando sono stressato/a non riesco a ragionare.

Exercise 3
1. c
2. e
3. a
4. b
5. d

Workout 95 .... p. 190

Exercise 1
1. Fare una doccia
2. (correct)
3. Fare un viaggio
4. Fare una fotografia
5. (correct)

Exercise 2
Possible answers:
1. Fare spese/compere.
2. Fare brutta figura.
3. Fare un regalo.

Exercise 3
1. Oggi fa bel tempo/il tempo è bello.
2. Roma non fu fatta in un giorno.
3. Il tempo è terribile qui.
4. Facciamo il pieno prima di partire.
5. Ho davvero fatto del mio meglio, ma è stato inutile.

Workout 96 .... p. 192

Exercise 1
1. Avere freddo.
2. Avere bisogno di.
3. Avere paura di.
4. Avere ragione/torto.
5. Avere voglia di.

Exercise 2
—Ciao, Mauro, che ci fai qui?
—**Ho bisogno di** comprare i regali di Natale …
—Adesso? Ma è la vigilia!
—Lo so … e non ne **ho voglia**!
—Nemmeno io. E poi in questi supermercati c'è sempre un caos incredibile, **ho caldo, ho fame,** e sono sempre nervoso!
—**Hai ragione** … cosa devi comprare tu?
—**Ho bisogno di** tre giocattoli per le mie nipotine.
—Quanti anni **hanno**?
—Le gemelle **hanno** due anni, la più grande ha sette anni.
Ma ho paura di non comprare niente che gli piacerà …
—Perché?
—Non conosco i loro gusti e non so di cosa **hanno bisogno.**
—Ai nipoti non si regalano mai cose utili … guarda quegli orsacchiotti, pensi che gli piacerebbero?

Exercise 3
Possible answers:
1. Lauretta ha un sonno pazzesco.
2. Orlando ha molto caldo.
3. Natalia ha tanta sete.

Answer Key

Exercise 1

1. La ragazza ha aiutato due vecchie signore ad attraversare la strada.
2. Io non so ancora dove andare in vacanza quest'estate con i miei amici.
3. Conosci un buon ristorante in centro che sia anche economico?
4. Quest'estate vorrei frequentare un corso di inglese all'università.
5. Alle elezioni politiche di quest'anno i cittadini voteranno per il nuovo governo.

Exercise 2

1. Non so ancora che farò questo Natale.
2. Giovanna è una ragazza simpatica che viene sempre a trovarmi.
3. Cosa vuoi da bere? Vino rosso o bianco?
4. Sto leggendo un libro inglese. Sto anche studiando per l'esame di biologia.

Exercise 3
Possible answer:

Cara Sara,

Spero che tu sia pronta per il tuo viaggio ad Aosta. Ti ho già spedito tutti gli opuscoli che avevo ancora dal mio viaggio in Italia, e ho anche contattato gli amici che ho là. Ti aspettano e non vedono l'ora di mostrarti un po' i dintorni della città.

Devi assolutamente fare qualche escursione ai rifugi della Valle e, se puoi, vai in Francia attraverso uno dei valichi al confine. Mi raccomando, fatti accompagnare, e cerca di assaggiare tutti i prodotti tipici della regione: fontina, toma, zuppe, vino. È tutto squisito e perfetto per il clima rigido dell'alta montagna!

Stai attenta, però: è vero che la grappa scalda, ma, come dicono i valdostani, taglia anche le gambe!

Exercise 1

1. quest'acqua/quell'acqua
2. quest'uva/quell'uva
3. questi fiori/quei fiori

Exercise 2

1. Queste auto sono carissime: costano ventimila euro!
2. Quei ragazzi sono due studenti di queste professoresse australiane.
3. Quegli zaini verdi sono delle mie sorelle.
4. Non sappiamo decidere quali gonne scegliere: quelle di lana o queste?
5. Quelle amiche di Gino sono proprio simpatiche, e sono anche molto gentili.

Exercise 3
Possible answers:

Voglio quei guanti, questa maglia, quegli occhiali da sole, queste borse, no, quelle, quegli stivali di cuoio, questi scarponcini scamosciati, quei pantaloni di lana, quelle gonne di cotone, questa camicia di seta bianca e quella di seta rosa, e poi …

Exercise 1
1. Cerchio
2. secchio
3. giostra
4. scia
5. schermo

Exercise 2
1. Arrivederci!
2. Buongiorno!
3. Settembre
4. Ottobre
5. (correct)

Exercise 3
1. F
2. M
3. M
4. F
5. M

Exercise 4
1. l'arteria
2. un albero
3. un'amaca
4. gli occhi
5. le orecchie

Exercise 1
1. supporre
2. una ditta
3. un cetriolo
4. colpire
5. un giubbotto senza maniche

Exercise 2
1. cognate
2. cognate
3. cognate
4. false friend → understanding
5. false friend → foreigner

Exercise 3

"Giada, non ne posso più! La mia **ditta** è terribile! Tu sai che mi piace tanto parlare, sono **loquace**, che c'è di male … Così, un giorno, ho iniziato a chiacchierare con un nuovo impiegato, uno **straniero**, credo sia brasiliano, e **alla fine** il mio capo è venuto da me a dirmi che dovevo tornare **in ufficio** perché stavo sprecando tempo! È incredibile! Ho deciso di prendermi una **vacanza** e **riposare** per un mese!"